Burkhard Scherer (Hg.)

Die Weltreligionen

Zentrale Themen im Vergleich

Gütersloher Verlagshaus

Inhalt

Vorwort 6

Geschichte

Fakten 8
Stifter 10
Heilige Schriften 12
Geschichte 14
Schulen 16
Heilige 18
Tradition 20
Reform 22
... in Deutschland 24

Lehre

Grundlehren 26
Heilsziel 28
Gott 30
Mensch 32
Das Heilige 34
Welt 36
Engel – Dämonen 38
Göttin – Heilige Frau 40
Offenbarung 42
Wahrheit 44
Vorbestimmung 46
Seele 48
Geist 50
Tod 52
Wiedergeburt 54
Jenseits 56
Ende der Welt 58
Leiden 58
Gerechtigkeit – Gnade 60
Glaube 62
Befreiung 64
Philosophie 66
Geheimlehren 68
Legenden 70
Mystik 74
Schriftdeutung 76

Ethik

Ethik 78
Gut und Böse 80
Freiheit 82
Liebe 84
Sünde 86
Gebot 88
Askese 90
Gewalt 92
Töten 94
Sexualität 96
Homosexualität 98
Drogen 100

Inhalt

Gesellschaft

Politik 102
Stellung der Frau 104
Soziales Engagement 106
Wissenschaft 108
Kunst 110
Umwelt 112
Selbstverständnis 114
Mission 116
Dialog der Religionen 118
Fundamentalismus 120
Frieden 122

Praxis

Glaubensgemeinschaft 126
Religionszugehörigkeit 128
Geistlichkeit 130
Gebet 132
Meditation 134
Ritus 136
Heilige Orte 138
Feiertage 140
Pilgerfahrt 142
Jahresfeste 144
Lebensbegleitung 146
Buße 148
Speisegebote 150
Kleidung 152
Symbole 154

Stichwortregister 158

Im Gedenken an
Rabbiner Andreas Jonathan Hinz
21. März 1965 – 3. Juli 2002

Vorwort

Dieses Buch bietet kompakte Sachinformationen im Vergleich. In 75 Themen – geordnet nach den Bereichen Geschichte, Lehre, Ethik, Gesellschaft und Praxis – werden die fünf großen Weltreligionen vorgestellt. Ein umfassendes Stichwortverzeichnis ermöglicht einen Quereinstieg. Auf allzu fachwissenschaftliche Schreibweisen wurde bewusst verzichtet.
Gemeinsam mit den AutorInnen dieses Bandes habe ich eine kritische Innensicht gewählt: Als VertreterInnen der Weltreligionen informieren wir aus dem Geist der Zusammenarbeit und Selbstkritik.
Der Bereich *Judentum* wurde durch Günther Ginzel kurzfristig übernommen; er ist seit langem im jüdisch-christlichen Dialog engagiert. Für das *Christentum* zeichnet Vikarin Ines Fischer verantwortlich; sie arbeitet als feministische Theologin seit mehreren Jahren an der Frage nach den Möglichkeiten eines jüdisch-christlich-islamischen Trialogs. Imama Halima Krausen aus Hamburg erklärt den Islam. Als muslimische Geistliche engagiert sie sich seit Jahrem im islamisch-christlichen und islamisch-jüdischen Dialog. Einzig der *Hinduismus* wird nicht von einem eigenen Vertreter dargestellt: ›Hinduismus‹ ist ein Sammelbegriff für viele verschiedene religiöse Schulen. Ein Lehrer einer einzigen Strömung kann nur sehr bedingt über die Gesamterscheinung ›Hinduismus‹ informieren. Darum habe ich als praktizierender Buddhist auch den Bereich Hinduismus übernommen. *Buddhismus* und Hinduismus stehen sich häufig sehr nahe; so konnte ich gelegentlich die Standpunkte beider Religionen in einem einzigen Artikel darstellen.
Die Sprache dieses Buches versucht geschlechtsgerecht und kurz zu sein. Darum verwenden wir die für einige etwas ungewöhnlichen Pluralformen auf -Innen (also ChristInnen = Christen und Christinnen). Anstelle der christlichen Zeitrechnung »vor Christus« benutzen wir die neutrale Angabe »vor unserer Zeit« (v.u.Z.). Jahresangaben ohne Zusatz verstehen sich als »unsere Zeit« (= »nach Christus«).
In diesem Buch verwenden wir geläufige Symbole für die Weltreligionen: Den siebenarmigen Leuchter des alten Tempels für das *Judentum*; für der *Christentum* das Kreuz, Zeichen für Lei-

den und Tod Jesu; für den *Islam* den kunstvollen Schriftzug mit dem Glaubensbekenntnis; die kosmische Keimsilbe OM für den *Hinduismus* und für den *Buddhismus* das achtspeichrige Rad der Lehre, das an Buddhas achtgliedrigen Pfad der Befreiung vom Leiden erinnert.

Wir widmen dieses Buch dem Gedenken an Rabbiner Andreas Jonathan Hinz, der in der Nacht vom 2. auf den 3. Juli 2002 Opfer eines furchtbaren Gewaltverbrechens wurde. In den Worten seines jüdischen Glaubens: *Möge seine Seele aufgenommen sein im Bund des Lebens.* Mit Rabbiner Andreas Jonathan Hinz verbindet mich seit 1994 eine tiefe Freundschaft. Aus unseren gemeinsamen Gesprächen erwuchs schließlich die Idee zu diesem Buch.

Der unerklärliche Mord an dem Juden und homosexuell Liebenden Andreas Hinz macht das Anliegen dieses Buches umso dringender: Als VertreterInnen der Weltreligionen müssen wir miteinander sprechen, informieren und aufklären. Als Buddhist sehe ich Religionen als Partner, nicht als Konkurrenten. Je nach den Bedürfnissen, Möglichkeiten und Wünschen der Menschen können Religionen Sinn und Halt bieten; sie können der Verrohung und Sinnesleere entgegenwirken, die viele im Alltag in der gehetzten Informationsgesellschaft empfinden. Doch müssen Religionen sich immer kritisch fragen, ob sie den Menschen dienen wollen, oder ob sie erwarten, dass die Menschen ihnen dienen.

Möge dieses Buch Einsichten vermitteln und Freude bereiten!

Sarvamangalam – allen zum Segen!

Groningen, im Juli 2003 *Burkhard Scherer*

Geschichte

Fakten

Die Geschichte Israels, des Judentums, beginnt als Familiengeschichte vor ca. 3.800 Jahren: Aus der mesopotamischen Stadt Ur flieht das Familienoberhaupt Terach mit seinem Sohn Abraham, dessen Frau Sara und dem Enkel Lot. Abraham erkennt, dass es nur einen einzigen Gott gibt, und der Allmächtige schließt mit ihm einen Bund. Abrahams Enkel Jakob erhält nach einem legendären Geschehen den Beinamen Israel, das heißt: Gottesstreiter. (1. Mose 32, 28) So entsteht der Name Israel. Die zwölf Söhne Jakobs bilden die zwölf Stämme Israels. (4. Mose 17, 6) Später wird Gott mit dem Volk Israel einen Bund schließen und dieses in das »gelobte Land«

Der Name des Christentums geht auf den jüdischen Wanderprediger Jesus von Nazareth zurück. Von seinem Auftreten in Palästina vor ungefähr 2.000 Jahren wird in den Schriften des Neuen Testaments, der christlichen Bibel, berichtet. Seine JüngerInnen verehrten ihn nach seinem Tod am Kreuz als den auferstandenen Sohn Gottes und nannten ihn Jesus, den Christus.

Islam (= Hingabe, Versöhnung) ist verwandt mit *salam* (= Ganzheit, Frieden, vgl. hebr. *Schalom*). Ein Muslim ist jemand, der sich Gott hingibt. In seiner wörtlichen Bedeutung ist dies eigentlich eine Grundhaltung aller Geschöpfe. Im engeren Sinne wird damit die Lehre des Propheten Muhammad (gestorben 623) bezeichnet sowie die Gemeinschaft der Muslime und ihre 1.400-jährige Entwicklung. Ausgangsort war Mekka an der Kreuzung wichtiger antiker

Hinduismus ist eine Sammelbezeichnung für indische oder in Indien entstandene Religionen, die sich auf die ältesten Heiligen Schriften Indiens, die Veden, stützen und/oder die Geltung der indischen Priesterklasse *(Brahmanen)* nicht in Frage stellen. Der Name Hinduismus leitet sich von Hindu ab. So bezeichneten die islamischen Eroberer Indiens jeden, der nicht Muslim, Christ oder Jude war. Die Engländer haben diesen Begriff in der Kolonialzeit übernommen.

Der Buddhismus stammt aus Indien und entstand im 5. Jahrhundert v. u. Z. im Norden des Subkontinentes als Reformbewegung zu der vorherrschenden Religion der indischen Priester, der Brahmanen. Die religiöse Bewegung leitet ihren Namen von einem Ehrentitel ab, den sich der Wanderasket Gautama Siddhartha nach einem Erleuchtungserlebnis zulegte: der Buddha. Buddha bedeutet »der Erwachte«. Siddhartha war zur Erfahrung der höchsten, nicht von Bedingungen abhängigen Wahrheit erwacht. Gegenwärtig hat der Buddhismus in seinen verschiede-

Fakten

Judentum

führen. Seither bilden der Gott Israels, das Volk Israel und das Land Israel eine heilsgeschichtliche Einheit. Der moderne Staat Israel basiert auf diesem biblischen Erbe, doch nicht alle der sechs Millionen Israelis sind JüdInnen (20 % Muslime und ChristInnen). Insgesamt wird die Zahl der JüdInnen in aller Welt auf 16 Millionen geschätzt. Der jüdische Festtagskalender, viele Gebete, selbst die Gebetsrichtung und nicht zuletzt die messianischen Hoffnungen auf Erlösung der Schöpfung sind eng an den Israel prägenden Bund geknüpft, der Gott, Volk und Land verbindet.

Christentum

Derzeit wird die Zahl der AnhängerInnen des christlichen Glaubens auf ca. zwei Milliarden geschätzt. ChristInnen unterschiedlicher Konfessionen, Kirchen, Sekten und Bewegungen leben heute in allen Teilen der Erde. Die Zahl der in Deutschland lebenden Gläubigen beträgt derzeit etwa 55 Millionen.

Islam

Handelsstraßen sowie nach der Auswanderung des Propheten (622) Medina. Die heute schätzungsweise 1,5 Milliarden Muslime leben überwiegend in den arabischen Ländern, auf dem Balkan, in der Türkei, im Iran, in Zentralasien, auf dem indischen Subkontinent, in Südostasien, in Ost- und Westafrika, aber es gibt durch Handel, Arbeitsmigration, Flucht aus Krisengebieten usw. inzwischen in fast allen Ländern muslimische Minderheiten.

Hinduismus

Die Ursprünge des Hinduismus reichen bis in die Frühzeit der indischen Kultur zurück. Die Veden entstanden grob um 1.000 v. u. Z., seitdem haben die hinduistischen Religionen große Veränderungen erfahren. Zurzeit gibt es ca. 750 Millionen Hindus in Indien und bedeutende Minderheiten in Indonesien, Afrika und der Karibik.

Buddhismus

nen Schulen weltweit ca. 500 Millionen AnhängerInnen. Durch die besondere Situation in China, wo die Religionsfreiheit immer noch stark eingeschränkt ist, lässt sich die genaue AnhängerInnenzahl nicht ermitteln. Die meisten BuddhistInnen leben heutzutage nicht mehr im Ursprungsland Indien, sondern in Ost- und Südostasien (Myanmar/Burma, Thailand, Laos, Kambodscha, Vietnam, China, Korea, Japan) und in zunehmendem Maße im Westen (Amerika, Europa).

Stifter

Wer hat das Judentum gestiftet? Leichter wäre die Frage zu beantworten: Wer hat wann auf welche Weise das Judentum geprägt? Noch richtiger: Wer hat Gott erkannt? Das zumindest wissen wir: Von Abraham über Noah bis Mose. Doch keiner von ihnen stiftete eine Religion. Sie folgten dem Wort Gottes und daraus erwuchs die Geschichte und die Gemeinschaft der ihnen Nachfolgenden. Obwohl in der Auslegungstradition alles immer wieder auf die fünf Bücher des Mose, die *Tora*, zurückgeführt wird, so ist doch Mose nicht der Stifter des Juden-

Der Jude Jesus von Nazareth wurde vermutlich im Jahr 4 in dem Dorf Bethlehem bei Jerusalem in Palästina geboren. Diese Region stand damals unter römischer Besatzung. Die Evangelien des Neuen Testaments sprechen davon, dass Jesus dort in den Jahren 28-30 als Wanderprediger auftrat und den Menschen vom Reich Gottes erzählte. Von Jesus wird berichtet, dass er im Namen Gottes Tote auferweckte, Kranke heilte und sich Menschen zuwandte, die am

Muhammad (ca. 570-632) wuchs als Waise in der Handels- und Pilgerstadt Mekka auf, wurde Kaufmann und gründete eine Familie. Bei der Meditation in einer Höhle auf seiner spirituellen Suche empfing er mit 40 Jahren die erste Offenbarung. Er verstand sich als Gesandter des einen Gottes, der in der Tradition der biblischen Propheten lehrte und religiösen und sozialen Missständen entgegentrat. Während sich ihm nahe Angehörige und junge Leute vor allem der ärmeren Schicht anschlossen, wurde er von den Ratsherren verfolgt. Auf Einladung

Der Hinduismus kennt keinen Stifter. Die ältesten heiligen Schriften *(Veden)* gelten als zeitlose Wahrheiten, die durch die Seher *(Rishis)* der Urzeit geschaut wurden. Traditionell kennt man sieben oder neun Groß-Seher oder Brahma-Rishis. Einzelne hinduistische Denkschulen und Kulte kennen freilich Stiftergestalten. Strömungen, die den Gott Vishnu in den Mittelpunkt der Verehrung stellen, gehen davon aus, dass Vishnu selbst in Gestalt der Helden Rama

Der Buddha wurde nach Annahme der meisten westlichen Gelehrten ca. 563 v. u. Z. als Prinz Gautama Siddhartha in der Adelsrepublik der Shakyas in Lumbini (Nepal) geboren. Er gehörte der Kriegerklasse der indischen Gesellschaft an und wuchs standesgemäß am Hof von Kapilavastu auf. Sein Vater Shuddhodana tat alles, um ihn von den Sorgen des Alltagslebens fernzuhalten. Dennoch sah der nachdenkliche junge Prinz schnell die Vergänglichkeit irdischen Glücks und die Leidhaftigkeit menschlichen Lebens ein. Er verließ mit 29 Jahren Frau und Kind, um als Wanderasket auf spirituelle Suche zu gehen. Nach sechs Jahren extremer Selbstkasteiung sah er ein, dass fanatische Askese zu keinem Ergebnis führt. Er entdeckte einen Weg der Mitte:

Judentum

tums. Sondern er sprach und handelte im Auftrag des Einzig Einen, der beschloss, ein unbedeutendes Völkchen am Rande der Wüste als »sein Volk« zu wählen, mit ihm einen Bund zu schließen und durch den Bundesschluss eben dieses Volk (Israel) zu stiften und es durch das geoffenbarte Wort zu formen. Juden sind die Nachfahren jenes Bundes. Das Judentum, ein Lebensweg, eine Glaubens- und Schicksalsgemeinschaft, die versucht, der Stimme Gottes und seiner Lehre zu folgen.

Christentum

Rande der Gesellschaft standen. Wegen Gotteslästerung wurde er im Alter von ungefähr 32 Jahren auf die Initiative religiöser Instanzen von der römischen Besatzungsmacht zum Tode verurteilt und starb qualvoll durch die Hinrichtung am Kreuz. Seine JüngerInnen verkündeten nach seinem Tod die von Gott gewirkte Auferstehung Jesu von den Toten und gaben ihm darum den Beinamen Christus (griechisch: Gesalbter) und Sohn Gottes.

Islam

der Stämme in Medina im Bestreben, eine lange Fehde zu schlichten, erfolgte 622 die Auswanderung. Eine geordnete Gemeinschaft entstand auf der Grundlage von Koran und *Sunna* (= prophetisches Beispiel). Nach kriegerischen Auseinandersetzungen mit den heidnischen Mekkanern kam es zur kampflosen Übernahme Mekkas. Muhammad blieb geistiger Lehrer und menschliches Leitbild.

Hinduismus

und Krishna herabgekommen ist und seine Lehren offenbart hat (z.B. in der berühmten *Bhagavadgita*). Auch menschliche Stiftergestalten gibt es: So gilt Patañjali als Gründer der Yoga-Schule, Shankara als Gründer des besonders wichtigen Advaita-Vedanta. Ein vergöttlichter Lehrer *(guru)* steht am Anfang der meisten modernen hinduistischen Sekten.

Buddhismus

den Weg zwischen Luxus und Selbstquälerei. Im Laufe einer Frühlingsvollmondnacht erwachte der 35-jährige zur Erleuchtung: Er erlebte höchste Weisheit als höchste Freude und fand den Weg aus dem Leiden. 45 Jahre lang verkündete er in 84.000 Belehrungen seinen Heilsweg. Seine Botschaft, den *dharma*, begriff er nicht als Offenbarung und letzte Wahrheit, sondern als Mittel zur Überwindung des Leidens. Mit 80 Jahren starb er, ohne eine einzige Belehrung zurückgehalten zu haben: Er ging in das *Maha-Pari-Nirvana* (= großes, vollständiges Verlöschen) ein.

Heilige Schriften

Die Hebräischen Bibel, der *Tenach*, wie er in einer Abkürzung aus den drei Hauptteilen *(T-N-K)* heißt, umfasst zunächst die *Tora*, die Weisung: die fünf Bücher Mose; dann die *Newiim*, die Schriften der Propheten (Josua, Richter, Samuel, Könige – auch frühe Propheten genannt-, die Prophetenbücher Jesaja, Jeremia, Ezechiel und das Buch der zwölf kleinen Propheten); den letzten Teil bilden die *Ketuwim*, »Die Schriftwerke« (Martin Buber): das Buch der Psalmen, die Sprüche, das Buch Hiob sowie die fünf Rollen: Hohelied, Rut, Klagelieder, Kohelet, Ester und die drei Schriften Daniel, Esra und Nehemia, Chronik. Das Lesen, das Lernen der Hei-

Heilige Schriften sind im Christentum die Bücher der hebräischen Bibel (auch: Altes Testament) und des Neuen Testaments. Diese bilden zusammen die christliche Bibel. Die febräische Bibel, in der Gottes Geschichte mit dem Volk Israel beschrieben wird, ist zugleich die Bibel des Judentums. Sie wurde in ihrer Verbindlichkeit für das Christentum in der Mitte des 3. Jahrhunderts bestätigt. Mit dieser Anerkennung der hebräischen Bibel als Heiliger Schrift vergegenwärtig-

Der Koran (arab. *qur'an* = das zu Lesende) enthält die von Muhammad verkündete Offenbarung, die in den 23 Jahren ihrer Entstehung getrennt von z. B. Berichten von Praxis und Aussagen des Propheten u. dgl. niedergeschrieben wurde. In 114 Suren enthält er Lehren zur Einheit Gottes und zur menschlichen Verantwortung, Hinweise auf frühere Gesandte und ihre Lehren sowie historische Erfahrungen, ethische Grundlagen, meditative Texte und einige praktische Lebensregeln. Im Gottesdienst wird das arabische Original rezitiert. Die Liebe zum Text

Die *Veden* sind die ältesten und wichtigsten hinduistischen Schriften. *Veda* bedeutet »Wissen«. Die fünf alten vedischen Sammlungen entstanden zwischen 1.300 und 900 v. u. Z. und enthalten in urtümlichem Sanskrit Verse *(Rigveda)*, Lieder, Sprüche und Magie/Heilkunst, die im vedischen Opferritual Verwendung fanden. Diese Sammlungen waren mündliches Erbgut spezieller Priesterfamilien und nicht allgemein zugänglich. Etwas später kamen die rituellen Erklärungen und mystische Geheimtexte wie die so genannten Wildnisschriften und die »persönlichen Belehrungen«, die *Upanishaden*, hinzu. Das Sanskrit blieb bis zum heutigen Tage Indiens

Die Belehrungen des Buddha wurden zuerst ungefähr 400 Jahre nach seinem Tod schriftlich niedergelegt. Davor wurden sie jedoch sehr sorgfältig mündlich weitergegeben, jeweils von den älteren Ordensangehörigen an die jüngeren. Das genaue Auswendiglernen und meditative Aufsagen der *Sutras* (= Lehrreden des Buddha) war eine Hauptbeschäftigung der Mönche und Nonnen. Die erste Sammlung, die wir haben, ist die große Versammlung des südlichen Buddhismus, dem *Theravada*. Dieser Kanon ist in der mittelindischen Pali-Sprache geschrieben, die der Muttersprache des Buddha sehr ähnlich war. Das Pali ist bis heute das »Kirchenlatein« der BuddhistInnen in Sri Lanka, Myanmar und Thailand. Der Pali-Kanon zerfällt in drei Teile, auch

Judentum

ligen Schrift, verfasst in Hebräisch, macht einen wichtigen Teil jüdischer Frömmigkeit aus. Die Bibel, vor allem die Tora, ist das wahre Haus, die eigentliche Heimat des Juden. **Wo die Tora ist, ist Israel. Wo Israel ist, ist auch die Tora.** Neben der schriftlichen Tora kennt das Judentum die mündliche Tora. Sie besteht aus *Halacha* (= der Weg, das Gesetz), *Haggada* (= die Erzählung, die Auslegung), *Midrasch* (= das Suchen, die Ausdeutung). Die Halacha müht sich, die Tora mit ihrer Ethik und Moral im Hier und Heute lebbar zu machen.

Christentum

te sich das Christentum seine Verwurzelung und den Grund seiner Existenz. Die Bücher des Neuen Testaments sprechen von der neuen Art und Weise, in der sich Gott durch Jesus Christus offenbart. Darum sind im zweiten Teil der christlichen Bibel in griechischer Sprache die Geschichten von Jesus und seinen JüngerInnen sowie Briefe mit Glaubenszeugnissen der AnhängerInnen des Christentums aus dem 1. Jahrhundert zusammengestellt.

Islam

drückt sich auch in der Schriftgestaltungskunst aus. Übersetzungen in andere Sprachen helfen zum Verständnis, sind aber kein Ersatz für das Original, sondern gelten als Interpretation. Die Kenntnis von Sprache, Geschichte und Systematik ist Voraussetzung zur verbindlichen Auslegung. Es gibt eine reichhaltige Kommentarliteratur. Die Bibel wird z.T. kritisch betrachtet, aber als ältere heilige Schrift respektiert.

Hinduismus

heilige Sprache. Das einfache Volk kannte diese Texte allerdings höchstens dem Namen nach; für die Menschen war ausschließlich die Autorität der Priester *(Brahmanen)* entscheidend. Erst allmählich kamen allgemeine Offenbarungsschriften hinzu, wie im 2. Jahrhundert v.u.Z. der Gesang des Erhabenen *(Bhagavadgita)*. Als Teil der großen indischen Erzähltradition wurde dieser Text, der liebevolle Hingabe an Vishnu als Heilsweg predigt, unübertrefflich beliebt.

Buddhismus

Körbe genannt: *Vinaya* (= Ordensregeln), *sutta* (= Lehrreden; Sanskrit *sutra*) und *abhidhamma*, d.h. die späteren philosophischen Traktate und Kommentare (Sanskrit *abhidharma)*. Neben dem Pali-Kanon kennen wir noch Bruchstücke von Versammlungen anderer alter Schule in Sanskrit und besonders in chinesischen Übersetzungen. Der nördliche Buddhismus *(Mahayana)* hat in den eigenen Sprachen (z.B. tibetisch, chinesisch, koreanisch, japanisch) Belehrungen bewahrt, die der Ausrichtung auf Mitgefühl und Weisheit entsprechen. Der *Kangyur*, der tibetische Kanon, umfasst z.B. 108 Bände, die dazugehörigen Kommentare noch einmal 224 Bände!

Geschichte

Das Judentum ist eine Geschichtsreligion. Die Kontinuität, die Kette der Generationen, ist wichtig für eine jüdische Identität. Was als Familiengeschichten der Erzväter und Erzmütter begann, wurde zur Volksgeschichte in einem sehr besonderen Sinn: Israel als Religionsvolk. Den meisten JüdInnen, ob sie nun im Lande Israel oder in der Zerstreuung *(= Diaspora)* leben, sind sich dessen lebendig bewusst, dass sie ein Erbe angetreten haben, das nicht nur für Israel, sondern für die Welt wichtig ist. Dieses Erbe hat einen Ursprung und Anfang – und ein Ziel, die

Die Geschichte des Christentums beginnt in Palästina mit dem Glauben der JüngerInnen an Jesus als den auferstandenen Christus und Sohn Gottes. Durch die Missionstätigkeit der AnhängerInnen Jesu – zu nennen sind hier beispielsweise die Apostel Paulus und Petrus – entstanden im 1. Jahrhundert die ersten christlichen Gemeinden in Kleinasien, Griechenland und Rom und später auch in Nordafrika. Nachdem das Christentum im 4. Jahrhundert offiziell zur Staatsreligion des Römischen Reiches erklärt worden war, begann mit dem Mittelalter seine Ausbreitung in Europa. Die Zeit vom 11. bis zum 13. Jahrhundert war geprägt von den christlichen

In den ersten Generationen breitete sich das Einflussgebiet des Islam bis nach Zentralasien und Indien (durch den Zusammenbruch des Persischen Reiches) und über Nordafrika bis Spanien aus und erreichte durch Aufnahme und Weiterentwicklung griechischer, persischer und indischer Wissenschaften eine kulturelle Blüte. Im Anschluss an die Kreuzzüge im 11. und die Mongoleneinfälle im 13. Jahrhundert erfolgte eine Neugliederung: Politisch und kulturell bedeutsam wurde das Osmanische Reich im türkisch-arabischen Raum, das persische Safawiden-

Die früheste Phase des Hinduismus begegnet uns in den alten heiligen Schriften, den Veden (ab ca. 1.300 v. u. Z.). Hier finden wir neben Polytheismus, d. h. den Glauben an viele Götter, eine feste Einteilung der Gesellschaft in Schichten und die Vorstellung, dass der Mensch die Weltordnung durch seine Opfer an diese Götter instand hält. *Agni*, das Feuer bzw. der Feuergott, spielt dabei als Mittler eine große Rolle. In späterer Zeit entwickeln sich die Vorstellungen vom *samsara* (= Kreislauf der Seele), Wiedergeburt und *Karma* (= Gesetz von Ursache und Wirkung). In den mystischen Upanishaden (um 900 v. u. Z.) wird die Einsicht in die mystische Einheit aller

Nach dem Tod des Buddha versammelten sich 499 Schüler, um seine Lehre so wortgetreu wie möglich zu bewahren: Ordensregeln, Belehrungen und Kommentare – die drei Teile des alten Kanons – haben in diesem ersten Konzil von Rajagriha ihren Ursprung. Bald nach Buddhas Ableben wurde der Sinn allzu strenger Klosterregeln in Frage gestellt. Zehn Lockerungen wurden gutgeheißen, aber eine konservative Gruppe blieb bei den strikten Vorschriften. Die Schulen des südlichen Buddhismus *(Theravada)* leiten sich von dieser Minderheitengruppe her. Aus der Mehrheitsgruppe entstanden allmählich die Schulen des nördlichen Buddhismus, des »großen

Judentum

Erlösung, die Völkerwallfahrt zum Zion. Die Geschichte ist ein Ort, in dem Gott waltet, in dem aber auch das Volk handelt, sich verändert und das einst gegebene Wort bewahrt und weitergibt und es zugleich auslegt. So zeigt die Geschichte und vor allem die Gegenwart Israels eine religiöse Vielfalt, ohne das Bewusstsein zu verlieren, dass wir »Kinder des einen Bundes« sind.

Christentum

Kreuzzügen ins Heilige Land. Diese wurden mit dem Ziel unternommen, Jerusalem den vermeintlich »Ungläubigen« zu entreißen. Im Zuge der Entdeckung neuer Kontinente gelangte das Christentum ab dem 15. Jahrhundert auch nach Amerika, Asien und Afrika. Die Missionierung dieser Kontinente geschah oftmals unter Zwang und ging einher mit der Unterdrückung, Versklavung und wirtschaftlichen Ausbeutung der UreinwohnerInnen. Heute leben ChristInnen vor allem in Nord- und Südamerika, in Europa, in Australien und in Teilen Afrikas.

Islam

reich und das Mogulreich in Indien. Im 17. Jahrhundert gelangten mehrere islamische Länder unter direkte europäische Kolonialherrschaft (z. B. Indien unter britische, Teile Nordafrikas unter französische usw.), andere wurden politisch und wirtschaftlich abhängig bzw. gerieten z. T. in das Spannungsfeld zwischen den Kolonialmächten (z. B. Afghanistan, Palästina). Nach dem Zweiten Weltkrieg entstanden die gegenwärtigen muslimischen Nationalstaaten.

Hinduismus

Dinge, besonders der Einheit von Einzelseele mit dem Absoluten, zum entscheidenden Heilsweg. Daneben entwickelt sich der Weg der *bhakti*, der liebevollen Hingabe an die höchste Gottheit, wie ihn u. a. die *Bhagavadgita* beschreibt. Diese erscheint entweder als der Gott Vishnu oder der Gott Shiva. Als letzte große Strömung entwickelte sich der Kult der Großen Göttin *(Shri Devi)*. Das Weibliche wird hier als aktive, göttliche Kraft im Kosmos *(shakti)* gesehen.

Buddhismus

Fahrzeugs« *(Mahayana)* und dann der Diamantweg Tibets *(Vajrayana)*. Der Buddhismus verbreitete sich über ganz Südasien und weiter nach Ost- und Südostasien. In Indien entstanden große Universitäten. Das Erstarken des Hinduismus und der Einfall der Muslime in Indien löschten im 10. und 11. Jahrhundert den Buddhismus in seinem Mutterland fast gänzlich aus. In Sri Lanka, Südostasien, Korea, China und Tibet lebte er jedoch ungestört fort.

Schulen

Ein Blick in die Bibel zeigt, dass ein und dieselbe Geschichte oft verschieden geschildert wird. Torafrömmigkeit war und ist stets auch eine lernende, auslegende, fragende Frömmigkeit. Unterschiedlichste Schulen entstanden, heftige Konflikte wurden ausgetragen, ohne vollends zu spalten. Zu Zeiten des Königtums und des Tempels finden wir noch die verschiedenen staatstragenden Kasten, wie den Tempeladel, aber auch dessen prophetischen Gegner, dann die volksmissionarischen Pharisäer, die den Kult demokratisierten, und die »messianischen« Gruppen, die in der »Naherwartung« auf die Ankunft des Messias lebten: von den strengen Es-

Die orthodoxe, die römisch-katholische und die evangelische Bekenntnisgemeinschaft sind zahlenmäßig die drei größten Konfessionen der christlichen Kirche. Innerhalb dieser Gemeinschaften gibt es jedoch große theologische und regionale Unterschiede. Die Besonderheit aller orthodoxen Kirchen besteht darin, dass sie nur die ersten sieben Konzilien in der Geschichte der Kirche als verbindlich anerkennen. Die einzelnen orthodoxen Kirchen in verschiedenen Ländern haben jeweils einen Patriarchen und sind eigenständig. Die römisch-katholische Kirche beansprucht für sich eine größere Einheitlichkeit: Ihr Oberhaupt, der Papst, hat als Nachfolger des

Die Meinungsverschiedenheiten in meiner Gemeinschaft sind ein Segen. (Prophet Muhammad) Innerhalb der Hauptrichtungen *(Sunniten* und *Schi'iten)* gibt es Rechtsschulen, die sich in ihrer Methodologie unterscheiden, theologische Schulen mit u. a. verschiedener Gewichtung von überliefertem Wissen und Vernunfterkenntnissen, philosophische Schulen, die ältere philosophische Modelle und wissenschaftliche Erkenntnisse mit aufgenommen haben, und mystische Traditionen, die sich in Lehre und Disziplin der Sufiorden ausdrücken. Es handelt sich um Lehrtra-

Die meisten heutigen Schulen des Hinduismus lassen sich grob drei Strömungen zuordnen: Die AnhängerInnen des Gottes Vishnu *(Vaishnas)*, die AnhängerInnen Shivas *(Shaivas)* und die AnhängerInnen der Großen Göttin, die u. a. Durga oder Kali genannt wird. Diese Schulen schließen einander nicht aus. In klassischer Zeit sprach man im Hinduismus allerdings von sechs »rechtgläubigen« (orthodoxen) Weltanschauungen, von denen heute nur der Yoga und der Vedanta, der die Einheit von Seele mit dem Absoluten vertritt, eine Rolle spielen. Als »anders gläubige Systeme« wurden dagegen u. a. der Buddhismus und die Lehre der Jainas bezeichnet: Sie

Durch die Geschichte entwickelten sich zahlreiche verschiedene Schulen, die alle auf den Buddha zurückgehen und seine Lehre widerspiegeln. BuddhistInnen haben unterschiedliche Meinungen über die Lehre nie gewalttätig ausgetragen. Vielmehr respektieren sich die Schulen als unterschiedliche Wege zu Befreiung und Erleuchtung: Buddha verstand schließlich seine Belehrungen als geeignetes Mittel und nicht als eine absolute Wahrheit. Man kann drei große Strömungen unterscheiden: Der Theravada Süd(ost)asiens *(Hinayana* = Kleines Fahrzeug*)* betont die Stel-

Judentum

senern in der judäischen Wüste bis zu den aufrührerischen »Eiferern« *(Zeloten)* und später den verschiedenen mittelalterlichen Messiasbewegungen. Hinzu kommen mystische Strömungen. All dieser Vielfalt ist aber eines gemeinsam: das Ideal des Fragens. Von der Zeit Jesu mit ihrem Fragen und Suchen, dem großen Lehrerpaar Hillel (der Milde) und Schammai (der Strenge) bis zum lebendigen Pluralismus unserer Tage – das Thema ist ungebrochen aktuell: Wie lebe ich die *Tora* (= Weisung)?

Christentum

Apostels Petrus die Vorrangstellung in Lehre und Rechtsprechung. Innerhalb der evangelischen Kirche muss unterschieden werden zwischen verschiedenen Formen der Frömmigkeit, die sich in den Jahrhunderten nach der Reformation herausgebildet haben (z. B. lutherisch, uniert, reformiert, baptistisch, methodistisch u. a.). Als Sekten gelten im Christentum Gemeinschaften, die sich bewusst von den großen Konfessionen und Kirchen distanzieren (z. B. Mormonen, Zeugen Jehovas).

Islam

ditionen mit gegenseitiger Anerkennung auf der Grundlage der drei theologischen Prinzipien: Einheit Gottes, Prophetentum Muhammads und Gericht Gottes am Ende der Zeiten. Aufgrund ihrer Lehren als »außerhalb des Konsens stehend« gelten Gruppen wie die *Ahmadiya* (der Gründer wird als »neuer Prophet« oder »Messias« gesehen) und z. T. die *Alawiten*, sofern sie die »Fünf Säulen des Islam« nicht als verbindlich betrachten. Yazidis, Sikhs und Bahais gehören je ihrer eigenen Religionsgemeinschaft an.

Hinduismus

lehnen die Autorität der Veden und der Brahmanen ab. Die Jainas suchen Befreiung der zahllosen Einzelseelen durch strenge Askese. Auch die Sikhs gelten als *heterodox* (= andersgläubig): Ihre im 15. Jahrhundert entstandene Religion versucht den Hinduismus mit dem Islam zu vereinigen. Heute verkünden viele Gurus (= spirituelle Lehrer) einen eigenen Weg – auch im Westen; diese missionierenden Gruppen, wie die Hare-Krishnas, nennt man dann neo-hinduistische Bewegungen.

Buddhismus

lung der Mönche und die Lehren von Ursache und Wirkung. Im »großen Weg« *(Mahayana)* sind vor allem Mitgefühl und Weisheit wichtig. Als »Erleuchtungsstrebender« *(Bodhisattva)* richtet man seine Bemühungen auf das Heil aller fühlenden Wesen. Laien und Frauen sind gleichberechtigte Partner der Mönche. Als dritte Strömung bewahrt der Diamantweg Tibets *(Vajrayana, Tantrayana)* die Belehrungen über die Buddhanatur: Erleuchtung ist in allen Wesen vorhanden. Lebe als Buddha, bis du einer bist!

Heilige

Wahrhaft heilig ist nur Gott. Als geheiligt galt ein Raum im Tempel zu Jerusalem, das Allerheiligste, in dem die *Schechina* (= die Gegenwart Gottes, der Geist Gottes) ruhte. Heilig ist die *Tora* (= fünf Bücher Mose), doch nicht die Rolle oder die Schrift, sondern der Geist, der aus den Buchstaben spricht. Das »Personal« der Bibel, von den Stammvätern über Mose, David und Salomo, bis zu den ProphetInnen, sie alle waren nicht heilig. Sie blieben Menschen und dennoch von Gott geliebte. Sie waren nicht frei von Sünden. Heilig gilt heute als ein Synonym für gerech-

Für das Christentum haben die Prophetenerzählungen in den Büchern der hebräischen Bibel eine wichtige Bedeutung, da ProphetInnen diejenigen sind, die zum Volk Israel im Namen Gottes sprechen. Die eschatologischen Aussagen der Prophetie nimmt das Christentum auf und interpretiert sie auf dem Hintergrund der Offenbarung Gottes in dem Menschen Jesus neu. Als JüngerInnen werden im Neuen Testament Frauen und Männer bezeichnet, die Jesus nachfolgen und an die Wirkung der Kraft Gottes in seinem Handeln glauben. Nach dem Tod Jesu wurde vor

Wer Gott und dem Gesandten folgt – sie gehören zu denen, denen Gott Gnade erwiesen hat von den Propheten und den Wahrhaftigen und den Zeugen und den Gerechten, und sie sind die besten Gefährten. (Sura 4:69) Männer und Frauen, die Gott nahe stehen und bei denen man Anleitung und Orientierung findet, werden als »Gottesfreunde« *(Awliya' Allah)* bezeichnet. Propheten und Gesandte stehen dabei im Vordergrund, z. T. auch ihre Angehörigen wie z. B. die Frauen des Propheten Muhammad (die »Mütter der Gläubigen«) und seine Tochter Fatima sowie ihre nahen

Der Hinduismus kennt keinen Stifter, aber viele Heilige, Sektenstifter und Seher. Zahlreich sind die Geschichten von mächtigen Asketen, die das kosmische Gleichgewicht durch ihre magischen Fähigkeiten gefährdeten. Die Götter – besonders Shiva – mussten sie zähmen, oft durch sexuelle Versuchungen. Die sieben bzw. neun Seher der Urzeit offenbarten die heiligen Veden. Yajñavalkya war einer der bedeutendsten Heiligen und Schulstifter der Vorzeit: Auf ihn

Buddhas Schüler werden als große Heilige *(Arhat)* verehrt: Shariputra, Maudgalyana, Kashyapa und Buddhas Vetter Ananda, der den Buddha 20 Jahre lang hingebungsvoll versorgte – sie alle erlangten rasch Erleuchtung und wurden zu Vorbildern für BuddhistInnen aller Richtungen. In der Volksfrömmigkeit des nördlichen Buddhismus werden auch hochentwickelten Erleuchtungswesen *(Bodhisattvas)* als Vorbild und Helfer im Kreislauf des Leidens verehrt, z. B.

Judentum

tes, barmherziges Handeln. Als heilig werden oft jene beschrieben, die durch ihren Glauben das Böse besiegten: Viele Heiligkeitsgeschichten sind uns aus den Konzentrationslagern und Gettos überliefert. Oft waren es sehr einfache Menschen, die durch ihren gelebten Glauben ein Beispiel für Glaubenstreue ablegten. »Heilig« ist auch ein Ehrentitel für die Märtyrer, die »Heiligen und Reinen«.

Christentum

allem der Kreis von JüngerInnen bekannt, denen er als Auferstandener begegnete und welche die Nachricht von seiner Auferstehung weitertrugen. Heilige sind im Neuen Testament die Menschen, die als Gemeinschaft in der Nachfolge Jesu leben. In der römisch-katholischen Kirche haben die Heiligen als FürsprecherInnen der Menschen bei Gott auch heute noch eine besondere Stellung. Die evangelische Kirche redet von Menschen, die Vorbilder im Glauben sein können. Sie kennt jedoch keine Heiligenverehrung.

Islam

Freunde. Zu den Gottesfreunden gehören auch die »Wahrhaftigen« wie die großen Imame und viele mystischen Lehrer, z. B. Ali, der Vetter des Propheten, oder die Mystikerin Rabi'a, die »Zeugen«, die mit ihrem Leben und Sterben Zeugnis für Gottes Einheit und Güte abgelegt haben, u. a. die Märtyrer, die dafür getötet wurden, wie z. B. der Prophetenenkel Husayn, und alle aufrichtigen Menschen, die sich um Gutes bemühen und Frieden stiften.

Hinduismus

beruft sich die Tradition des »Weißen Yajurveda«. In klassischer Zeit gelten z. B. Patañjali als Begründer des Yoga und Shankara als Stifter des Advaita-Vedanta. Auch moderne Gurus, wie der Gründer der Hare-Krishnas, Bhaktivedanta Swami Prabhupada, oder der Gründer des Anandamarga, P. S. Sarkar *(Shri Anandamurti)* werden von ihren AnhängerInnen als göttliche Meister verehrt.

Buddhismus

Avalokiteshvara, der Bodhisattva des Mitleids *(in China weiblich als Kuan Yin)* und Mañjushri mit dem Flammenschwert der Weisheit. Wie andere Buddhaformen sind diese Bodhisattvas vor allem als Erleuchtungsaspekte zu verstehen: Als Ziel und Meditationserfahrung verkörpern sie erleuchtete Eigenschaften und Wirkungsfelder.

Tradition

Die Tradition ist in der jüdischen Lebenspraxis oft die Harmonisierung von universalem Glauben mit lokalem Brauchtum. In manchen Gemeinden haben sich örtlich begrenzte Gebräuche entwickelt, Melodien, Trauergebete und -gesänge (*Elegien*, etwa in den Städten, durch welche die Kreuzfahrer zogen). Wurden JüdInnen vertrieben, oder wanderten aus, nahmen sie dieses Brauchtum mit. Sie suchten jene Versammlungshäuser *(Synagogen)* auf, in denen so gebetet und gesungen wurde wie »daheim«. In der Fremde wurde die Tradition oft ähnlich wichtig wie die Lehre selbst. So entstand z. B. das Jiddische: Aus einem alten Deutsch (Anfänge um das

Seit der Entstehung der christlichen Kirche gab es viele Entwicklungen und Veränderungen. Im 11. Jahrhundert spaltete sich die Christenheit in die römisch-katholische und die orthodoxe Kirche. Die römisch-katholische Kirche herrschte im Weströmischen Reich mit dem römischen Papst als Oberhaupt. Die orthodoxe Kirche im Oströmischen Reich wurde von dem Patriarchen von Konstantinopel angeführt. Der Grund für die Trennung lag in den Auseinandersetzungen über theologische Streitigkeiten und in einer unterschiedlichen Auffassung über die Bedeutung des Papstamtes. Die zweite große konfessionelle Veränderung geschah im 16. Jahr-

Unter Tradition wird zweierlei verstanden: Die beispielhafte Lebenspraxis des Propheten Muhammad und seiner unmittelbaren Gemeinschaft *(Sunna)* ist zusätzlich zum Koran die zweite Hauptquelle für Glauben und Praxis. Sie ist zugänglich durch Berichte *(Hadith,* pl. *Ahadith)*, die von Zeitzeugen über deren Schüler überliefert und gesammelt wurden. Man unterscheidet zwischen maßgebender, kulturell bedingter und persönlicher Gewohnheit des Prophe-

Obwohl Zeit im indischen Denken zyklisch ist, also endlose Wiederholung der einzelnen Perioden meint, berufen sich Hindus gleichwohl in zweifacher Weise auf Tradition: Die zeitlose Offenbarung der heiligen Schriften, der Veden, ist die höchste Autorität – alle Lehren müssen letztlich in Übereinkunft mit den Veden stehen. Zugleich kennt der Hinduismus aber auch noch Tradition im engeren Sinne *(smriti):* Damit sind u. a. Kommentare zu den Veden, aber

Alle buddhistischen Schulen gehen auf Buddhas 84.000 Belehrungen zurück. Diese sind in verschiedenen Sprachen und Versammlungen bewahrt. Der südliche Buddhismus stützt sich auf den Pali-Kanon; eine große Kommentarliteratur schließt sich daran an. Unter den systematischen Darstellungen ist der *Visuddhimagga* (= Weg zur Reinheit) des Buddhagosa aus dem 5. Jahrhundert) die bedeutendste. Der nördliche Buddhismus stützt sich vor allem auf die »Lehrreden der Höchsten Weisheit«, den *Prajñaparamita-Sutras.* Wichtige philosophische Weiterentwicklungen bei den Auslegungen stammen von Nagarjuna und Asanga. In Ostasien gilt das

Judentum

erste Jahrtausend) wurde in der erzwungenen Abgeschiedenheit der Zwangsgettos eine eigene, jüdisch-deutsche Sprache. Wo immer deutsche Juden hinzogen – sie nahmen ihr Deutsch mit. Tradition schafft oder verstärkt ein Gefühl der Gemeinschaft. Die moderne israelische Tradition lässt Bibelverse zu Volksliedern werden, die eine alte Liebe auf gänzlich neue Weise ausdrücken. Die Tradition schafft im Idealfall Freiräume für ein lebensnahes Judentum. Sie macht das Judentum bunt und vielfältig.

Christentum

hundert durch eine Erneuerungsbewegung, die mit dem Namen Martin Luther verbunden ist. Er sprach öffentlich über die Missstände in der römisch-katholischen Kirche und forderte eine Reformation der Kirche an Haupt und Gliedern. Obwohl Luther ursprünglich keine neue Konfession gründen wollte, entstand aufgrund seines Wirkens die protestantische Konfession, die man seit dem 19. Jahrhundert auch als evangelische Konfession bezeichnet.

Islam

ten. Auf der Grundlage der Quellen sind in Wechselwirkung mit dem jeweiligen kulturellen Umfeld verschiedene Traditionen entstanden, die zur Vielfalt der heutigen islamischen Welt beitragen, z. B. Rechtsschulen, mystische Traditionen, Volksbräuche u. dgl. Es kommt heute darauf an, sie weiterzuentwickeln, wiederzubeleben oder ggf. die in den Quellen gelehrten Maßstäbe zu hinterfragen.

Hinduismus

auch die großen indischen Erzähltraditionen wie das *Mahabharata* und das *Ramayana* gemeint: Jedes Kind kennt ihre Mythen und Geschichten. Und diese Epen werden bis zum heutigen Tage erweitert, so wie auch die Veden immer wieder aufs Neue gedeutet werden: Tradition ist nichts Feststehendes, sondern bedeutet das ständige Neu-Wägen der zeitlosen Weisheiten.

Buddhismus

Lotussutra häufig als höchste Belehrung. Einige Schulen lehnen die Schrifttraditionen ab, um dem eigenen Erfahren in der Meditation mehr Raum zu geben. Dann bleibt allerdings die Tradition erleuchteter Meister, häufig »Patriarchen« genannt, wichtig. Die direkte Übertragungslinie vom Buddha bis in unsere Zeit stellt die Reinheit der Belehrung sicher. Im tibetischen Diamantweg spielt sowohl das Buddhawort als auch die Transmission, die ununterbrochene Weitergabe der Belehrungen und Meditationen durch erleuchtete Meister, eine entscheidende Rolle.

Reform

Keine Religion, und erst recht nicht das Judentum, kann sich den Luxus leisten, das Spannungsverhältnis von alten Vorstellungen und neuen, anderen Lebenssituationen zu negieren. So wurde und wird das Wort der Bibel stets neu ausgelegt, **das Gesetz**, sagte der Religionswissenschatfler Ernst Simon, **schwingt**. Wäre es starr, würde es zerbrechen. So kennt bereits die Bibel Reformen, die tief greifende Veränderungen mit sich brachten, etwa nach dem Ende des babylonischen Exils und der Rückkehr der Verbannten. Besonders die ProphetInnen erwiesen

Die drei großen Konfessionen des Christentums haben in der Vergangenheit zahlreiche Reformbewegungen hervorgebracht. So ging z.B. aus der römisch-katholischen Kirche die altkatholische Kirche hervor. Diese Konfession entstand auf Initiative von Gläubigen, die sich auf dem 1. Vatikanischen Konzil im Jahr 1870 gegen die Aussage wandten, dass der Papst als unfehlbar zu gelten habe. In der evangelischen Kirche haben der Pietismus und die Aufklärung

Es gibt Vorstellungen von einem Erneuerer in jedem Jahrhundert, der die Religion wiederbelebt. Als solcher gilt z.B. al-Ghazzali (gest. 1111), der die Verbindung zwischen Ethik, Recht und Spiritualität wiederherstellte. Die so genannte »wahhabitische« Bewegung (seit Ende des 19. Jahrhunderts) vertritt eine strenge Rückkehr zu den unverfälschten Quellen. Muhammad 'Abduh (1849-1905) arbeitete an einer allmählichen Reform durch theologische und erzieherische Besinnung sowie Festigung der Rechte des Individuums gegenüber dem Staat. Iqbal

Verschiedene Kennzeichen des Hinduismus und der indischen Gesellschaft erwiesen sich im Laufe der Zeit immer wieder als reformbedürftig: Die Rituale der Priester *(Brahmanen)* brachten Gegenbewegungen hervor, die das Heil weniger äußerlich begriffen. Die Upanishaden stellten den Zeremonien spirituelle Einsicht entgegen. Die *Bhagavadgita* wehrte sich gegen das Elitedenken der Upanishaden und verkündete einen Weg, der jedem offen stand: Hingabe und

Reformen wurden und werden im Buddhismus nicht als Neuerungen, sondern als Verschiebungen in der Betonung von Lehren des Buddha verstanden. Sie geschahen und geschehen nach und nach, ohne blutige Konflikte. Der Buddha behielt bei seinen vielen verschiedenen Unterweisungen schließlich immer die Möglichkeiten und Bedürfnisse seiner ZuhörerInnnen im Auge; auch die jeweiligen gesellschaftlichen Bedingungen spielten eine Rolle. So ist der Nach-

Judentum

sich als wichtigste Reformer, z. B. in Bezug auf die Vererbung der Schuld der Väter auf die Kinder, die jetzt aufgehoben wird. Das rabbinische Judentum wirkte der Gefahr der Erstarrung entgegen, in dem es die Verantwortung jedes Gläubigen und seine gelebte Gerechtigkeit betont. Dass dies nicht ohne Diskussionen und oft mit Auseinandersetzungen abläuft, mögen viele beklagen, aber es ist das Lebenselixier des Judentums. Heute kreisen die Diskussionen über Reformen nicht zuletzt um die Frage nach der Stellung der Frau.

Christentum

im 17. und 18. Jahrhundert eine intensive Diskussion über die grundlegenden Inhalte des christlichen Glaubens angestoßen. Eine bedeutende Bewegung, die sich eine Bewahrung der traditionellen liturgischen Elemente im 17. Jahrhundert zum Ziel gesetzt hatte, waren die Altgläubigen in der orthodoxen Kirche Russlands.

Islam

(1875-1938) umriss eine islamische parlamentarische Staatsidee, an die Pakistan anknüpfte. AutorInnen wie Mohammed Arkoun, Farid Esack, Khaled Abou el-Fadl, Fazlur-Rahman, Riffat Hassan, Ali Shariati, Amina Wadud und Nasr Hamid Abu Zaid befassen sich vor allem mit Fragen, die das heutige Schrift- und Rechtsverständnis betreffen, sowie mit befreiungstheologischen Fragen.

Hinduismus

Liebe zu Gott. Auch das starre Kastensystem, das nur wenigen Gruppen Anteil an religiöser Macht und spiritueller Suche gab, war immer wieder Ziel von Reformversuchen. Nicht zuletzt können auch Jainismus und Buddhismus in diesem Licht gesehen werden. Mahatma Gandhi, der von den Unberührbaren als Kinder Gottes sprach, steht hier in einer langen, guten Reihe von Erneuerern.

Buddhismus

druck, den der frühe Buddhismus auf die Ordensgemeinschaft legt, vor dem Hintergrund des Lebens im Indien des 5. Jahrhunderts v. u. Z. zu begreifen: Gesonderte Orden für Männer und Frauen stellten die Weitergabe von Buddhas Lehren am besten sicher. Die veränderten Möglichkeiten der Laien stellten demnach keine Veränderungen in Buddhas Lehre dar; vielmehr reagierten sie auf die Veränderung der Rahmenbedingungen.

... in Deutschland

Das, was man heute im Judentum unter Reform, liberal, progressiv versteht, ist im Deutschland der Neuzeit entstanden. Der Eintritt der Juden in eine nichtjüdische Kulturgesellschaft führte auf unterschiedlichen Ebenen zu Bemühungen, das Judentum zu modernisieren. Und das begann nicht zuletzt mit einer Wiederentdeckung der biblischen und nachbiblischen Quellen: Mendelssohns Bibelübersetzung ins Deutsche (mit hebräischen Buchstaben geschrieben) eröffnete einen neuen Weg. Judentum und Wissenschaft galten nicht als Gegensätze. Die Definition eines »deutschen Staatsbürgers jüdischen Glaubens« erzwang die Aufweichung jüdisch-nationaler Vorstellungen zugunsten einer allgemeingültigen Ethik des Judentums. Aus dem Volk Is-

Die Reformation brachte neue Organisationsformen des Christentums hervor, die in Deutschland auch heute noch das evangelische Bild prägen: Die Landeskirchen. Unter dem Dach der EKD (Evangelische Kirche in Deutschland) hat die Gemeinschaft von 24 lutherischen, reformierten und unierten Landeskirchen ihre heutige institutionelle Gestalt gefunden. Die Selbstständigkeit der Landeskirchen im Hinblick auf theologische Fragen wird durch diesen

Von Friedrich dem Großen angeworbene Husaren und Ulanen vom Balkan bildeten erste kleine Gemeinden. Zwischen den Weltkriegen entstanden Gemeinden von Kaufleuten und StudentInnen. Nennenswerte muslimische Gruppen gibt es erst seit der Arbeitsmigration in den 60er Jahren. Heute leben in Deutschland ca. 3 Millionen Muslime aus der Türkei, den arabischen Ländern, dem Iran, Afghanistan, vom indischen Subkontinent, vom Balkan, aus Südostasien, Ost- und Westafrika. In der zweiten Generation entsteht eine Gemeinschaft von »deutschspra-

In Deutschland gibt es ca. 100.000 Hindus, wobei der größte Teil auf tamilische Hindus aus Sri Lanka fällt (ca. 45.000). Diese gehören in der Regel zu den Shaivas, AnhängerInnen des Gottes Shiva. In Hamm/Westfalen steht der wohl bedeutendste Tempel dieser ethnischen Gruppe, der prächtige Neubau des Shri Kamadchi Ampal Tempel (2002 eingeweiht). Hier wird die Große Göttin in ihrer Form als »Göttin mit den Augen des Begehrens« *(kama-akshi)* verehrt; als Vorbild für den Tempel diente ein gleichnamiges Heiligtum im südindischen Kanchipuram. Ebenfalls Shaivas sind die meisten Bengalischen Hindus, die den zweitgrößten Teil der Hindus

In Deutschland gibt es ca. 110.000 BuddhistInnen asiatischer Herkunft, davon die meisten (60.000) aus Vietnam und Thailand (25.000). Der überwältigende Anteil gehört demnach dem südlichen Buddhismus *(Theravada)* an. Des weiteren sind die deutschen BuddhistInnen eine stark wachsenden Gruppe. Zur Zeit gibt es ca. 55.000, von denen der überwiegende Teil tibetischen Buddhismus oder Zen praktiziert. Gruppen in der eigenen Umgebung findet man im Internet unter http://www.buddhismus.de. Die meisten buddhistischen Gruppierungen in

Judentum

rael der Bibel wurde eine jüdische Religionsgemeinschaft. Deutsche Juden waren vor dem Dritten Reich in allen Bereichen der Gesellschaft und Politik engagiert. Die Barbarei des Dritten Reiches ließ die Zahl der JüdInnen in Deutschland (1933: 500.000) durch Verfolgung, Vertreibung und Vernichtung (Holocaust/*Schoa*) auf ca. 15.000 fallen. Heute leben wieder rund 100.000 Juden in Deutschland. Interessenvertretung der 100 Gemeinden ist der »Zentralrat der Juden in Deutschland«. Ihm sind die zwölf liberalen Gemeinden bislang nicht angeschlossen.

Christentum

Zusammenschluss jedoch nicht beeinflusst. Die römisch-katholische Kirche ordnet ihre Gläubigen in Deutschland 27 verschiedenen Bistümern zu. Das Bild dieser Konfession wirkt durch die geistliche und rechtliche Vorrangstellung des Papstes nach außen hin einheitlicher als das der evangelischen Konfession, ist dafür aber von einer vergleichsweise strikten Hierarchie geprägt.

Islam

chigen Muslimen«, die zunehmend die deutsche Staatsbürgerschaft haben, sprachfähig werden und Mitverantwortung übernehmen. Muslime sind meist in Vereinen (Moschee- und Kulturvereine, sprach- und berufsbezogene Vereine, Bildungsinitiativen usw.) organisiert, die in Foren und Dachverbänden zusammengeschlossen sind (z. B. Islamrat und Zentralrat der Muslime).

Hinduismus

in Deutschland bilden. Es gibt ferner auch eine Minderheit afghanischer Hindus. Deutsche sind nur im geringem Maße unter traditionellen hinduistischen Strömungen zu finden. Neo-hinduistische Bewegungen dominieren allerdings den deutschen Esoterikmarkt. Dies geschieht unbemerkt, z. B. über die traditionelle indische Medizin – Ayurveda, Yoga, Cakra-Arbeit und Kundalini-Yoga; offen missionieren Lehrer wie Krishnamurti, Yogananda, Vivekananda, Sai Baba, der neo-jainistische Guru Bhagvan/Osho, die Hare-Krishnas, Transzendentale Meditation, Vedantagemeinschaft, Brahma Kumaris usw.

Buddhismus

Deutschland gehören zur »Deutschen Buddhistischen Union« (DBU). Die größte Gruppe unter den BuddhistInnen in Deutschland stellt der »Buddhistische Dachverband Diamantweg e. V.« (http://www.diamantweg.de) dar. Er gehört zur tibetischen Karma-Kagyü-Schule. Der wichtigste Lehrer ist hier der dänische Lama Ole Nydahl, der Beginn der 1970er Jahre diese Form des Buddhismus im Auftrag des 16. Karmapas, Rangchung Rigpe Dorje, in den Westen brachte.

Lehre

Grundlehren

Auf drei Säulen ruht die Welt: Auf der *Tora* (= fünf Bücher Mose), **auf Gottesdienst, auf Liebeswerken**, so heißt es in den »Sprüchen der Väter« (I, 2). Das Judentum ist vergleichsweise einfach und verständlich. Ein jüdischer Denker der Neuzeit, Solomon Shechter, drückte es so aus: **Mit Gott als Wirklichkeit, der Offenbarung als Tatsache, der Tora als Lebensregel und der Hoffnung auf Erlösung als lebendigste Erwartung fühlten die Rabbiner keine Veranlassung, ihre Lehrsätze in einem Glaubensbekenntnis zusammenzufassen.** Und dennoch existiert ein solches, das *Schema*, das einen

Das Christentum gründet in dem Glauben, dass sich im Leben und Sterben des Menschen Jesus, Gott selbst, offenbart. Die Schriften des Neuen Testaments sprechen davon, dass Jesus am Kreuz starb und in der Kraft Gottes den Tod durch seine Auferstehung überwand, um Menschen Erlösung, Versöhnung und ewiges Leben zu bringen. Der menschlichen Entfremdung von einem Leben in Liebe und Gerechtigkeit begegnet Gott durch seine Liebe, die im Leben des Menschen Jesus offenbar wurde. Diese Liebe konnte auch durch Leiden, Tod und menschliche

Grundlegende Glaubensprinzipien sind die Einheit Gottes, die sich in der Einheit der Schöpfung spiegelt, der Glaube an alle Propheten und Gesandten (inklusive der biblischen Propheten und der inspirierten Lehrer außerhalb der abrahamitischen Tradition) mit Muhammad als letztem Gesandten und der Glaube an Gottes Gericht am Ende der Zeiten, bei dem die Gerechtigkeit in der Schöpfung wiederhergestellt wird. Darüber hinaus betonen einige theologische Schulen Prinzipien wie Vernunft, Gerechtigkeit, Strafe für Böses und Lohn für Gutes, usw.

Alle hinduistischen Schulen haben gemein, dass sie von einer Wiedergeburt ausgehen. Wiedergeburt bedeutet aber Verbleiben in der Welt des Leidens, im *Samsara.* Die Seele oder das Selbst bleibt getrennt vom Absolutem, welches entweder abstrakt oder persönlich als höchster Gott *(Shiva oder Vishnu)* oder weibliche Gotteskraft *(shakti)* vorgestellt wird. Durch Ritual, Einsicht oder liebevolle Hingabe an den Gott kann man den Kreislauf des Leidens stufenweise

Der Buddha beschrieb die Grundsätze seiner Lehre *(dharma)* in seiner ersten Predigt in Sarnath bei Benares; dort »drehte er das Rad der Lehre«: Zunächst betonte er, dass der Buddhismus ein Weg der Mitte sei – ein Weg zwischen Luxus und übertriebener Askese. Dann erklärte er die Vier Edlen Wahrheiten: Das Leben ist Leiden *(duhkha):* Alles ist vergänglich, nur Erleuchtung ist zeitlose Freude. Das Leiden hat eine Ursache, nämlich Begierde oder »Durst«: Die

Grundlehren

Judentum

begleitet von der Geburt bis zum Tod: **Höre Israel, der Ewige, unser Gott, der Ewige ist ein Einzig-Einer** (5. Mose 6, 4). Der hier ausgedrückte *Monotheismus* (= Glaube an Gott als Einzig-Einen) verbindet Gottesverehrung, Frömmigkeit, Nächstenliebe und Gerechtigkeit (gerechtes Handeln). Da wir aber oft weit entfernt von diesen Idealen sind, ist die *Teschuwa*, die Umkehr »vom bösen Tun«, als zentraler Punkt der jüdischen Lehre anzuführen, die Hoffnung auf Gottes Barmherzigkeit und Sündenvergebung.

Christentum

Marterinstrumente nicht zerstört werden. Weil ChristInnen an die Offenbarung Gottes in Jesus Christus glauben, vertrauen sie darauf, dass Leiden und Tod in dieser Welt und über sie hinaus überwunden werden können. Christlicher Glauben lebt darum im Hinblick auf die Zukunft von der Hoffnung, dass am Ende der Zeiten alles Leid überwunden ist und alle Menschen am Reich Gottes Anteil haben werden.

Islam

Grundpfeiler der Praxis (»Fünf Säulen des Islam«): Das Glaubenszeugnis (**Es gibt keinen Gott außer Gott, und Muhammad ist Gottes Gesandter**), das rituelle Gebet (fünfmal täglich), das Fasten im Monat Ramadan, die Armenabgabe *(Zakat)* und die Pilgerfahrt nach Mekka. Grundlage für Lehre und Praxis sind der Koran und die Praxis des Propheten Muhammad *(Sunna)*.

Hinduismus

durchbrechen. Das bedeutet *moksha* (= Befreiung). Die Wege zu dieser Befreiung sind sehr unterschiedlich: Yogaübungen und Einsichtsmeditation stehen neben Gottesverehrungen und Sittsamkeit. Gesellschaftliche Benachteiligung wie im Kastensystem wird als Folge früherer Taten ertragen, innerer Frieden ist wichtiger als soziale Veränderungen.

Buddhismus

Ich-Illusion erschafft Zuneigung und Abneigung. Die Vernichtung des Leidens ist möglich: Den Kreislauf des Leidens durchbricht das Erlöschen der Ich-Illusion. Der achtgliedrige Pfad ist der Weg zur Vernichtung des Leidens. Dieser Weg in acht Stufen umfasst die innere Einstellung (rechte Anschauung und rechter Beschluss), sittliches Handeln (rechte Rede, rechtes Handeln, rechter Lebenserwerb) und die Meditationspraxis (rechte Anstrengung, rechte Aufmerksamkeit/Konzentration und rechte Versenkung). Im nördlichen Buddhismus spricht man noch von einem zweiten Drehen des Rades der Lehre: Die Belehrungen über die Leerheit aller Erscheinungen. Der Diamantweg spricht von einer dritten Umdrehung – die Lehre

Heilsziel

Im Buch Genesis (1. Mose) offenbart uns Gott seine Absichten. Aufgabe des Volkes (Israel) ist es, **den Weg des Herrn einzuhalten und zu tun, was gut und gerecht ist.** Diese Sendung Israels ist Teil einer universalen Bestimmung. (1. Mose 18, 17–19) Israels Existenz ist eingebunden in die Heilserwartung der Menschheit. Ziel ist es nicht, dass alle Menschen Juden werden, sondern dass alle Gott erkennen. So ist die Hoffnung Israels auf Erlösung zugleich die Heilszusage an die gesamte Schöpfung, denn der Allmächtige wird über sein Volk auch seine Menschheit erlösen.Viel-

Die Aussage Jesu, dass in seiner Person das Reich Gottes mitten unter den Menschen lebendig sei (Lukas 17,21), steht für die Hoffnung von ChristInnen, dass in der Kraft Gottes Heil und Heilung für Menschen möglich ist. So kann durch die Zusage Jesu, dass das Reich Gottes mit seinem Kommen angebrochen sei, eine Veränderung des menschlichen Lebens schon jetzt beginnen. Angst, Traurigkeit und Einsamkeit können überwunden werden, wenn Menschen sich

Heil ist verbunden mit einem ganzheitlichen Frieden *(Salam)* durch Hingabe an und Versöhnung mit Gott *(Islam)*. Damit verbunden ist zum einen im islamischen Recht der Begriff vom Glück in beiden Bereichen: im irdischen und im zukünftigen Leben, der bei der Rechtsfindung ausschlaggebend ist, denn die Sendung des Propheten Muhammad erfolgte als **Barmherzigkeit für die Welten** (vgl. Sura 21:107). Des Weiteren wird darunter die Bemühung zur Läuterung der Seele von Selbstsucht durch soziales Handeln und spirituelle Übungen im Bewusstsein,

Das höchste Ziel im Hinduismus ist die Befreiung aus dem *samsara*, Kreislauf der Wiedergeburten. *Moksha* (= Befreiung) bedeutet die Aufhebung der Trennung von Einzelseele und Weltseele, also höchste Glückseligkeit *(Ananda)*. In manchen Traditionen ist das Erwerben magischer (übermenschlicher) Fähigkeiten – *siddhis* – durch strenge Askese ein notwendiges

Ziel der BuddhistInnen ist es, das Leiden zu beenden und Erleuchtung zu erlangen. Man tritt in den »Strom der Lehre ein«, wird nur noch einmal wiedergeboren oder erlangt »Befreiung« bereits in diesem Leben: nämlich Befreiung von der Ich-Illusion. Erleuchtung *(bodhi)* ist der folgende Schritt: das dauerhafte Erleben zeitloser höchster Freude.
Im südlichen Buddhismus spricht man dann von einem vor-tödlichen Nirvana: Man bleibt nach der Verwirklichung der Erleuchtung noch in dieser Welt des Scheins, bis das Rest-Karma (Taten-

von der Buddhanatur: Erleuchtung ist in jedem Menschen bereits anwesend, unabhängig davon, ob er es weiß oder nicht.

Heilsziel

Judentum

leicht liegt hier die Ursache für die Zeichenhaftigkeit vor allem des wöchentlichen *Schabbat* (Ruhetag): Er ist Erinnerung an die Schöpfung, an den paradiesischen *Schalom* (= Frieden) des Anfangs, Erinnerung und Dank für Gottes Rettung aus der Sklaverei *(Exodus)* und darauf gründend die Zuversicht und Freude auf die messianische Zeit des Heils. Jeder *Schabbat* ist ein Heilsversprechen, wie es ein Spruch ausdrückt, der in den Verfolgungszeiten des Mittelalters entstand: **Steigt die Schabbatlamp' herab, wenden Not und Sorg' sich ab.**

Christentum

einander im Sinne Jesu zuwenden. Mit der Rede von der Sünde machen die biblischen Schriften jedoch auch deutlich, dass jedes menschliche Leben stets bruchstückhaft ist und bleibt. In der Auferstehung Jesu gründet darum der Glaube, dass Menschen auch über den Tod hinaus in einer Beziehung mit Gott stehen und in aller Ewigkeit im Reich Gottes miteinander verbunden sind.

Islam

dass ein **heiles Herz zu Gott kommt** (vgl. Sura 26:88-89) verstanden. Schließlich zielt Heil auf den Erziehungsprozess des Menschen im irdischen Leben, wo er in Wechselwirkung mit Mitmenschen, Schöpfung und Schöpfer seine Anlagen entfaltet und Prüfungen besteht, die ihn zum vollkommenen Menschen *(Insan Kamil)* heranreifen lassen. Gott ist *Rabb*, d.h. Versorger, Erzieher und Begleiter, der den Menschen auf seinem Weg führt und mit Gnade und Barmherzigkeit entgegenkommt.

Hinduismus

Zwischenziel. Wenn man die Ziele betrachtet, die Menschen mit ihrem Leben verfolgen, ergibt sich eine Rangordnung: Reichtum, Vergnügen, religiöse Pflichttreue *(dharma)* und spirituelle Befreiung *(moksha)*.

Buddhismus

stoff aus Ursache und Wirkung) aufgebraucht ist; mit dem Tod geht man ins absolute Nirvana ein *(pari-nirvana)*. Im nördlichen Buddhismus spricht man eher von »statischem« und »aktivem« Nirvana: Der reglose Zustand entspricht der Unendlichkeit des Raumes, der Leerheit; der aktive Zustand der Klarheit und Fülle des Geistes: Auf dieser Ebene arbeitet man zum Wohle aller Wesen, ohne Erscheinungen und Leiden auf sich selbst zu beziehen.

Gott

Gottes Heiligkeit ist jenseits des Fassbaren und die Scheu, ihn zu »vermenschlichen«, groß. Israels Gotteserfahrungen wuchsen in einer Zeit, als alle Nachbarn an viele verschiedene und teilweise grausame Götter glaubten. Daher ist bis heute die Betonung, dass Gott der Einzig-Eine ist, so zentral, dass er unsichtbar und doch gegenwärtig ist. Immer wieder aber offenbart er sich einzelnen Menschen. Höhepunkt dieser Selbstoffenbarungen Gottes dem gesamten Volk gegenüber ist der *Exodus* (= Auszug aus Ägypten). So werden aus den Gottesbildern Erziehungsbilder, wird das Wort Gottes zur Weisung. **Mitten aus dem Feuer hast du seine Worte gehört. Weil er**

Mit der Rede von der Trinität (Dreieinigkeit) werden im Christentum die drei verschiedenen Formen des Wirkens Gottes beschrieben. So wird Gott als schöpfende Kraft (1) bezeichnet, die sich zu den Menschen durch Jesus in Beziehung setzt (2), und deren Macht auch heute durch das Wirken des Heiligen Geistes in der Welt lebendig ist (3). Das Christentum knüpft mit diesem Gottesbild an die Schriften der hebräischen Bibel an. Dort wird die Geschichte Gottes mit den Menschen als ein dynamisches Beziehungsgeschehen beschrieben und als ein Bund bezeichnet, den Gott mit den Menschen geschlossen hat. Die vielen Namen Gottes in der christlichen Bibel

Gott ist einzig: Es gibt keinen Gott außer Gott. (aus dem Glaubensbekenntnis) Im Koran ist dies mit einer kritischen Haltung gegenüber menschlichen Autoritäten verbunden. Gott ist unvergleichlich, die letztendliche Wirklichkeit. Gott ist einig: Gott vereint in sich alle in den »99 schönsten Namen« ausgedrückten Merkmale und umfasst alles mit seiner Gegenwart. Die Einigkeit spiegelt sich in der natürlichen Einheit jedes Menschen, der Gemeinschaft und der Schöpfung. **Er ist Gott, außer dem es keinen Gott gibt, der das Verborgene und Sichtbare kennt. Er ist der**

Der Hinduismus kennt viele Götter. Unzählige lokale Gottheiten werden zu speziellen Gelegenheiten und mit beschränkten Fragen angerufen. Götter werden als übermenschliche Mächte gesehen, in der Regel gelten aber die Gesetze von Ursache und Wirkung *(karma)* und Wiedergeburt auch für sie! Mit diesen Göttern lässt sich also handeln, sie sind durch Opfer günstig zu stimmen. Daneben spricht man traditionell von drei Hochgöttern im steten Kreislauf des Weltgeschehens: Brahma, dem Schöpfer, Vishnu dem Bewahrer, und Shiva, dem Zerstörer der Welten. Während Brahma im Kult kaum eine Rolle mehr spielt, werden Vishnu und Shiva von

Im Buddhismus spielen ein Gott oder Götter keine Rolle. Der Buddha beließ es bei der indischen Vorstellung von Göttern, bezeichnete diese aber als Wesen im Kreislauf der Wiedergeburten *(samsara)*. Er weigerte sich wiederholt, allzu genaue Auskunft über übernatürliche Mächte zu geben, da er dieses Wissen nicht als notwendig für seine Lehre erachtete: Die Beschäftigung mit Göttern und übernatürlichen Kräften lenke nur vom Ziel des Weges ab: Erleuch-

Judentum

deine Väter lieb gewonnen hatte, hat er alle Nachkommen eines jeden von ihnen erwählt und dich dann in eigener Person durch seine große Kraft aus (dem Sklavenhaus) Ägypten geführt. (5. Mose 4, 35–37) So ist uns der Ferne zugleich sehr nah. Gott erkennen, sagte Leo Baeck, bedeutet hier nicht, sein Wesen zu verstehen, sondern sein Walten zu begreifen. Er ist der Befreiende, der Freimachende, der Hüter und Beschützer der Schwachen, der Tröster. Hätte Israel daran nicht glauben können, wir wären längst verzweifelt und untergegangen.

Christentum

spiegeln die unterschiedlichen Versuche wider, dieses Beziehungsgeschehen zwischen Gott und den Menschen in Worte zu fassen: So wird Gott in 2. Mose 3,6 als der Gott Abrahams, Isaaks und Jakobs beschrieben, in Jesaja 65,14 spricht der Verfasser von Gott als dem Erbarmer. Das Neue Testament benennt Gott in Johannes 4,21 als die Liebe und 2. Korinther 4,6. charakterisiert Gott durch die Offenbarung, die in Jesus Christus geschehen ist.

Islam

Erbarmer, der Barmherzige. Er ist Gott, außer dem es keinen Gott gibt, der König, der Heilige, der Friede, der Treue, der Beschützer, der Mächtige Freund, der Verbesserer, der Majestätische. Erhaben ist Er über alles, was man Ihm beigesellt. Er ist Gott, der Schöpfer, der Former, der Gestalter. Sein sind die schönsten Namen. Ihn verherrlicht, was in den Himmeln und auf Erden ist, und Er ist der Mächtige Freund, der Weise. (Sura 59:22-24)

Hinduismus

ihren jeweiligen AnhängerInnen als Verkörperungen des Absoluten angesehen. Vishnu zeigt sich den Menschen immer wieder in verschiedenen Herabkünften, sogenannte *Avataras* (z. B. als die Helden Rama und Krishna). Shiva verkörpert die Überwindung der Urgegensätze (Geist-Materie, Askese-Sex, Mann-Frau, Vernichten-Schaffen usw.). In der Verehrung des Göttlichen durch die heilige Schau von Götterbildern oder Symbolen nimmt der Gläubige mystisch mit der Gottheit Kontakt auf.

Buddhismus

tung. Entscheidend sei es, mit der richtigen Einstellung, Lebenshaltung und Meditationspraxis den Ausweg aus dem Kreislauf des Leidens anzustreben. Götter können dabei in der Regel nicht helfen, da sie selbst zu mächtig und glücklich sind, um die Wahrheit vom Leiden begreifen zu wollen. Geburt als Mensch gilt darum als eine kostbare Gelegenheit, um Buddhas Pfad gehen zu können.

Mensch

Wie ein liebender Vater, erzählt eine rabbinische Geschichte, hat Gott alles bereitet, ein wunderbares Paradies, und mitten hinein setzte er Adam, einen Menschen. Ihn erkor er sich als seinen Partner, der mitgestalten (benennen) durfte, was der Herr schuf. Die Geschichte des Menschen beginnt also nicht mit einem Juden, Christen oder Muslim, sondern mit einem Menschen, Adam, der Umgang mit Gott hatte. Nie wieder wurde solch ein Mensch geboren – und dennoch sind wir die Nachfahren Adams, tragen in uns nach dem *Talmud* (= rabbinische Samm-

Die Bibel spricht in 1. Mose 1,27 davon, dass Menschen nach dem Bilde Gottes als Mann und Frau geschaffen sind. Die Rede von der Gottebenbildlichkeit der Menschen soll zum Ausdruck bringen, dass Menschen geschaffen sind, um als Gottes Geschöpfe miteinander zu leben und füreinander zu sorgen. Die Erzählung vom so genannten »Sündenfall« in 1. Mose 3 beschreibt, was der Verwirklichung dieser Gemeinschaft im Weg steht: Es ist das menschliche Bedürfnis Gott gleich zu sein und die Unfähigkeit, die Grenzen der eigenen Kraft anzuerkennen.

Drei Begriffe umreißen das Menschenbild des Islam: Adam *(adamah* = Erde*)* ist verbunden mit der Schöpfungsidee **Mensch als Statthalter (Gottes auf Erden)**, den Gott **alle Namen (d. h. Begriffe)** lehrt; dabei kommt aber auch die Doppeldeutigkeit zur Sprache (Sura 2:30 ff). Die Adamsgeschichte befasst sich daher auch mit der wesentlichen Erfahrung des Umgangs mit Fehlern und Schwächen (vgl. Sura 2:35 ff; 18:15 ff). Der Begriff *Bashar* (= Lebewesen ohne Fell) betont, dass der Mensch kein Tier ist, zwar ein Erdenwesen, das aber Gott mit Seinen **beiden**

Der Mensch ist neben Tieren und unsichtbaren Wesen nur eine von verschiedenen Lebensformen, die der Wiedergeburt unterliegen. Die Welt, wie wir sie erleben, ist zudem im Hinduismus nur ein Traum, ein Spiel der Illusion. Ein einzelnes Menschenleben taucht darin auf und verschwindet wieder. Die Seele wandert durch ihr Karma endlos im Kreislauf des Werdens, im *Samsara.* Den Platz, den ein Wesen in dieser Welt des Scheins einnimmt, wird durch seine Taten

Der Mensch hat eine besondere Stellung unter allen möglichen Wesen, die im *Samsara*, der Welt der Wiedergeburten und des Leidens, gefangen sind (dies sind traditionell: Götter, Halbgötter, Menschen, Tiere, Geister und Höllenbewohner). Menschen haben die kostbare Gelegenheit, in diesem Leben mit den Methoden des Buddha zahllosen Wesen zu helfen und auf dem Pfad zur Erleuchtung zu wandeln. Durch Begierde (»Durst«) ist der Mensch in der bedingten Welt der Erscheinungen gefangen; durch seine Taten sät er die Samen für die Zukunft nach dem

Judentum

lung von Auslegungen) den Prägestempel des Allmächtigen – und dennoch ist jeder Einzelne von uns seit der Erschaffung der Welt unverwechselbar, einzig, Mann oder Frau. Nur der Mensch hat einen freien Willen erhalten, empfindet Liebe, besitzt einen sich entfaltenden Geist, hat eine unsterbliche Seele. Nur der Mensch weiß von der Existenz Gottes, von wem alles kam, wonach sich alles richten sollte, wohin alles gehen wird. Und so kann auch nur der Mensch, nicht ein Tier, sündigen.

Christentum

Menschen, die so leben, sind darum zu einer Gemeinschaft mit Gott und ihren Mitmenschen nicht fähig. Diese Entfremdung des menschlichen Daseins ist nach christlicher Auffassung im Leben von Jesus überwunden, weil dieser im Einklang mit seinen Mitmenschen und mit Gott lebte. In seiner Nachfolge werden Menschen dazu befähigt, ihre eigenen Grenzen wahrzunehmen und ihr Leben verantwortlich zu gestalten.

Islam

Händen (mit liebevoller Sorgfalt) erschaffen und ihm **von Seinem Geist eingehaucht hat** (Sura 15:29) und zu dem **Er auf verschiedene Weise spricht** (Sura 42:51). Mit dem Begriff *Insan* (= nahe sein, gesellig sein) wird der Mensch als Gemeinschaftswesen bezeichnet und sittlich verpflichtet, aber auch kritisch angesprochen. Diskriminierung aufgrund der Abstammung oder des Geschlechts entspricht nicht den islamischen Idealen.

Hinduismus

in früheren Existenzen gemäß Ursache und Wirkung bestimmt. Schicht, Kaste, Reichtum, Intelligenz usw. sind selbst verantwortet. Der Mensch muss im Rahmen seiner Möglichkeiten seine religiöse und gesellschaftliche Pflicht erfüllen. Höchstes Ziel ist innerer Frieden, Befreiung aus dem Zyklus des Leidens *(moksha)* und Glückseligkeit *(ananda).*

Buddhismus

Gesetz von *Karma* (= Ursache und Wirkung). Die Menschen und alle fühlenden Wesen unterliegen aber der Ich-Illusion, d.h. sie denken, dass sie einen unveränderlichen Wesenskern haben; vom höchsten Standpunkt aus gesehen befindet sich da aber nur Leerheit: der offene, klare Raum des Geistes. Leerheit ist die Natur von Erleuchtung und Nirvana.

Das Heilige

Juden sind »Kinder des Bundes«, Söhne und Töchter der *Tora* (= Weisung). Jüdische Identität scheint nur in Beziehung zu diesem Bund denkbar. Was war nun das so Überragende an diesem Bundesschluss vom Sinai, dass er bis heute in uns fortlebt? Es ist die Einheit von »Gottes Treue«, der die Hilferufe der Kinder Israels hört und sich erinnert, was er den Vätern versprochen hatte (starkes Volk, ein Land, wo »Milch und Honig fließt«), und der Rettung aus dem Sklavenhaus. Israel hat Gott als Befreier erfahren. Und dieser Gott schließt mit den Israeliten

Die Beziehung zwischen Gott und den Menschen wird in der Bibel mit der Bezeichnung »Bund« umschrieben. Dieser Begriff wird unterschiedlich verwendet: In der hebräischen Bibel meint er die Beziehung zwischen Gott und dem Volk Israel, darüber hinaus aber auch das Verhältnis Gottes zu den Menschen im Allgemeinen (1. Mose 9,17). Vom Bund ist immer dann die Rede, wenn es um die Geschichte Gottes mit den Menschen geht. In dieser Geschichte lässt Gott sich auf die Menschen ein, diese wiederum setzen ihr Leben in eine Beziehung zu Gott. Die

Ein Gottesname lautet *al-Quddus* (= der sehr Heilige, der Heiligende); dieser Begriff ist ausschließlich auf Gott bezogen. Damit verbunden ist z. B. der »Geist der Heiligkeit«, der Offenbarung vermittelt, das »Heilige Land« – Ort eines Teils der Geschichte Gottes mit den Menschen – und »die Heilige (Stadt) Jerusalem«, arab. *al-Quds*. Theologisch wird der unendliche Unterschied zwischen Gott und der Schöpfung sorgfältig gewahrt, auch wenn Gott sich in der Schöpfung offenbart. Der Wortstamm *Haram* bedeutet »heilig«, »unverletzlich«, »tabu«, z. B. in der Bezeichnung für die Heilige Moschee in Mekka, für den Weihezustand des Pilgers und für

Das Göttliche, Heilige durchwebt unsere Wirklichkeit, ist sowohl in der Welt des Scheins als auch außerhalb dieser vorhanden. *Brahman* (= das Absolute) und Seele sind wie Wellen und Ozean. Das Heilige wird in der rituellen Verehrung und Meditation gegenwärtig und erfahrbar. Gott Vishnu offenbart sich immer wieder in verschiedenen Herabkünften und zeigt so den

Das Absolute wird im Buddhismus nicht als heilig oder göttlich vorgestellt. Das Absolute wird schlicht »So-heit« genannt; es ist die letzte Wirklichkeit: so, wie die Dinge sind. Die verschiedenen Meditationen geleiten den Praktizierenden Schritt für Schritt zur Erkenntnis und zum Erleben von Nicht-Dualität: Die Trennung von Außen und Innen, Ich und Du, Jenseits und Diesseits werden als Illusionen entlarvt. Die Erscheinungen werden als leer erkannt, nicht als nicht seiend oder seiend, sondern als abhängig, werdend. Der Zustand des Absoluten, der *dhar-*

Judentum

auf dem Weg in das »Gelobte Land« einen Bund, womit aus den Stämmen das Volk Israel wird. Bundespartner Gottes sind aber nicht Könige, Propheten, Priester. Adressat und Partner(!) wird »ganz Israel«, Alt und Jung, Mann und Frau, Reich und Arm, jeder »Israelit«: **Er hat dir erklärt: Er will dein Gott werden und du sollst auf seinen Wegen gehen … und auf seine Stimme hören…. Und du hast ihm erklärt: Du möchtest sein Volk werden, das ihm persönlich gehört.** (5. Mose 26, 17f) Judesein bedeutet der Versuch, dem gerecht zu werden.

Christentum

Transzendenz Gottes ist also immer gebunden an sein »Wohnen unter den Menschen«. Nach christlichem Verständnis schließt Gott durch Leben, Tod und Auferstehung von Jesus Christus einen neuen Bund mit den Menschen. Der Bund Gottes mit seinem Volk Israel wird jedoch durch das Kommen Jesu nicht aufgehoben, sondern auf alle Menschen ausgeweitet (Römer 9,4).

Islam

den ersten Monat des Jahres, den *Muharram*. Der Begriff Harim ist das eingedeutschte Wort »Harem« (= der geheiligte Ort des Hauses). Auf Menschen bezogen sind Gott Nahestehende, »Freunde Gottes«, die, die Gottes Gegenwart vermitteln und Leitbilder sind, z. B. Propheten und »Wahrhaftige« (z. B. große Imame und viele mystische Lehrer). Sie erfüllen den Bund, den Gott mit jeder einzelnen Menschenseele geschlossen hat (vgl. Sura 7:172-174 und 2:258).

Hinduismus

Menschen einen Heilsweg auf. Mystiker erfahren in der Meditation Shiva oder die Große Göttin als die alles durchdringende Lebensenergie. Die Trennung von Heiligem und Weltlichem ist im Hinduismus letztlich nur Schein. Alles ist *brahman*.

Buddhismus

madhatu, entspricht dem so genannten Wahrheitskörper des Buddha: Leerheit, offener Raum, furchtlose Grenzenlosigkeit *(dharmakaya)*. In unerleuchteten Wesen ist dies der »Keim der Buddhaschaft«. Der Raum als Information, Verspieltheit und Freude – Ausgangs- und Endpunkt aller Erscheinungen – entspricht dem so genannten Freudenkörper, der in der Meditation sichtbar wird *(sambhogakaya)*. Erleuchtetes Wirken in der Welt des Leidens entspricht dem Ausstrahlungskörper *(nirmanakaya)*.

Welt

Die Welt ist der Ort der Bewährung. Gott hat dem Menschen das Leben geschenkt und ihm die Freiheit gegeben, es so zu gestalten, wie er will. Der hebräische Name »Adam« kommt von *Adama* (= Erde). Der Mensch: Staub, dem Gott Leben einhauchte. Nach einem *Midrasch* (= Bibelkommentar) nahm Gott von allen Enden der Erde etwas Staub, um Adam zu schaffen, dessen Heimat daher überall auf dieser Erde ist. Der Mensch ist das Bindeglied zwischen ihm und

In der Schöpfungsgeschichte der hebräischen Bibel wird erzählt, dass durch Gottes Wort die Welt, die Natur, die Tiere und die Menschen ins Leben gerufen wurden (1. Mose 1). Alles, was von Gott geschaffen wurde, steht darum unter seinem Segen. Die Menschen werden als Ebenbild Gottes mit der Aufgabe betraut, Gottes Schöpfung zu bebauen und zu bewahren (1. Mose 2,15). Im Neuen Testament wird das Leben schaffende Wort Gottes mit Jesus Christus als dem Sohn Gottes gleichgesetzt (Johannes 1,4). ChristInnen glauben deshalb, dass in der

Die Welt kann aus verschiedenen Blickwinkeln betrachtet werden: Als *Duniya* (= Niedriges) ist sie der Baugrund für das zukünftige Leben. In einem Gebet heißt es: **Gott, gib uns in dieser Welt (Duniya) Gutes und im zukünftigen Leben Gutes.** (Sura 2:201) Kritisiert werden diejenigen, die auf Kosten des zukünftigen Lebens diese Welt als Selbstzweck sehen und verantwortungslos in den Tag hineinleben. Asketen verachten Duniya. Die Welt als Mittel zur Erkenntnis heißt *Alam:* In ihr werden Gottes Zeichen wie der Wechsel der Tages- und Jahreszeiten, die

Im Hinduismus gilt der Gott Brahma als Schöpfer der Welt, doch auch Shiva oder Vishnu Narayana beanspruchen diese Ehre. Es werden sehr verschiedene Schöpfungsberichte erzählt: Am Anfang war demnach entweder das Chaos, das Ur-Ei oder das Selbstopfer des Schöpfers. Nach einem weit verbreiteten Mythos quirlte Shiva den anfänglichen Milchozean und so entstand die Erde. Wichtig ist, dass es die Schöpfung in der indischen Geisteswelt nur als Teil

Welten entstehen und vergehen zyklisch. In der Welt der Wiedergeburten wandern fühlende Wesen von vorgeblicher Existenz zur nächsten bedingten Existenz, getrieben durch Verblendung, Begierde und Hass. Dabei lassen sich die traditionellen sechs Existenzreiche auch psychologisch deuten: Götter (Störgefühl: Stolz) sind Wesen, im Überfluss von Geld und Macht; Halbgötter (Eifersucht) sind Wesen, deren Leben Ruhm, Konkurrenz, Wettstreit ist; Menschen (Begierde und Verwirrung); Tiere (Verwirrung) sind Wesen, gefangen in ihren Instinkten; Geister (Gier) sind Zustände von zwanghaften Handlungen und Neurosen; Höllenbewohner (Hass) sind Zustände von Verfolgungswahn, tiefster Seelenqual und Paranoia. So, wie wir die Wirklichkeit

Judentum

der Welt. Gottes Wille sollte durch die Menschen Wirklichkeit auf der Welt werden. Die Unerlöstheit der Welt – sie ist im negativen Sinne das »Schöpfungswerk« des Menschen. So wartet die gesamte Schöpfung, Natur und Kreatur, auf die Erlösung. Die messianiosche Zeit wird auch für die Tiere, für Flur und Feld, paradiesische Zustände bringen.

Christentum

Nachfolge Jesu neues Leben möglich wird und ein neuer Himmel und eine neue Erde als Vollendung des Reich Gottes in der Zukunft erscheinen werden (Offenbarung 21,1). Diese Hoffnung auf eine Neuschöpfung kommt bereits in unseren Tagen dort zum Ausdruck, wo Menschen versuchen, ein Leben in der Verantwortung vor Gottes Schöpfung zu führen.

Islam

Vielfalt des Pflanzen- und Tierreiches, die unterschiedlichen Sprachen, Farben und Religionen der Menschen sichtbar (vgl. z. B. Sura 30:21-22 usw.). Gott wird als Herr der Welten *(Rabb al-'alamin)* bezeichnet. Der Koran fordert die Menschen dazu auf, diese Zeichen zu studieren, um irdischen und spirituellen Nutzen daraus zu ziehen. Mystiker erkennen in der Schöpfung einen Ausdruck der schönsten Namen Gottes und erkennen in der Realität der Welt die Spuren des Ewigen.

Hinduismus

eines Kreislaufes gibt, der sich immer aufs Neue wiederholt: In unendlich großen Abschnitten wechseln sich Schöpfung, Verfall und Zerstörung ab. Ein letztes Ziel des Kosmos gibt es nicht, nur diesen Kreislauf. Schließlich gilt die ganze Welt als Traum der höchsten Gottheit. Das heißt, dass unsere Wirklichkeit nur eine Illusion *(maya)* ist, das Spiel des Möglichen im Kreislauf des Werdens.

Buddhismus

erleben, gibt es immer wieder Leiden nach dem Gesetz von *Karma* (= Ursache und Wirkung). Es gibt aber eine weitere Ebene der Wirklichkeit, die absolute Realität: Hier ist alle Leerheit, Raum und Freude untrennbar.

Letztendlich ist darum alles, was geschieht, Ausdruck der Verspieltheit und Freude des Geistes. Das bedeutet, dass alle Gedanken Weisheit sind, alle Geräusche *Mantren* (= erleuchtete Schwingungen) und alle Wesen Buddhas, ob sie es wissen oder nicht. Alles, was passiert, ist gut so, wie es ist, nur weil es passieren kann; alles ist rein und vollkommen.

Engel – Dämonen

Die Bibel kennt zahlreiche »Boten Gottes« und das nachbiblische Judentum hat deren Zahl noch vermehrt. Vielleicht sind bestimmte Zeiten ohne den Glauben an engelhafte Wesen, die eingreifen oder trösten, einfach nicht auszuhalten. Da erscheint dem Helden Gideon der Engel des Herrn und sagt zu ihm: **Der Herr sei mit dir, du starker Held.** Doch Gideon, die damalige verzweifelte Lage Israels vor Augen antwortet: **Ist der Herr wirklich mit uns? Warum hat uns all das getroffen? Wo**

Engel werden in der Bibel als Boten Gottes verstanden, die Botschaften ansagen oder als Deuter von Ereignissen auftreten. Der Satan gehört in den Schriften der hebräischen Bibel zum Hofstaat Gottes, er wird auch als gefallener Engel bezeichnet (Hiob 1,6). Seine Aufgabe besteht vor allem darin, die Sünden der Menschen anzuklagen. Im Neuen Testament wird er unter der Bezeichnung Teufel jedoch als Gegenspieler Gottes zu einer eigenen Größe und zu

Dem Menschen unsichtbare Kräfte werden eingeteilt in gute, böse und zum Guten und Bösen fähige Kräfte. Die guten Kräfte (Engel) gehen von Gott aus; sie sind ganz aus Licht und bewirken in der Welt Schöpfung und Wachstum, schützen, heilen, leiten zum Guten; sie rufen Einsichten hervor und – im Falle prophetischer Menschen – vermitteln Offenbarung. Die bösen Satane werden als feurige Kräfte dargestellt, deren Triebkräfte Eifersucht, Neid und Anmaßung sind; sie sind die Feinde des Menschen und wollen ihn zum Bösen verführen; man

Neben den vielen Göttern kennt der hinduistische Volksglaube noch unzählige Geister, Dämonen und hilfreiche Wesen. Wichtig sind die Schlangengeister, die *Nagas*. Sie stehen für die Lebenspendende Kraft des Wassers und für Weisheit und werden als lokale Gewässergottheiten verehrt. *Yakshas* sind Naturgeister, *Gandharvas* heißen die himmlischen Musikanten. Die dämonischen Mächte werden oft *Asuras* genannt. Der Asurakönig Ravana z.B. ist der Gegner

Der Buddha hat sich nie die Mühe gemacht, Götter oder übernatürliche Kräfte zu leugnen. Für seine Lehre spielen sie allerdings keine Rolle. Götter gelten als Wesen im Kreislauf des Leidens, ebenso wie mögliche Geister, Dämonen usw. Die buddhistische Legende spricht zum Beispiel von einem dämonischen Angriff auf den Buddha kurz vor dessen Erleuchtung: Mara, der Teufel und Todesgott, versuchte vergeblich das Ende seiner Herrschaft zu vereiteln. Der buddhistische Versucher Mara verkörpert Begierde, die in die Welt des Leidens verstrickt und den Kreislauf der Wiedergeburten aufrecht erhält.

Judentum

sind all seine wunderbaren Taten? (Richter 6, 12-13) Vielleicht sind das Fragen, die man dem Boten leichter stellen kann. Doch die Sehnsucht nach Gottes Nähe, nach seinem Schutz, wie sie das Nachtgebet kennt, das man mit den Kindern betet, ist sicher ungebrochen: **Im Namen des Ewigen, des Gottes Israels: Zu meiner Rechten Michael, zu meiner Linken Gabriel, vor mir Uriel, hinter mir Rafael und über meinem Haupte die Gegenwart des Ewigen.**

Christentum

einer Person, die das Böse verkörpert. Die Tradition den Teufel als widergöttliche Macht zu beschreiben, hat bis in unsere Zeit Bestand und stellt den Versuch dar, dem Bösen als Gegenmacht Gottes einen Namen zu geben. Die Geschichten des Neuen Testaments, in denen von bösen Dämonen die Rede ist, die Menschen zur Besessenheit treiben, vermitteln einen Eindruck davon, welche Kräfte zur Zeit Jesu als Gegenspieler Gottes angesehen wurden.

Islam

sucht Schutz vor ihnen bei Gott. Die Kräfte, die zum Guten und Bösen fähig sind, nennt man *Jinn* (= Verborgenes); ursprünglich verstand man darunter all das, was man nicht erklären oder eindeutig zuordnen konnte, einschließlich Krankheitserreger, Ursachen psychischer Störungen oder mysteriöse Ereignisse und dergleichen. Sie werden allesamt als Personen vorgestellt. In volkstümlichen Erzählungen haben sie oft eine Hauptrolle.

Hinduismus

Vishnus in seiner Herabkunft als Held Rama. Des weiteren gibt es *Rakshasas* – nächtliche Dämonen, die häufig in Tierform erscheinen – und die Menschen fressenden Dämonen der Leichenfelder, die Pishacas. Der Gott *Yama* (= Tod, Unterwelt) und besonders der Pestgott Mara tragen in Erzählungen häufig teuflische Züge.

Buddhismus

Die Existenz übernatürlicher Mächte wird in buddhistischen Kulturen in der Regel nicht bestritten; wenn man sie nicht als Teil des folkloristischen Erbes betrachtet, gelten sie als Wesen, die wie die Menschen verwirrt sind und leiden. Für diejenigen, welche den Pfad des Buddha gehen, stellen sie keine Gefahr dar. Im tibetischen Buddhismus begegnet man manchmal recht grausigen Abbildungen von Wesen mit Fangzähnen und Schädelketten: Diese stellen aber keine Dämonen dar, sondern die beschützende Seite der Erleuchtung.

Göttin – Heilige Frau

Obwohl in der Bibel Frauen als Prophetinnen und Heldinnen bekannt sind, obwohl mehrere Bücher der Heiligen Schrift den Namen der handelnden Frauen tragen (Rut, Judit, Ester), ist es doch einer neueren, vor allem von Frauen getragenen Bewegung zu verdanken, dass die männliche Leseweise der Bibel in Frage gestellt wird. Dass Adam nach einem Bericht zuerst geschaffen wurde, war für die Rabbiner jahrhundertelang wichtig und hatte durchaus seine sozialen Auswirkungen. Dass aber viele der Eigenschaften Gottes, wie die *Schechina*, die Gegenwart Gottes, weiblich sind, wurde zwar nicht verschwiegen, aber auch nicht besonders gewertet. Doch

Die Wirkungsgeschichte der Bibel hat in Theologie und Kirche ein Gottesbild hervorgebracht, das Gott als männlichen Herrscher über diese Erde beschreibt. Dieses Bild prägt die christliche Rede von Gott bis heute. Bezeichnungen der Hebräischen Bibel und des Neuen Testaments, die von Gott als Frau oder als liebende Mutter sprechen, wurden lange Zeit nicht beachtet oder bewusst nicht wahrgenommen. Dieser Wirkungsgeschichte stehen jedoch andere Traditionen aus der christlichen Bibel gegenüber, beispielsweise die Charakterisierung der Weisheit Gottes in Sprüche 8 als Frau. Eine besondere Bedeutung als Frau wurde in der christlichen

Gott wird jenseits der paarweisen Anordnung in der Schöpfung gesehen und religiöse Werte und Gebote gelten gleichermaßen für Männer und Frauen. Frauen wie Maria, **die ihre Keuschheit wahrte**, und Pharaos Frau, die Mose ihrem tyrannischen Mann gegenüber verteidigte, werden ausdrücklich als Leitbilder für alle Gläubigen genannt (Sura 66:11-12), und Pilger beiderlei Geschlechts vergegenwärtigen die Erfahrung von Hagar in Mekka. Als »Mütter der Gläubigen« haben Muhammads Frauen eine wichtige Vorbildstellung; von Müttern sagte er: **Das Para-**

In Indien findet sich lange vor Entwicklung der westlichen Psychologie die Vorstellung vom Männlichen und Weiblichen als Urbilder geistiger Energien. Dabei wird das Männliche als bewusste, aber nicht aktive Energie, das Weibliche dagegen als unbewusst, aber aktiv betrachtet. Mit anderen Worten: Göttliches Wirken in der Welt gilt als weiblich. Diese weibliche Energie heißt *shakti* (= Kraft). In sexual-mystischen Praktiken erfährt der Yogi diese Shakti in sich selbst. Als Göttin ist sie die Gefährtin Shivas, die Große Göttin *(Shri Devi)* mit den vielen Namen: Par-

Da Götter im Buddhismus keine Rolle spielen, besteht auch keine Notwendigkeit für eine Göttin oder Heiligenfigur, welche die weibliche Seite der Spiritualität vertritt. Eine Vorbildfunktion für Frauen im Buddhismus erfüllte aber die Tante des Buddha, Mahaprajapati, die den Nonnenorden ins Leben rief. In der Volksfrömmigkeit des nördlichen Buddhismus nehmen jedoch weibliche Bodhisattvas und Buddhaformen eine wichtige Stellung ein. So wird in Ostasien Kuan Yin als weiblicher Bodhisattva des Mitgefühls verehrt. In Tibet genießt Tara als weiblicher

Judentum

die Frage, ob Gott Mann oder Frau sei, wird Geschlechter übergreifend als gotteslästerlich abgelehnt. Der strenge Glaube an Gott als Ein-Einziger hilft bei der Formulierung einer Gleichberechtigung von Mann und Frau, da Gott von sich selbst in weiblichen wie männlichen Redewendungen spricht. Vieles ist im zeitgenössischen Judentum in Bewegung geraten. Es gibt orthodoxe Frauen, die eine *Jeschiwa* (eine Talmudhochschule) besuchen, und im konservativen und liberalen Judentum amtieren Rabbinerinnen.

Christentum

Tradition Maria als der Mutter Jesu zugesprochen. Noch heute ist die »Gottesmutter« vor allem für römisch-katholische ChristInnen eine Gestalt, die als Urbild der Kirche und als neue Eva angebetet und verehrt wird. Die Betonung ihrer Reinheit und Sündlosigkeit führte jedoch in der Geschichte der christlichen Kirche auch dazu, dass Frauen mit Maria an einem Frauenbild gemessen wurden, das sie nicht erfüllen konnten. Diese Verfehlung ihrer angeblichen Bestimmung war einer der Gründe, warum den Frauen eine gleichberechtigte Teilhabe am kirchlichen Leben versperrt wurde.

Islam

dies liegt zu ihren Füßen, denn sie vermitteln erste Erfahrungen der göttlichen Barmherzigkeit *(Rahmah)*. Von der Prophetentochter Fatima und anderen bekannten Frauengestalten sind Gebete oft in Form eines Liebesgedichts erhalten, z. B. von der Mystikerin Rabi'a. In mystischen Gedichten sucht oft die Seele (weiblich) nach dem Geliebten (Gott, männlich vorgestellt), oder der Liebende bittet die Geliebte (Gott, weiblich vorgestellt), ihn etwas von ihrer Schönheit sehen zu lassen.

Hinduismus

vati, Uma oder Gauri. Sie wird auch oft symbolisch als Kult-Vagina *(yoni)* dargestellt: Das Weibliche ist hier das Urbild der Schöpfung. Die Betonung von Muttergottheiten in Indien ist auch Erbe der Ureinwohner des Subkontinentes. Tritt weibliche Gotteskraft in ihren mehr zerstörerischen Aspekten auf, heißt sie Durga oder Kali. Ihr werden blutige Opfer dargebracht (früher auch Menschenopfer).

Buddhismus

Ausdruck des tatkräftigen Mitgefühls der Erleuchtung große Verehrung, viele Tibeter singen täglich ihr Loblied auf die 21 Formen der Tara. Im tantrischen Buddhismus steht das Weibliche im Gegensatz zum hinduistischen Tantra für Weisheit (passiv), das Männliche dagegen für Aktivität (geschickte Mittel und Mitgefühl). Diamantweg-Meditationen arbeiten mit weiblichen Energieformen *(dakinis)*, die u. a. helfen, die Geschlechtsbegrenzungen der männlichen Meditierenden zu überwinden.

Offenbarung

Offenbarung setzt Glauben voraus – oder das jähe Begreifen, dass da eine alles übergreifende und durchdringende Kraft und Gnade ist. Wieder muss ich vom Berg Sinaï sprechen: Es war diese Offenbarung, die alles Weitere bis heute bewegt: Etwas zuvor und danach nie Dagewesenes: Das Volk wurde zum Zeugen, zum Erwählten der Selbstoffenbarung Gottes. Erschüttert von der Gnade, die ihnen zuteil wurde, standen sie am Berg Sinaï und hörten Gott und er hörte sie. Überwältigt stimmen sie dem Bundesschluss zu, noch ohne zu wissen, was er konkret bedeuten soll. Die Offenbarung wird zur Tatsache, zum Ereignis, das jene, die dabei

Nach christlichem Verständnis ist die Offenbarung Gottes immer auf ein menschliches Gegenüber ausgerichtet. Sie kann darum nicht als ein Ereignis verstanden werden, das außerhalb von Menschen geschieht, sondern schließt die Erfahrung dieser Offenbarung mit ein. Nach biblischer Überlieferung ereignet sich Offenbarung in der Geschichte mit den Menschen durch die Begegnung Gottes mit dem Volk Israel und in der Begegnung Jesu mit den Menschen. Der

Es steht dem Menschen nicht zu, dass Gott mit ihm spricht, es sei denn durch Eingebung oder von hinter einem Schleier, oder indem Er einen Gesandten schickt, um mit Seiner Erlaubnis das einzugeben, was Er will. Er ist erhaben, weise. (Sura 42:53) Eingebung *(wahy)* richtet sich an prophetische Menschen (u.a. die biblischen Propheten und Muhammad), die als Warner und Verheißungsbringer und durch ihr Vorbild lehren – sie sind zu unterscheiden von philosophischer Einsicht, mystischen Erfahrungen u.ä. Ein Schleier kann jede Erscheinungsform der Schöpfung

Die heiligsten Schriften des Hinduismus, die Veden, sind einerseits ewig, anderseits aber auch Offenbarung *(shruti)*. Shruti bedeutet wörtlich »gehört«. Vor dem Hintergrund der indischen Vorstellung, dass die Zeit nicht gradlinig verläuft, sondern sich immer aufs Neue wiederholt (zyklisch), bedeutet Offenbarung, dass das heilige Wissen in der Zeit immer wieder an einem bestimmten Punkt erscheint. Die alten Seher unserer Zeitperiode sahen die Veden in der Versenkung und **brachten sie vom Himmel auf die Erde**. Auch die Hochgötter offenbaren sich, wie

Der Buddha verstand seine Lehre nicht als göttliche Offenbarung, sondern als Ergebnis seines Erleuchtungserlebnisses. Erleuchtung ist allerdings als höchste Freude zeitlos und in allen bereits anwesend. Wenn man so will, kann man es also Offenbarungen nennen, wenn hoch verwirklichte oder erleuchtete Meister Leerheit, Geist oder Nirvana in bedingter Sprache immer wieder neu ausdrücken. Wichtig ist zu begreifen, dass es sich dabei nicht um Offenbarungen einer äußeren Macht oder Gottheit an die Menschen handelt.

Judentum

waren und in gewisser Weise auch die Welt verändert. Mögen Juden untereinander über vieles streiten, nicht über diese Offenbarung. Doch die Offenbarung geschah nicht, um nur Glückseligkeit zu verbreiten: Sie war und ist verpflichtend, wegweisend zeichenhaft und sollte noch einmal im Prophetentum kulminieren: **Das Begreifen Gottes und seines Willens**, sagt Leo Baeck, **ist prophetisches Judentum**. Es ist das Ja-Sagen zum Guten und der Mut des Nein zum Schlechten.

Christentum

Gedanke der Dreieinigkeit bringt zum Ausdruck, dass Gott sich auch nach dem Tod und der Auferstehung Jesu Christi durch das Wirken des Heiligen Geistes im Leben von Menschen offenbart. Darum ist Offenbarung nach christlichem Verständnis auch heute noch überall dort möglich, wo Menschen einander im Sinne Jesu ohne Gewalt, Hass und Angst begegnen und Strukturen überwinden, die gelingendes Leben verhindern.

Islam

sein, die Gott verhüllt und die gleichzeitig Sein Wirken offenbart (Natur und Geschichte als »Zeichen«, d. h. indirekter Ausdruck Gottes; auch außergewöhnliche Erscheinungen wie der brennende Busch bei Mose). Gott spricht durch menschliche Gesandte zu gewöhnlichen Menschen und bisweilen durch Engel zu Propheten und besonders »empfänglichen« Personen.

Hinduismus

Vishnu in der *Bhagavadgita:* Krishna, der Wagenlenker des Helden Arjuna, zeigt sich vor der entscheidenden Schlacht als Hinabkunft Vishnus und verkündet seine universelle Botschaft der Hingabe zu Gott. Eine weitere Art Offenbarung kann der Hindu-Gläubige täglich bei der Verehrung der Götter erleben: Die Bilder und Statuen werden durch den Akt liebevoller Anbetung zum Gefäß der Gotteserfahrung.

Buddhismus

In der Nyingma-Schule des tibetischen Diamantweges spielen Schatztexte *(Termas)*, die auch als Offenbarungstexte bezeichnet werden, eine große Rolle: Diese Lehren wurden vom zweiten Buddha Tibets, Padmasambhava, versteckt und werden, sobald die Zeit reif ist, gefunden.

Wahrheit

Oft kann man hören, das Judentum kenne keine ewigwahren Glaubenssätze im Sinne von Dogmen. Tatsächlich existieren keine Sammlungen von Dogmen, von Lehrsätzen, trotz verschiedener Versuche. Der eindringlichste sind die »Dreizehn Glaubensartikel« des Maimonides, die in viele Gebetbücher Eingang gefunden haben. Doch natürlich hat das Judentum »Glaubenswahrheiten«. Die wichtigsten sind: der Glaube an Gott, an seine Offenbarungen, an den Bund, die *Tora* (= Weisung), die Propheten, an die Auferstehung von den Toten, die Sehnsucht

Die Erlösung und Versöhnung von Menschen erschließt sich im Leben, im Tod und in der Auferstehung Jesu. In der Bibel wird dieser Grund des christlichen Glaubens von Jesus selbst im Johannesevangelium formuliert mit den Worten: **Ich bin der Weg, die Wahrheit und das Leben** (Johannes 14,6). Die Geschichte des Christentums stellt den Versuch dar, die Bedeutung dieser Aussage in eine sprachliche Form zu gießen. Dieser Versuch hat u. a. in den von der Kirche aufgestellten Dogmen Gestalt gewonnen. Dogmen, die das christliche Glaubensverständnis besonders geprägt haben, sind beispielsweise das Dogma der Dreieinigkeit von 325 und das Dogma

In der Philosophie unterscheidet man zwischen der jenseitigen Wahrheit *(al-Haqq* = einer der Namen Gottes*)*, die unverfügbar ist, und der in der Welt erfahrbaren Wahrheit *(Haqiqah)* wie Tatsachen und wahre Gegebenheiten. Durch Seine Zeichen in der Schöpfung und in den heiligen Schriften bringt Gott Seine Botschaft in der Welt zum Ausdruck. *Haqq* bedeutet auch Recht im Sinne dessen, wozu man in Wahrheit berechtigt oder verpflichtet ist. In diesem Sinne sind offenbarte Werte und Gesetze verbindlich. Abgesehen vom eigenen ethisch-recht-

Hindus nennen ihren Glauben auch »ewige Wahrheit« *(sanatana dharma)*. Andererseits teilt das indische Denken das westliche Vertrauen in absolute Wahrheiten nur bedingt. Die Welt ist Illusion *(maya)*, ein Spiel *(lila)*, ein Traum. Wahrheiten können verschieden sein, je nach dem, auf welcher Ebene der Betrachter steht. Wir gleichen Blinden, die einen Elefanten beschreiben sollen. Für den, der den Rüssel packt, gleicht er einer Schlange; wer sein Bein umfasst, denkt an einen Baumstamm usw. Im Hinduismus geht jeder seinen spirituellen Weg entsprechend seinem

Der Buddhismus ist wohl die einzige Religion, die keinen Absolutheitsanspruch vertritt. Stärker noch, der Buddha machte deutlich, dass er keine absoluten Wahrheiten lehre. Nur den Weg aus dem Kreislauf des Leidens zeige er; sobald der Mensch den Strom durchquert und ans rettende andere Ufer (d.h. Erleuchtung, *Nirvana*) angelangt sei, habe er das Floß (d.h. Buddhas Lehre) nicht mehr nötig. Den festen Dogmen der Glaubensreligionen stellt Buddha seinen praktischen Weg entgegen. Eine kritische Haltung auf diesem Weg ist erwünscht: **Komm und erfahre selbst** war Buddhas Einladung an seine ersten Schüler. Auch Buddhas Unterricht zum rechten Handeln bleibt Angebot, nicht Gebot. Die buddhistischen Lehren sind also nur Mittel

Judentum

nach endzeitlicher Erlösung. Juden wissen also auch ohne Dogmatik, was sie glauben. Israels Wahrheiten sind Bekenntnisse, Erfahrungen, Erinnerungen, die gelebt, nachvollzogen werden wollen. Die rabbinischen Diskussionen konzentrieren sich meist auf die Fragen, wie diese Wahrheiten, Satzungen und Rechte angewendet werden können. Judentum gilt zu Recht als Religion der Tat.

Christentum

der Lehre von der göttlichen und der menschlichen Natur Jesu Christi von 451. In den verschiedenen christlichen Konfessionen bestehen zum Teil große Meinungsunterschiede darüber, welche Dogmen verbindlich sind, wer ein Dogma zu einem solchen erklären kann und inwiefern Glaubensaussagen überhaupt dogmatisch formuliert werden können. Angesichts dieser Situation steht das Christentum in der heutigen Zeit vor der Aufgabe, sein Dogmenverständnis kritisch zu hinterfragen, um in einer Welt, in der unterschiedliche Kulturen und Religionen aufeinander treffen, diskussionsfähig zu bleiben.

Islam

lichen System, der *Shari'a*, erkennt der Koran jedoch auch solche Rechtssysteme an, die auf früheren Offenbarungen beruhen (Sura 5:48). Den menschlichen Erkenntnisprozess beschreibt al-Ghazzali (12. Jahrhundert) als eine schrittweise Enthüllung von Gottes Licht, das hinter 70.000 Schleiern aus Licht und Finsternis verborgen ist. Mystiker wie Ibn al-Arabi (1165-1240) lehren Gottes gleichzeitige Jenseitigkeit und Gegenwart in der Einheit des Seins *(Wahdat al-Wujud)*.

Hinduismus

Karma. Anstelle von zwingenden Glaubenssätzen gibt es im Hinduismus aber manchmal recht starre Lebensregeln: Wahrheit *(dharma)* bedeutet auch Religion, Pflicht, Gesetz; *dharma* beinhaltet ein Leben im Einklang mit den Möglichkeiten, in die man geboren wird. Dies ist der Hintergrund der vielen religiösen und sozialen Regeln der indischen Kastengesellschaft.

Buddhismus

zum Ziel. Der Buddha verwendet geschickte Methoden oder Tricks *(upaya)*, um die Menschen aus dem Leiden zu führen, so wie ein Vater mit allerlei Versprechen von Süßigkeiten und Spielzeugen seine Kinder aus einem brennenden Haus lockt (vgl. Lotussutra 3). In der Praxis bedeutet dies, dass buddhistische Schulen sehr unterschiedliche Meditationen verwenden; so zielt z. B. die Zen-Meditation unmittelbar auf das Loslassen von Vorstellungen, während die tantrische Meditation gerade erst viele ausführliche Vorstellungen aufbaut, um zur Verschmelzung mit Erleuchtung zu gelangen.

Vorbestimmung

Das Judentum glaubt einerseits an die Vorbestimmung – es ist eine der Glaubensgrundlagen: die Treue Gottes. Er machte, wie geweissagt, die Nachkommen Abrahams zahlreich. Er führte die Kinder Israel in das versprochene Land. Er rettet immer wieder den »Rest Israels«. Darin liegt Trost, Hoffnung, Stärke, ein Zeichen für das Wirken Gottes in der Geschichte. Andererseits: Bestimmt er auch unser Handeln? Kann sich ein Mörder auf sein »von oben« festgelegtes Schicksal berufen? Würde solch eine Vorbestimmung nicht mit der von Gott geschenkten Frei-

Die Bestimmung menschlichen Lebens besteht nach christlicher Auffassung darin, in dem Glauben zu wachsen, dass Leben eine Gabe und ein Geschenk Gottes ist. Dieser Glaube wird dort sichtbar, wo Ungerechtigkeit, Hass und lebensfeindliche Strukturen überwunden werden. Eine breite Diskussion wurde in der christlichen Kirche darüber geführt, ob Gott tatsächlich alle Menschen dazu bestimmt hat, zu diesem Glauben einen Zugang zu finden. So wurde von TheologInnen auch die Auffassung vertreten, dass es eine Vorbestimmung menschlichen Lebens in doppelter Hinsicht gebe, die zwischen Gläubigen und Ungläubigen deutlich unterscheide und

Gesellschaftliche und politische Spannungen in der frühislamischen Zeit lösten Fragen nach Gottes Willen und dem Umgang mit menschlichen Begrenztheiten aus, die in eine Debatte über göttliche Vorbestimmung mündeten. Vertreter einer »Prädestinationslehre« sagten, dass Gott in seiner Allmacht alles bestimme und erschaffe, auch die Handlungen der Geschöpfe. Diese Haltung hat allerdings im Extremfall zu Lethargie, aber auch zu fanatischer Rücksichtslosigkeit geführt. Gegenargumente gehen vom Prinzip der göttlichen Gerechtigkeit aus: Entscheidungs-

Karma im indischen Denken ist das Gegenteil von Gottes Wille, Vorbestimmung oder Schicksal. Karma bedeutet wörtlich Tat. Karma ist das Ergebnis des freien Willens. Dahinter steht die Gesetzmäßigkeit von Ursache und Wirkung: Eine Tat (auch: Gedanken, Worte) hat eine Wirkung, die ihrerseits wieder zu einer Ursache für eine neue Tat wird usw. Wenn ich jemanden beleidige, wird dieser mir grollen und mir vielleicht in der Zukunft schaden. Nicht alle Taten haben in ein und demselben Leben Folgen. Die Folgen der eigenen Handlungen können den Menschen auch im nächsten Leben oder noch viel später treffen. Die indische Vorstellung von Wiedergeburt ist ganz natürlich mit dem Karma-Gedanken verbunden: Nach dem Tod zwingt uns das Gesetz von Ursache und Wirkung, das Leben in einer neuen Existenz fortzuset-

Judentum

heit kollidieren? Die Antwort lautet: Gott weiß, was der Mensch tun wird, noch bevor sich dieser entschließt, so oder so zu handeln. Aber er lässt ihm die Wahl, sich für das Gute oder dagegen zu entscheiden. Jenseits der großen Theologie: Wer von einem unerklärlichen Schicksalsschlag getroffen wird, dem hilft es oft, diesen, wie der unschuldig leidende Hiob, als Prüfung zu verstehen und Gott im Gebet um Hilfe zu bitten.

Christentum

den einen das ewige Leben, den anderen hingegen das Gericht voraussage. Die biblische Überlieferung spricht davon, dass Menschen ihr Leben immer auch verfehlen. Dies bedeutet jedoch in letzter Konsequenz nicht, dass sie darum von der Liebe Gottes ausgeschlossen sind und keine Gnade erfahren. Paulus spricht im Römerbrief als Antwort auf die Frage nach der Erwählung von der unerforschlichen Weisheit Gottes, die das menschliche Urteil immer unter den Vorbehalt der Vorläufigkeit stellt (Römer 11,33).

Islam

freiheit sei die Grundvoraussetzung für Verantwortung, wie sie im Koran gelehrt und mit Beispielen veranschaulicht wird: Erst so und nur in diesem Rahmen geben ethische Forderungen und Mahnungen zur Umkehr einen Sinn. In jedem Fall wird das Leben als Lern- und Prüfungsprozess verstanden, in dem Gott Aufgaben gibt, Gutes segnet und Böses tadelt bzw. bei Einsicht und Umkehr vergibt.

Hinduismus

Buddhismus

zen. Keine höhere Instanz richtet, belohnt oder vergibt: Unsere eigenen Entscheidungen richten uns. Frühere Taten haben zu unserer heutigen Lebenssituation geführt und nun säen wir fortwährend die Samen für unsere Zukunft. Nach hinduistischer Vorstellung ist Karma an eine Seele gebunden: Wesen haben einen Persönlichkeitskern *(atman)*, der im Kreislauf der Wiedergeburten bis zur Befreiung *(moksha)* verfangen ist. Im Buddhismus dagegen findet sich das Paradox, dass es zwar Wiedergeburt gibt, aber niemand, der wiedergeboren wird: Es gibt kein Selbst, kein Ich, nur Ursache und Wirkung, wie bei fallenden Dominosteinchen. Die Idee eines Ichs ist im Buddhismus gerade die Ursache der Verblendung und des Leidens.

Seele

Die Seele gilt als der Funken Gottes in uns Menschen. So lebt etwas vom Geheimnis Gottes, von seiner Einzigartigkeit in uns. Die Seele existiert bereits vor der Geburt des Menschen, sie lebt weiter nach seinem Tod, sie ist unsterblich. Wenn der Körper vergeht, zieht die Seele zu Gott. Rein, unbefleckt, sündenfrei, so hat uns Gott die Seele eingehaucht und er bleibt ihr »Eigner«. Herz (sprich: Körper) und Seele, Vergängliches und Unsterbliches sollen Gott gemeinsam

Von der Seele wird in den neutestamentlichen Schriften dort gesprochen, wo von menschlichem Leben in seiner Gesamtheit die Rede ist. So steht die Seele des Menschen in der Bibel für die Einzigartigkeit und Besonderheit jedes menschlichen Lebens in den Augen Gottes. Wenn von einem Leben der Seele über den Tod hinaus die Rede ist, dann bedeutet dies jedoch nicht,

Die Seele oder das Selbst *(Nafs)* ist das Zentrum des Fühlens und Wollens, der Entscheidungen und der Verantwortung. Sie beeinflusst den Körper in einer Weise, die sowohl (psychosomatische) Krankheiten verursachen als auch heilen bzw. Heilung weiterleiten kann. In einer Überlieferung heißt es: **Wer sich selbst erkennt, der erkennt Gott.** Mit jeder einzelnen Seele hat Gott bei der Schöpfung einen Bund geschlossen (vgl. Sura 7:172-174). Religiöse Disziplin hat u. a. den Sinn, die Seele zu läutern und zu erziehen. Die bekanntesten Entwicklungsschritte sind

Der hinduistische Begriff für Seele ist Selbst *(atman)*; ursprünglich bezeichnete es in den alten Veden den Atem des Körpers, den Lebenshauch. Diese Lebenskraft ist in allen Wesen vorhanden und darum letztlich mit der All-Seele, dem Absoluten *(brahman)* gleich. Der Atman

Eine entscheidende Erkenntnis des Buddha war, dass es keine Seele, kein Selbst gibt. Es gibt keinen unveränderlich, unbedingten Wesenskern, sondern nur wechselnde Zustände, die sich immer wieder neu bedingen, so wie ein Dominosteinchen das andere anstößt. Diese Lehre vom Nicht-Ich *(anatman)* scheint paradox: Schließlich spricht der Buddha von Wiedergeburt. Wiedergeburt bedeutet aber lediglich das Fortsetzen von Ursache und Wirkung *(Karma)*, nicht Seelenwanderung. Wir sind im Irrtum, wenn wir uns als »Ich« gegenüber den anderen Erschei-

Judentum

dienen. Das Bewusstsein, dass in uns (nicht nur in den Gläubigen) etwas von der Heiligkeit Gottes wohnt, wodurch auch wir geheiligt sind, soll uns anspornen, unser Leben so zu gestalten, dass die Seele am Ende unserer Tage möglichst rein zu Gott zurückkehrt. Die Seele wartet auf die Auferstehung der Toten in der Zeit der endzeitlichen Erlösung.

Christentum

dass die Seele unsterblich ist und beim Tod eines Menschen in die Welt Gottes wandert. Aus christlicher Sicht wird von einem Weiterleben der Seele gesprochen, um deutlich zu machen, dass das menschliche Leben auch nach dem Tod seine Einzigartigkeit nicht verliert und bei Gott aufgehoben ist.

Islam

Triebhaftigkeit, Gewissen und Seelenruhe: Bei der »treibenden« oder »gebietenden Seele« *(an-nafs al-ammarah)* folgt der Mensch den Regungen seines Egos ohne Gedanken an die Folgen; die »anklagende Seele« *(an-nafs al-lawwamah)*, das Gewissen, orientiert sich an der Vernunft und hat ein Bewusstsein für Recht und Unrecht; die »beruhigte Seele« *(an-nafs al-mutma'innah)* hat im Ringen um Gott eine Gewissheit erreicht, die sie beruhigt und ihr Vertrauen und Zuversicht gibt.

Hinduismus

ist unsterblich, aber durch Karma verstrickt in die Welt des Leidens und wird in immer neue Wiedergeburten gezwungen. Befreiung *(moksha)* ist die Wiedervereinigung von Seele mit dem Brahman.

Buddhismus

nungen abgrenzen. Diese Illusion bedingt Begierde und Hass, die Wurzeln des Leidens. In der Welt, so wie wir sie erleben, lassen sich natürlich Personen wahrnehmen. Leiden ist reell. Von höchster Warte sind da aber nur Prozesse, Erscheinungen, das freie Spiel des Geistes. Das einzige Zeitlose und Unveränderliche ist Leerheit. Diese kann man als höchste Freude und Raumesklarheit des Geistes beschreiben.

Geist

Geist und Seele stehen in einem engen Verhältnis. Wie die Seele ist der Geist ein Geschenk Gottes. Auch er unterscheidet den Menschen von allen anderen Lebewesen. Tiere haben Instinkte, der Mensch aber Intellekt. Der Geist des Menschen ist das Schaffende, Kreative, Gestaltende, sich stets Fortentwickelnde. Dank des Geistes können wir Gott erkennen, seinen Willen und seine Weisungen. Der Geist ist das Königtum jedes einzelnen Menschen. Er verleiht uns

Der Geist Gottes steht im Christentum für die Kraft, die Menschen ins Leben ruft, ihrem Dasein Hoffnung gibt und ein gelingendes Miteinander von Menschen möglich macht. Nach christlichem Verständnis wirkt der Geist Gottes, der bei der Schöpfung am Werk ist (1. Mose 1,2), in Leben, Tod und Auferstehung Jesu fort. Seine dauerhafte Wirkung entfaltet der Geist darin, dass in der Nachfolge Jesu eine Versöhnung von Menschen möglich wird. Die Rede vom

Mit »Geist« wird oft das arabische Wort *Ruh* übersetzt (= Atem oder Hauch, im engeren Sinne Gottes Hauch, der eigentlich menschliches Leben ermöglicht und heilt). Gott hauchte bei der Schöpfung Menschen **von Seinem Geist ein** (z. B. in Sura 15:30 und 38:73). Bei Maria und Jesus wird noch einmal betont, dass Gott ihnen von Seinem Geist einhauchte (Sura 21:92 bzw. 66:13). Allerdings ist die Vorstellung vom Geist als einer »Person« Gottes dem Islam fremd, auch wenn der Hauch unmittelbar von Gott selbst ausgeht. Aber auch eine Abwertung des Materiellen

Im Hinduismus unterscheidet man Geistmaterie *(citta)* und Geist, absolutes Bewusstsein *(cit)*. Unter Geistmaterie versteht man bei einem Lebewesen das, was Wahrnehmung und Denken bewirkt. Dagegen beschreibt *cit* reines Gewahrsein, in der Vedanta-Schule einen Aspekt

Geist *(citta)* ist ein Begriff, der in der Philosophie des nördlichen Buddhismus eine große Rolle spielt. In der Nur-Geist-Schule *(citamatra)* ist *citta* eine Bezeichnung des Absoluten. Die strikte Leerheitsphilosophie Nagarjuna hatte dagegen eine positive Umschreibung des Wesens der Dinge vermieden und nur von Leerheit (weder seiend noch nichtseiend) gesprochen. Für Asanga, den historischen Gründer der Nur-Geist-Schule, war dagegen alles Geist. Werdewelt und Ich-Bewusstsein entspringen dem Spiel des Geistes: Wiedergeburt (ohne Selbst) und Karma er-

Judentum

Unabhängigkeit, macht uns fähig, Liebe zu empfinden und zu schenken, Verantwortung zu übernehmen. Dank des Geistes können wir lachen, Glück genießen, traurig sein. In den Zeiten der Verfolgung ist es oft der Geist, der auch den Schwächsten die Fähigkeit verleiht zu widerstehen. Gerade die Märtyrer wussten sich dann im Schatten des »Heiligen Geistes«, worunter die Gegenwart des Allmächtigen verstanden wird.

Christentum

Geist Gottes, dem Heiligen Geist, umschreibt darum keine feststehende Größe, sondern steht für die Dynamik des Wirkens Gottes in der Welt. Diese Dynamik ist die Grundlage dafür, dass Menschen im Sinne des Leben schaffenden und Leben erhaltenden Geistes Gottes handeln können.

Islam

zugunsten des Geistes entspricht nicht der schöpfungsbejahenden Theologie des Koran. Wenn der Hauch als Offenbarungsträger an prophetische Menschen Worte trägt, spricht man vom Geist der Heiligkeit *(Ruh al-Qudus)*. Als von Gott ausgehende Kraft gilt er als Engel und trägt, personifiziert vorgestellt, den Namen Gabriel *(Jibril)*. In diesem Sinne spricht man vom Engel Gabriel, der dem Propheten Muhammad den Koran übermittelt hat.

Hinduismus

des Absoluten *(brahman)*: Das Brahman ist reines Bewusstsein, totales Sein *(sat)* und höchste Glückseligkeit *(ananda)*.

Buddhismus

klären sich dadurch, dass Erscheinungen Eindrücke im Bewusstsein zurücklassen, die in eine Art kollektives Bewusstsein sinken (Speicherbewusstsein) und sich dort erneut zu einem Einzelbewusstsein mit Ich-Illusion verdichten. In der tibetischen Zusammenschau von Leerheit und Geist hat der Geist drei Aspekte: Raum, Klarheit und Grenzenlosigkeit und die drei Eigenschaften der Erleuchtung: Furchtlosigkeit, Freude und Mitgefühl.

Tod

Gott machte den Menschen aus Staub und hauchte ihm Leben ein. Wenn am Ende seiner Tage der Mensch zum Staube wiederkehrt, wird der Allmächtige Geist und Atem (Seele) zu sich holen (vgl. Hiob 34, 14-15). Das Sterben gehört zum Leben. Wer »alt und lebenssatt«, umgeben von Familie und Freunden, mit dem »Höre Israel« (*Schema*) auf den Lippen in die jenseitige Welt eingeht, dem wurde eine große Gnade zuteil. Jeder Kult um den Tod wird abgelehnt. Kinder, deren Eltern, Großeltern noch leben, sollen Tod, Friedhof, Trauerfeiern meiden. Denn die

Durch die Begegnung mit dem Tod werden Menschen in die Grenzen ihres eigenen Lebens verwiesen. Die Missachtung dieser Grenzen, die dem menschlichen Dasein gesteckt sind, wird im Neuen Testament in einen Zusammenhang gebracht mit der Sünde des Menschen: Die menschliche Überschätzung des eigenen Daseins und der menschliche Hochmut, der meint, zwischen Gut und Böse unterscheiden zu können, sind demnach der Grund für Leiden und Sterben

Der Tod ist ein Übergang von dieser physischen Welt in einen anderen, uns neuen Zustand, der aber – trotz aller Angst und Trauer, die damit verbunden sein können – kein Zustand der Gottesferne ist. Bei der Nachricht vom Tod eines Menschen sagt man: **Wir gehören Gott an, und zu Ihm kehren wir zurück.** In Sura 21:36 heißt es allgemein: **Jedes Lebewesen wird den Tod kosten, und Wir (Gott) prüfen euch mit Schlechtem und Gutem, und zu Uns sollt ihr zurückgebracht werden.** Es gehört zu den mitmenschlichen Pflichten, Sterbende nicht allein zu lassen. Verstorbene werden

Der Tod ist wie die Geburt nur eine Zwischenstation im Kreislauf der Wiedergeburten. Am Ende des *Samsara*, des Wanderns durch die Existenzen, steht die Befreiung, nämlich die Vereinigung mit dem Absoluten. Tod ist also Teil des Lebens und die Pforte zur nächsten Wiedergeburt. Der menschliche Körper löst sich in die fünf Elemente Feuer, Wasser, Wind, Erde und Raum auf. Die Seele *(atman)* wird entsprechend ihrem Karma in einem Körper wiedergeboren,

Tod ist die Auflösung einer vorgeblichen Person; nach dem Gesetz von Ursache und Wirkung erhalten sich Eindrücke und Tendenzen und führen zu einer neuen bedingten Existenz (Wiedergeburt): Keine Seele wandert, nur Ursache und Wirkung werden fortgesetzt. Tod ist also nur ein Teil des ständigen Werdeprozesses. Im tibetischen Buddhismus gilt der Zustand nach dem Moment des Sterbens als der geeignetste Moment, um Befreiung und Erleuchtung zu erreichen. Wer in die Übertragungslinie des tibetischen Totenbuches eingeweiht ist, erlebt im

Judentum

Hinterbliebenen sollen sich nach der Trauer wieder dem Leben zuwenden. In der Erinnerung aber lebt der Verstorbene weiter. Der Todestag *(Jahrzeit)* ist daher für die Überlebenden ein Grund, in die Synagoge zu gehen und für das Seelenheil des Toten zu beten. Die Beerdigungsbruderschaften gehören zu den ältesten Vereinen, die den Sterbenden helfen, die Trauernden trösten und die Beerdigungen ausrichten. Es gilt als große religiöse Ehre *(mizwa)*, einen solchen freiwilligen Dienst auf sich zu nehmen.

Christentum

in der Welt. Am deutlichsten wird die Verfehlung menschlichen Daseins in der Kreuzigung Jesu: Sein Leben und sein qualvoller Tod stehen für das Leiden und den Tod aller Menschen, deren Leben durch die Verfehlungen anderer Menschen auf Leiden und Tod hin ausgerichtet ist.

Islam

gewaschen, in Tücher gehüllt (ähnlich der Pilgerkleidung) und nach dem Totengebet mit der Blickrichtung nach Mekka beerdigt. Leben und Tod werden auch im übertragenen Sinne verstanden: Leben ist Begegnung, Geben; Tod ist Beziehungslosigkeit. Ein lebendiges Herz öffnet sich, wendet sich anderen zu, begreift. Ichbezogenheit führt zum innerlichen Absterben.

Hinduismus

z. B. als Höllenwesen, Tier, Mensch oder Gott. Eine bessere Wiedergeburt verspricht die Bestattung in Indiens heiligem Fluss, der Ganga, besonders in Benares. Auch das Opfern von Reis und Milch dient einer höheren Wiedergeburt. Der Leichnam muss ohne Verzögerung verbrannt werden, der älteste Sohn zündet den Scheiterhaufen an, die Asche wird im Wasser verstreut.

Buddhismus

Zwischenzustand *(Bardo)* die Gegenwart zahlreicher hilfreicher Erleuchtungsaspekte. Durch besondere Meditationen kann das Bewusstsein auch in das Kraftfeld des Buddha, des grenzenlosen Lichtes übertragen werden *(Phowa)*. Nach dem Ableben wird der Leichnam z. B. verbrannt (in Japan und Thailand) oder den wilden Tieren überlassen (Tibet). Das Wissen, dass wir alle sterblich sind, wird als kraftvolles Mittel des Ansporns in verschiedenen buddhistischen Meditationen verwendet.

Wiedergeburt

Der Glaube an die Auferstehung der Toten gehört zu den Grundüberzeugungen. Die Gräber sind »ewig«, Exhumierungen und Umbettungen unüblich. Im Jüdischen heißt der Friedhof »Gutort« oder »Haus der Ewigkeit«. Denn der Körper ruht in seinem Grab, bis die Stimme des Herrn ruft: **Erhebet euch, steht auf und lebt.** (Totengebet) Dann wird die Völkerwallfahrt nach Zion einsetzen, denn die Erlösung der Welt erfolgt über Israel und eines der Zeichen für diese Endzeit ist die Auferstehung der Toten. Traditionell wird an eine leibliche Auferstehung geglaubt. Daher

In den Evangelien des Neuen Testaments wird von der Auferstehung Jesu erzählt: Das Grab, in das Jesus nach seinem Tod gelegt wurde, finden die JüngerInnen am dritten Tag nach seinem Tod leer vor. Bei dem Versuch, dieses Ereignis naturwissenschaftlich zu beweisen, wird man immer scheitern: Die Geschichte wird in den Evangelien erzählt, um zu betonen, dass die Macht Jesu mit seinem Tode nicht endete, sondern über diesen hinaus andauerte. Aus diesem Glauben schöpfen ChristInnen auch heute die Kraft, das eigene Leben unter neue Vorzeichen zu

Und Gott ist es, der die Winde ausschickt, und sie treiben die Wolken hoch. Dann lassen Wir sie über ein totes Land ziehen, und Wir beleben damit die Erde nach ihrem Tod. So ist die Auferstehung. (Sura 35:9) Zu den Glaubensgrundsätzen des Islam gehört die Auferstehung der Toten am Jüngsten Tag zum Weltgericht, wo das Buch der Handlungen vorgelegt wird und Zeugen gehört werden. Jeder Einzelne muss für seine eigenen Handlungen Rechenschaft ablegen und kann

Anstelle nur eines Lebens rechnen die indischen Religionen mit immer neuen Wiedergeburten. Bei Wiedergeburt handelt es sich aber nicht um etwas Tolles, Spannendes im Sinne einer zweiten Chance. Vielmehr werden die schwierigen Seiten des Lebens betont: Schmerz, Krankheit, Verlust, Tod. Der Gedanke an ein endloses Verbleiben im *Samsara*, dem Kreislauf der Wiedergeburten, ist alles andere als tröstlich. Zudem wird man nicht nur als gesunder, reicher Mensch wiedergeboren: Nach dem Gesetz von *Karma* (= Ursache und Wirkung) kann man auch als Höllenwesen, Geist, Tier, »Titan« oder Gott wiedergeboren werden. Die Kostbarkeit des menschlichen Körpers macht folgendes Beispiel deutlich: Angenommen, die Erde sei von einem Ozean bedeckt, auf dem nur eine einzige Holzplanke treibt. Auf dem Grund des Ozeans aber würde ein Schildkröte leben, die nur einmal in 1.000.000 Jahren zur Oberfläche aufstiege. Die Wahrscheinlichkeit, als Mensch wiedergeboren zu werden, ist ebenso groß, wie die Wahrschein-

Judentum

wird die Vollständigkeit des Körpers angestrebt. So kann man nach Terroranschlägen in Israel eine Einheit ultra-orthoxer Juden sehen, die nach kleinsten menschlichen Resten suchen. Den Tod überwunden hat der Prophet Elia, den Gott im Feuerwagen zu sich in den Himmel holte. (vgl. 2 Könige 2, 9–11) Der endgültige Sieg über den Tod wird in der Zeit des Heils erwartet. Dann wird auch das »Jüngste Gericht« folgen. Es wird der Prophet Elia sein, der uns den Beginn der messianischen Zeit verkünden wird.

Christentum

stellen und in der Nachfolge Jesu die Botschaft von der Auferstehung zu verkünden. Die neue Qualität von Leben, die unter diesen Bedingungen möglich wird, haben die ersten ChristInnen als ein »Neugeboren-Werden« von Menschen beschrieben, das aber nicht deckungsgleich ist mit der Vorstellung von einer Wiedergeburt im Sinne eines anderen Lebens auf der Erde in einem neuen Körper.

Islam

sich nicht auf Privilegien oder Fürsprecher berufen. Soweit für Böses nicht durch Umkehr Vergebung erlangt wurde, wird es bestraft. Gutes wird belohnt und um ein Vielfaches gesegnet. Alles Unrecht wird ausgeglichen. Wer auch nur ein Körnchen Gutes tut, der wird es sehen, und wer auch nur ein Körnchen Böses tut, der wird es sehen. (Sura 99:7-8) Es gibt verschiedene Ansichten darüber, ob die Auferstehung leiblich oder geistig stattfindet.

Hinduismus

Buddhismus

lichkeit, dass diese Schildkröte die treibende Holzplanke trifft. Am Ende des Kreislaufes der Wiedergeburten steht im Hinduismus die Befreiung *(moksha)*, die Rückkehr der Seele zum Absoluten, und höchste Seligkeit *(ananda)*.

Im Buddhismus steht am Ende des Weges die Befreiung von der Vorstellung einer Seele und Erleuchtung. Der letzte Schritt schließlich ist das *nirvana*, das Verlöschen. Nirvana wird je nach Schulausrichtung verschieden aufgefasst: Im südlichen Buddhismus versteht man unter nirvana den leidlosen Zustand, in dem Anhaftung und Karma erloschen sind. Im nördlichen Buddhismus sind nirvana und samsara, die Welt des Leidens, letztlich identisch: Ihr Wesen ist Leerheit *(shunyata)*. Nirvana beinhaltet im Diamantweg die Erfahrung von Raum, Freude und Mitgefühl als untrennbar vereint.

Jenseits

Wir könnten in paradiesischem Frieden leben, so, wie es das Erste Buch Mose erzählt. Harmonie herrschte im »Garten Eden«, dem Garten der Wonne, Harmonie zwischen Gott und seiner Schöpfung. Doch Adam und Eva wollten sich nicht mit den Grenzen bescheiden, die Gott zwischen sich und den Menschen gesetzt hatte. Es war ihr Versuch, gottähnlich zu werden, der sie sündigen ließ. Ihr Wille zum schlechten Handeln führte zur Vertreibung aus dem »Garten Eden«. So wird das Paradies zum Gleichnis für die Unvernunft des Menschen und zur Hoffnung

Das Paradies bezeichnet nach 1. Mose 1 einen Ort, an dem ein Zusammenleben aller Lebewesen ohne Ausbeutung oder Unterdrückung und in der Verantwortung vor Gottes Schöpfung möglich ist. Die Erzählungen der hebräischen Bibel sprechen von diesem Ort in sehr anschaulicher Form und beschreiben damit die alte menschlichen Sehnsucht nach einer Welt, die jenseits der alltäglichen Erfahrungen von Menschen liegt. Der christliche Glaube nimmt die Rede vom Paradies auf und formt den Gedanken um: Das Paradies wird zu einer neuen Schöpfung, die durch die Erlösung und Versöhnung im Namen Jesu Wirklichkeit werden kann. Das letzte Buch

Das zukünftige Leben hängt von Glauben und Handeln im irdischen Leben ab: **... wer immer an Gott und an den jüngsten Tag glaubt und recht handelt – sie erhalten ihren Lohn von ihrem Herrn und erfahren weder Furcht noch Traurigkeit.** (Sura 2:62) Die Strafe für Böses wird mit höllischen Bildern ausgemalt: Feuer der Läuterung, den Durst nur noch vermehrendes Wasser und die Früchte der bösen Handlungen, die abschrecken und »Bauchschmerzen verursachen«. Der Lohn für Gutes ist der Paradiesgarten, wo die Früchte der guten Handlungen reifen, frisches

Der Hinduismus kennt die Vorstellung von Wohnstätten der Götter. Diese Himmel werden allerdings als Teil der »Dreiwelt« *(triloka)* gesehen, also des Kosmos mit Unterwelten, Erde und Himmeln. Im Kreislauf der Existenzen werden diese Himmel im Einklang mit dem Gesetz von Ursache und Wirkung *(Karma)* betreten oder verlassen: Es sind keine ewigen Paradiese. Wer in den Himmeln wiedergeboren wird, ist noch nicht befreit! Die hinduistischen Strömungen, die

Die Welt ist Illusion, es gibt kein Ich, Erleuchtung und Nirvana ist das Ende des Leidens. So könnte man die buddhistische Antwort auf die Frage nach einem Jenseits zusammenfassen. Mit dem Erlöschen von Verwirrtheit, Begierde und Abneigung erlischt auch Karma und damit alles Leiden. Das Nirvana ist jedoch nicht ein Nichts. Es ist jenseits von Sein und Nicht-Sein. So kann man Erleuchtung auch als zeitlose, höchste Freude beschreiben: Die Erfahrung des Unbedingten und Unvergänglichen oder das Erkennen des Geistes. Dieses ›Jenseits‹ ist grundsätzlich mit Worten nicht zu beschreiben. BuddhistInnen begnügen sich darum gerne mit negativen

Judentum

auf eine zukünftige Welt, wohin uns die »Gerechten und Reinen« bereits vorausgegangen sind. Doch nicht der Traum vom jenseitigen Paradies prägt das Judentum, sondern die Bewährung im Diesseits. Das Judentum müht sich, durch Lernen, durch Schärfung der Selbstkritik, durch die Tugend der Umkehr, durch die Erziehung zum richtigen Tun den Menschen zu befähigen, sich anders, besser zu verhalten. Wenn wir uns dem annähern sollten, dann würde Gott mit einer paradiesischen Welt antworten.

Christentum

des Neuen Testamentes, die Johannesoffenbarung, setzt die Überwindung des Bösen gleich mit der Rückkehr der Menschen ins Paradies (Offenbarung 2,7). Die bildhafte Sprache, in der hier der Hoffnung auf neues Leben Ausdruck verliehen wird, spiegelt die Sehnsucht nach einer neuen Welt wieder. Diese anschaulichen Beschreibungen einer neuen Welt sind eindeutig bildhaft gemeint, sie werden jedoch irrtümlicherweise oft als realistische Beschreibungen der Zukunft verstanden.

Islam

Wasser Trost und Kraft gibt und die Menschen in harmonischer, würdevoller Freundschaft leben: **Du beruhigte Seele, kehre zu deinem Herrn zurück, zufrieden und mit (Seiner) Zufriedenheit. Tritt also ein unter Meine Diener und tritt ein in Meinen Garten.** (Sura 89:27-30) Einblicke in beide Zustände gibt es, wenn man Reue über eine böse oder Freude über eine gute Handlung empfindet.

Hinduismus

sich dem Absoluten in der Form eines persönlichen Gottes nähern, sprechen auch vom Zustand bzw. Ort der Befreiung als einem Himmel. So spricht die *bhakti*-Bewegung, die Tradition der liebevollen Hingabe an den höchsten Gott, vom Zustand der Vereinigung der Seele mit dem Absoluten als Paradies Vaikuntha, Vishnus Himmel.

Buddhismus

Umschreibungen wie »kein Leiden«. Im nördlichen Buddhismus rechnet man mit Kraftkreisen von Erleuchtung, sogenannten »Reinen Ländern«, die als sichere Zwischenstationen zur Befreiung gelten. Das Mitgefühl eines erleuchteten Wesens *(Buddhas)* hat so ein Buddhafeld hervorgebracht. Wer z.B. im japanischen Amida-Buddhismus auf den westlichen Buddha vertraut, kann hoffen, nach dem Tod in dessen Land *Sukhavati* zu gelangen. Paradiese im Sinne von Götterorten kennt der Buddhismus allenfalls als indische Folklore. Götter und ihre Wohnstätten stehen nicht außerhalb der Welt des Leidens.

Ende der Welt

Schon in den ältesten Teilen der Bibel ist die Rede von **den letzten Tagen.** (1. Mose 49, 1) Die Hoffnung auf endzeitliche Erlösung bricht das menschliche Verständnis von Raum und Zeit. Vielfältig sind die sogenannten messianischen Vorstellungen, die bekannteste ist die des *Messias* (= »Gesalbter«, Erlöser) aus dem Hause König Davids. Zur Zeit Jesu herrschte unter den Juden eine große Messiashoffnung. Zahlreich waren die Personen, die damals und später im Mittelalter als Messiasse verehrt wurden. Die Menschen waren überzeugt, jetzt breche das Ende

Zur Zeit Jesu war die Hoffnung weit verbreitet, dass das Ende aller Zeiten bald kommen und eine neue Weltzeit anbrechen werde. Einen besonderen Stellenwert nahm in diesen eschatologischen Vorstellungen der Gedanke von einem Gericht Gottes über die Menschen ein (Matthäus 25, 31 ff): Am Ende aller Zeiten stellt Gott den Menschen in diesem Gericht die Folgen ihres Tuns vor Augen und sie müssen Verantwortung für ihre Taten übernehmen. Der Glaube an eine Wiederherstellung der Gerechtigkeit durch Gott wurde auch in anderen neutestamentlichen

In Verbindung mit Verantwortung und ethischem Handeln spricht der Koran plastisch vom Untergang der bekannten Welt und der Auferstehung am »Tag des Gerichts« (vgl. z. B. Sura 81:1-14). Dabei geht es um Ereignisse jenseits unseres an Raum und Zeit gebundenen Erfahrungshorizontes. Vor Gottes Gericht geht es nicht nur um Rechenschaft und Versöhnung zwischen Menschen, sondern auch um Klage, durchaus auch von Tieren, Pflanzen und der Erde selbst gegen den Menschen. Alle Geschöpfe erfahren Gottes Gerechtigkeit, und es erfolgt eine

Die östlichen Religionen kennen kein endgültiges Ende der Welt oder Jüngstes Gericht. Über unzählige, unfassbar lange Zeitspannen *(kalpas)* entsteht und vergeht der Kosmos immer wieder aufs Neue in einem endlosen Kreislauf. Der Kosmos erscheint als Illusion und Spiel aus dem Absoluten und kehrt darin auch immer wieder zurück. Das Gesetz von *karma* (= Ursache und Wirkung), steht im Widerspruch zur Vorstellung eines Gerichtes am Ende der Zeit. Im Hinduismus gewinnt die Seele in der Befreiung ihre Einheit mit dem Absoluten

Leiden

Seit den biblischen Zeiten wird um die Frage gerungen: Wie und warum kommt das Leiden in die Welt? Die Rabbiner hatten erkannt, dass es Menschen wie Hiob gibt, die erkennbar nicht gesündigt haben, und die dennoch leiden. Ist das gerecht? Wenn gleichzeitig zu beobachten ist, dass manch Sünder glücklich lebt? Israel war zu oft in der Rolle des Leidenden. So kann

Ende der Welt

Judentum

der Zeiten an, stünden sie vor dem erwarteten Gottesgericht, würden die Toten auferstehen und der Gott Israels mit allen Rechtschaffenen einen neuen Bund schließen. All dies waren und sind traditionelle jüdische Vorstellungen. Doch entscheidend ist der Beginn der messianischen Zeit. Die endzeitlichen Vorstellungen umfassen nicht nur die Menschen, sondern auch die Tiere, die gesamte Natur: Alle und alles wird erlöst, feiert die neue Gottesordnung eines paradiesischen Friedens.

Christentum

Schriften mit Hilfe apokalyptischer Visionen geschildert, deren Bilderwelt zu allen Zeiten genutzt wurde, um den endzeitlichen Kampf des Guten gegen das Böse auszumalen. Wenn heute vom Gericht Gottes und seiner Gerechtigkeit die Rede ist, dann gerät leicht aus dem Blick, dass diese Gerechtigkeit Gottes gerade nicht mit menschlichen Maßstäben gemessen und vor allem durch Menschen nicht letztendlich herbeigeführt werden kann.

Islam

Neuordnung des Universums nach dem ursprünglichen Plan des Schöpfers. Volksglaube und Erweckungsbewegungen versuchen manchmal, Anzeichen für die Endzeit zu erkennen, während der Koran betont, dass niemand außer Gott die »Stunde« kennt. Menschen sind daher gehalten, achtsam zu leben, immer wieder zu Gott hin umzukehren und zuversichtlich Gutes anzustreben. Der Prophet sagte: **Handle so, als ob du morgen sterben würdest, und plane Gutes so, als ob du hundert Jahre leben würdest.**

Hinduismus

Buddhismus

zurück. Für BuddhistInnen sind die Fragen nach Anfang und Ende der Welt Irrfragen. Die Welt, wie sie erscheint, ist nicht wirklich und unabhängig, sondern bedingt und zusammengesetzt; nach Ursache und Wirkung verändert sie sich ständig. Kein Gott richtet am Ende der Welt. Die eigenen Gedanken, Worte und Taten erschaffen die Bedingungen, die in der Zukunft reifen. Wichtig ist nur der Weg aus dieser Welt des Leidens, den der Buddha gezeigt hat.

Leiden

Judentum

diese Frage nicht im Sinne der Predigt beantwortet werden. Oft wird das Leiden als Prüfung verstanden, als die Herausforderung an den Glauben. Obwohl man es nicht versteht, bleibt man Gott treu. Eine wirklich befriedigende Antwort kann nicht gegeben werden, wir müssen es hinnehmen. So entstand vor allem während des Holocaustes *(Schoa)* durch die Nazis, ein »Dennoch-Glauben«. Wir glauben, obwohl niemand den Sinn des Leidens von Millionen begreift. Warum hat Gott nicht eingegriffen? Dieser Zweifel gilt aber nicht als Abfall,

Die existentielle Frage, warum es Leiden in dieser Welt gibt und ob Gott selbst dieses Leiden geschaffen hat, wird im Christentum nur indirekt beantwortet. Der Mensch, der nach biblischer Überlieferung als Geschöpf Gottes mit der Freiheit ausgestattet wurde die Welt zu gestalten, kann sich in dieser Freiheit auch für Strukturen entscheiden, die Leiden begründen und hervorbringen. Aus christlicher Perspektive wird die Freiheit des Menschen jedoch durch seine Gottebenbildlichkeit (1. Mose 1,27) begrenzt. Menschen, die glauben, dass sie nach dem Bilde Gottes geschaffen sind, können darum ihr Leben als ein Geschenk verstehen und es in Verant-

Leiden hat an sich keinen religiösen Stellenwert. Es kann als Folge eigenen Verschuldens auftreten oder aufgrund unglücklicher Umstände, eines Konflikts oder erlittenen Unrechts. Den Wechselfällen von Freude und Leid soll man mit Dankbarkeit und Geduld begegnen und das Leiden anderer durch Trost und Hilfe lindern. Leiden wird oft als Prüfung verstanden: **Wir werden euch sicherlich prüfen durch etwas Furcht und Hunger und Verlust an Gut und Leben und Früchten, doch gib den Geduldigen die Verheißung, die sagen, wenn ein Unheil sie trifft: »Wir gehören Gott an, und zu**

Für Hindus und BuddhistInnen steht außer Frage: Leben ist immer mit Leiden verbunden. Unvergängliches Glück gibt es nicht im Kreislauf der Wiedergeburten.

Im Buddhismus wird das Leiden *(duhkha)* sogar zum wichtigsten Ausgangspunkt für den Weg des Buddha: Das Anhaften an die Illusion eines Ichs verstrickt in die Welt des Leidens; Verwirrung, Begierde und Hass verhindern den Zustand höchsten Glücks. Alle 84.000 Belehrungen des Buddha zielen nur auf dies eine: Befreiung vom Leiden. Leiden meint dabei nicht nur die menschlichen Erfahrungen von Armut, Krankheiten, Unfällen und anderen Schicksalsschlägen, Liebesleid und menschlichen Enttäuschungen, Gebrechlichkeit im Alter und Sterben. Vergänglichkeit insgesamt ist Leiden. Erleuchtung dagegen ist zeitlose, höchste Freude. Die Frage »Wie kann ein Gott dieses Leiden zulassen?« geht für Hinduismus und Buddhismus nicht auf: Das Gesetz von Ursache und Wirkung *(karma)* erklärt Leiden, wo wir es antreffen: Frühere Gedanken,

Gerechtigkeit – Gnade

Gerechtigkeit und Gnade sind keine Gegensätze, sie ergänzen einander. In einem der schönsten Gebete, einem Sündenbekenntnis, rufen wir Gott an: **Unser Vater, unser König, vergib uns.** Hier kommt die Einheit bestens zum Ausdruck. Denn welcher Mensch ist wirklich immer gerecht, tritt sündenfrei vor Gott? So bitten wir den Barmherzigen und Gütigen, uns nicht

als Unglauben, als Glaubensschwäche. Wir wissen eben nicht alles, aber bemühen uns, durch Lernen mehr zu begreifen – und manchmal bleiben offene Fragen.

Christentum

wortung vor Gott und den Mitmenschen gestalten. Leiden entsteht dort, wo Menschen ihrer Gottebenbildlichkeit und ihrem wahren Menschsein als Geschöpfe Gottes nicht mehr entsprechen. Die vielfach gestellte Frage nach Gott angesichts menschlichen Leidens kann letztgültig nicht beantwortet werden. Die Geschichte Gottes mit den Menschen in der christlichen Bibel zeigt jedoch, dass Gott im Leiden von Menschen gegenwärtig ist und überall dort mitleidet, wo Leben zerstört und vernichtet wird.

Islam

Ihm kehren wir heim.« (Sura 2:155-156) Gott nahe stehende Menschen nehmen im Bemühen um Gutes Leiden und Gefahr auf sich. Der Prophet und seine ersten AnhängerInnen nahmen in Mekka Verfolgungen in Kauf. Der Märtyrertod des Prophetenenkels Husayn steht im Zentrum vor allem der schi'itischen Spiritualität. Gott lässt Dinge geschehen, die in der Verantwortung des Menschen liegen, auch wenn sie Leiden verursachen, und wird darüber am Tag des Gerichts Sein endgültiges Urteil sprechen.

Hinduismus

Buddhismus

Worte und Taten haben die heutigen Bedingungen bewirkt. Karma nimmt die Freiheit des Menschen radikal ernst: Welche Freiheit gibt es, wenn man für die Folgen seines Handelns nicht geradestehen muss, wenn man immer andere, z.B. die Gesellschaft oder höhere Mächte für sein eigenes Unglück verantwortlich macht? In Situationen, in denen wir leiden, ist es zunächst sehr schwierig, sich mit dem Gedanken anzufreunden, dass wir selbst etwas mit unserer Lage zu tun haben. Aber völlige Selbstverantwortung ist auch ein beruhigender Gedanke: Leiden kann als Chance und als Reinigung von unheilsamem Karma gesehen werden. Vor allem aber bedeuten Selbstverantwortung und Karma auch, dass wir hier und jetzt etwas an den zukünftigen Bedingungen tun können; wir können unsere kostbaren Möglichkeiten zum Wohle aller nutzen. Denn Karma ist auch nicht als Entschuldigung gemeint, um dem Leiden anderer tatenlos zusehen zu können!

Gerechtigkeit – Gnade

Judentum

nur als König und Richter, nicht nur mit Gerechtigkeit zu begegnen, sondern mit der Liebe des Vaters. Liebe und Gerechtigkeit sind Eigenschaften Gottes, denen wir nachstreben sollen. In einem alten Spruch heißt es: **Kehre um zu Gott, bereue deine Sünden, und der Ewige wird dich in Gnade aufnehmen – ja, er wartet nur darauf, dir verzeihen zu können.**

Die biblischen Texte sprechen davon, dass der Mensch seine Gerechtigkeit allein aus dem Glauben erfährt (Römer 3,24) und sich durch eigenes Tun weder gerecht sprechen noch gerecht machen kann. Damit wird alle Selbstgerechtigkeit verworfen, aufgrund derer Menschen sich anmaßen könnten, die eigenen Maßstäbe als endgültiges Kriterium für eine Unterscheidung zwischen Gut und Böse anzulegen. Nach christlichem Verständnis ist es die Gnade Gottes in Jesus Christus, die Menschen einen Weg hin zu Erlösung und Versöhnung in dieser Welt und

Der Gottesname *Adl* bezeichnet das ethische Ideal der Gerechtigkeit. *Qist* bezeichnet eher den praktischen Aspekt: Wahrung des Rechts und Vermeidung von Rechtsverletzungen. Beide Begriffe betonen Gerechtigkeit im Sinne ausgewogener Beziehungen und sind ein Aspekt der göttlichen Gnade. Der Mensch als »Statthalter Gottes auf Erden« bemüht sich mit Gottes Hilfe und Führung um gerechtes Handeln in dieser Welt, wie er durch Vernunft und Offenbarung einsichtig wird, um das Zusammenspiel der Schöpfung zu bewahren und zu pflegen,

Das Gesetz von Ursache und Wirkung *(karma)* beinhaltet auch, dass kein Gott nicht verzeiht oder straft. Der Mensch schafft sich durch seine Taten selbst seine Zukunft. Doch kennen auch Hinduismus und Buddhismus Gedanken, die dem westlichen Begriff der Gnade verwandt sind. Im Hinduismus gibt es den Begriff der Gunst, *prasada*. Damit wird das heilbringende Eingreifen eines Gottes bezeichnet: Es nimmt schlechtes Karma nicht weg, verändert allerdings die Früchte der unheilsamen Taten. Diese Veränderung geschieht allerdings nur mittelbar durch eine äußerlich vorgestellte Macht: Entscheidend ist die innere Wandlung. Die zeigt sich äußerlich im »Schutzsuchen« beim Gott *(prapatti)*. Für die AnhängerInnen Vishnus beinhaltet z. B. dieses Schutzsuchen die Annahme der Gnade Vishnus, die sich in den heiligen Schriften und seinen Herabkünften, den *Avataras*, offenbart hat. Im Buddhismus gilt die Lehre

Glaube

Ich glaube unerschütterlich und fest, dass der *Messias* (= Erlöser) kommt, auch wenn er auf sich warten lässt, glaub ich nicht weniger fest. Ein einfaches Glaubensbekenntnis, wie es auf dem Höhepunkt der Verfolgung im Warschauer Getto in den vierziger Jahren entstand. Juden glauben auf eine sehr verständliche Weise: Für sie ist der Bundesschluss am Sinaï eine Wahrheit, die ihnen bis heute Kraft und Zuversicht verleiht. Ein Fest Pessach, das an den *Exodus*, an den Auszugs aus Ägypten erinnert, bringt diesen Glauben in jede Familie. Wenn man gemeinsam am

Christentum

darüber hinaus ermöglicht. Die Rede von einer Gerechtsprechung bzw. Rechtfertigung allein durch den Glauben macht deutlich, dass Menschen im Vertrauen auf die Kraft Gottes zu wirklich gelingendem Leben gelangen können. Gnade und Gerechtigkeit sind darum jedoch keine einander ausschließenden Größen: Ein Leben in Frieden und Gerechtigkeit wird dann möglich, wenn Menschen erkennen, dass sie durch den Glauben dazu ermächtigt werden, die Welt als Geschenk Gottes zu verstehen und zu gestalten.

Islam

indem er Gutes fördert und Böses unterbindet. Gebote und Verbote sind eine Hilfe, aber der Koran ist nicht ein Gesetzbuch, sondern zieht den Leser in einen Selbsterziehungsprozess hinein, durch den er Einsicht und Unterscheidungsvermögen für Recht und Unrecht gewinnt. Gottes Gerechtigkeit und Gnade erfordert, dass Er **von niemandem mehr verlangt, als er leisten kann** (vgl. Sura 2:286), niemanden die Schuld eines anderen tragen lässt, und jedem mit Seiner Barmherzigkeit entgegenkommt.

Hinduismus

Buddhismus

des Erleuchteten selbst als größtes Geschenk an alle Lebewesen. Im nördlichen Buddhismus beruft man sich auf die Freundlichkeit der Buddhas und Bodhisattvas: Diese Erleuchtungswesen sind weit auf dem Weg zur Erleuchtung fortgeschritten; durch ihre Verdienste in früheren Leben wirken sie nun zum Wohle aller. Entscheidend ist auch hier die innere Wandlung, die der Akt der Anrufung im Menschen bewirkt. In einigen Schulen des ostasiatischen Buddhismus gilt darum das vertrauensvolle Anrufen des Buddha, des grenzenlosen Lichtes Amitabha (jap. *Amida)* als heilsentscheidende Praxis. Im Diamantweg Tibets wirkt die Vorstellung, von der Gnade der Buddhas, Bodhisattvas und im Diamantweg vor allem des verwirklichten Lehrers abhängig zu sein, als psychologischer Trick: Sie zerstört spirituellen Stolz und Egotripperei.

Glaube

Judentum

Esstisch die Erzählung *(Haggada)* liest, dann vollzieht man das Geschehen, bis in die Speisen, von damals nach: **Saget nicht, dies geschah euren Vorvätern. Nein, es geschieht Euch. Saget nicht, dies geschah damals, vor langer Zeit. Nein: Es geschieht heute, hier und jetzt.** So bemühen auch wir uns, 3.000 Jahre später, diesen Bund in Treue zu bewahren und in Gebet und Tun der *Tora* (= Weisung) zu folgen. Denn Glauben und Tun, Gebet und Handeln gehören zusammen.

Christlicher Glaube gründet in der Offenbarung Gottes im Leben, Sterben und in der Auferstehung Jesu Christi (1. Korinther 3,11). Nach christlicher Auffassung ist der Glaube keine Größe, die man sich erarbeiten kann. Er wird mit Gottes Hilfe gewirkt und kann dort entstehen, wo Menschen Zuspruch erfahren durch das Heil, das im Leben und Sterben von Jesus Christus sichtbar wird. Glaube besteht nicht darin, gegebene Aussagen für wahr zu halten. Er geschieht, indem Menschen ihr Leben im Vertrauen auf die Barmherzigkeit Gottes und die Offenbarung

Das arabische Wort *Iman* kommt von einer Wurzel, die »sicher sein«, »zuverlässig sein« bedeutet, und bezeichnet daher Glauben im Sinne von Gewissheit. Glaube ist daher kein Widerspruch zu Wissen und Begreifen. Das Streben nach Wissen ist vielmehr eine religiöse Pflicht, und die vorislamische Zeit in Arabien bezeichnet man als Jahiliya, Unwissenheit. Ein gläubiger Mensch *(Mu'min)* ist also jemand, der Gewissheit und Zuversicht hat, aber auch jemand, bei dem man sich sicher fühlen kann. Der Prophet sagte: **Nur der ist gläubig, vor dessen Zunge und Hand die**

Im Hinduismus ist es wichtig, die Geltung der Veden, der heiligen Schriften, und die Autorität der Priester *(Brahmanen)* anzuerkennen. Allerdings geht es eher um (Gottes-)Erfahrung, als um (Gottes-)Glaube. Für diese Gotteserfahrung ist allerdings Vertrauen und Hingabe

Der Buddhismus ist eine Religion der Erfahrung, nicht des Glaubens. Der Buddha lädt die Menschen ein, seine Methoden selbst nachzuprüfen: **Komm und erfahr selbst!** *(ehi passika)*. Feste Glaubenssätze, wie z. B. die Dogmen der katholischen Kirche, gibt es im Buddhismus nicht. So sehr der Buddha blinden Glauben in irgendein Gedankensystem abgelehnt hat, so wichtig ist Vertrauen *(shraddha)*, um rasche Fortschritte auf dem Weg zur Erleuchtung zu machen. Zweifel an den eigenen Erfahrungen in der Meditation können zu großen Hindernissen werden. Vertrauen als innere Einstellung drückt sich nach außen in der Zufluchtnahme aus: Zuflucht zum

Befreiung

Befreiung ist eines der Schlüsselworte jüdischer Religiosität. **Der du uns hinausgeführt hast aus dem Ägypterland** (häufige Gebetsformel). Mit diesem Ur-Ereignis wurden die drei Erntedank- und Pilgerfeste verbunden, die so, über den Dank für die Frucht der Felder hinaus zu Festen der Erinnerung an den wurden, dem wir die Freiheit verdanken. Doch diese Erfahrung führt nicht zu Passivität: »Der Herr wird es schon richten«, auch nicht zur Überheblichkeit: »Wir allein«, sondern zur Verpflichtung, Gottes Wort zu folgen. Gott selbst tritt immer wieder als der

Christentum

seiner Liebe im Leben Jesu gestalten. Die Frage, ob Glauben und Verstehen zwei einander ausschließende Größen sind, ist oft gestellt worden. Der Versuch, beides miteinander zu vereinbaren, wirft viele Schwierigkeiten auf. Er kann jedoch dann gelingen, wenn der Glaube als die Grundlage der Erkenntnis dafür verstanden wird, worin gelingendes Leben im Sinne Gottes besteht.

Islam

Mitmenschen sicher sind, und **Glaube ist Erkenntnis im Herzen, Bekenntnis mit der Zunge und Verwirklichung mit allen Fähigkeiten.** Ein gläubiger Mensch vertraut auf Gott und gibt die Hoffnung auf Seine Barmherzigkeit nicht auf. Muslime glauben **an Gott, Seine Engel, Seine Schriften und Seine Gesandten** (Sura 2:285) sowie an den Tag der Auferstehung und des Gerichts.

Hinduismus

(bhakti) notwendig: Die liebevolle Verehrung z. B. des Allgottes Vishnu schafft die innere Grundlage zur Befreiung, der Rückkehr der Seele zum Gott.

Buddhismus

Buddha und seinen Methoden *(dharma)* bedeutet **Ich vertraue, dass Erleuchtung wirklich ist und sich verwirklichen lässt.** Zuflucht zu den Freunden auf dem Weg, der Gemeinschaft *(sangha)*, ist wichtig, damit die Suche zur Erleuchtung nicht zum Egotripp wird. Im Diamantweg gibt es auch noch Zuflucht in den Lama, den spirituellen Begleiter: Er ist weit fortgeschritten auf dem Pfad und kennt dessen Tücken. Und er steht in der Linie der Übertragung und vereinigt so Segen, Mittel und Schutz auf dem Weg.

Befreiung

Judentum

Schutzherr der Armen und Schwachen auf, auch der Fremdlinge. Der Gott Israels ist eben der Vater der Menschheit. Die »Befreiunsgtheologie« Israels geht seit biblischen Zeiten davon aus, dass der Gott Israels über das Volk Israel die gesamte Menschheit erlösen wird. Ja, es gilt als der wahre »Beruf« Israels, sich als Bundesgemeinschaft zu erhalten, damit die Welt erlöst wird.

Die Geschichte von der Befreiung des Volkes Israel aus der Gefangenschaft in Ägypten bestimmt die Erzählungen der hebräischen Bibel. Das Neue Testament nimmt diese Bilder auf und deutet sie neu, indem seine VerfasserInnen die Erlösung aller Menschen über das Volk Israel hinaus im Kommen Jesu begründet sehen. Von Erlösung ist dort die Rede, wo das Neue Testament von einer Vergebung der Sünden durch das Leiden Jesu am Kreuz spricht. Gott selbst überwindet durch das Leiden Jesu den Tod und siegt über die Strukturen des Bösen, in die das

Einheit Gottes bedeutet Befreiung von allem, was sich Macht anmaßt oder eine gottähnliche Stellung einnimmt, Befreiung zum ethischen Handeln und zur Verantwortlichkeit. Beispiele sind u.a. Abraham, der sich im Vertrauen auf Gott durch Auswanderung vom »Götzendienst« seines Volkes befreit, und der Auszug der Kinder Israels aus Ägypten. Der Koran tadelt die unkritische Übernahme religiöser oder politischer Autoritäten, und der Prophet warnt vor der Abhängigkeit von Herrschern. In der Befreiungstheologie geht es um die politische und wirt-

Im Hinduismus kann es keine Erlösung von außen ohne Änderung von innen geben. Ritual, liebevolle Verehrung der Gottheit, Meditation und Einsicht sind Wege der Befreiung aus der Verstrickung in den Kreislauf der Wiedergeburten *(samsara)*. Der indische Begriff für Befreiung ist ***moksha***; er bedeutet, die Einheit der Seele *(atman)* mit dem unentstandenen, unvergänglichen, alles umfassenden Göttlichen *(brahman)* wiederherzustellen, so wie ein Tropfen zurückkehrt in den Ozean, aus dem er entstammt. Das ist die höchste Glückseligkeit, *Ananda*. Das Göttliche wird in den hinduistischen Schulen unterschiedlich angedeutet. Auch ein Hochgott

Es ist ein weit verbreitetes Missverständnis, wenn vom Buddha immer wieder als Erlösergestalt gesprochen wird. Der Buddha gilt nicht wie Jesus als ein von einem Gott gesandter Erlöser; der Buddha erlangte Erleuchtung und erwachte aus der Ich-Illusion. Er verkündete keine göttliche Botschaft, sondern einen Weg aus dem Leiden. Der Buddha erlöst also nicht, er zeigt nur den Weg. Gehen müssen wir ihn selbst. Erleuchtung ist allerdings bereits Wirklichkeit, ob wir es wissen oder nicht. Insofern bedarf es keiner Erlösung, nur des Zerreißens des Schleiers

Philosophie

Jüdisch-philosophisches Denken ist tief von der hellenistischen, später der christlichen und besonders der islamischen Philosophie und in der Neuzeit durch die deutsche Aufklärung beeinflusst. So gesehen, wurde und wird diskutiert, ob überhaupt eine eigenständige jüdische Philosophie existiert. Die Themen sind jedenfalls das Verbindende: Der Versuch, das Verhältnis von Vernunft und Offenbarung zu bestimmen. Die jüdischen Philosophen suchen innerhalb der bestehenden Systeme nach eigenen Antworten zu den großen Fragen des Verhältnisses von Schöpfung, Offenbarung, Erlösung. Hilft die Philosophie, religiöse Fragen zu beantworten, wie

Christentum

menschliche Dasein verstrickt ist. Im Glauben an die Befreiung von Selbstherrlichkeit und Selbstgerechtigkeit durch die Gnade Gottes wird also eine Befreiung von den Strukturen möglich, die Leben begrenzen und einengen. Der Römerbrief beschreibt diese neue Qualität des Lebens durch den Glauben, indem sein Verfasser Paulus von der **herrlichen Freiheit der Kinder Gottes** (Römer 8,21) spricht, in der die Knechtschaft der Vergänglichkeit überwunden ist.

Islam

schaftliche Befreiung der islamischen Länder (z.B. Sayyid Qutb, Baqir as-Sadr, Ali Shariati usw.), um moralische Befreiung – darunter die Forderung nach Überarbeitung der Rechts- und theologischen Tradition und Frauenbefreiung (z.B. Farid Esack, Amina Wadud, Khaled Abou el-Fadl usw.) – und um spirituelle Befreiung, ein Bestandteil der mystischen Disziplin: Befreiung von der Herrschaft eigennütziger Regungen.

Hinduismus

Shiva oder Vishnu ist persönlicher Ausdruck des *brahman*. Shiva, Vishnu und die große Göttin Durga erscheinen in unzähligen heiligen Erzählungen als Retter der Menschheit vor Dämonen oder zu mächtig gewordenen Asketen. Besonders Vishnu steigt immer wieder heilsbringend nieder, so z.B. im Helden Krishna. Aber auch diese Herabkünfte sind keine einmaligen Erlösungstaten, sondern der Ausdruck der ewigen Anwesenheit des Göttlichen in der Welt der Illusion und des Leidens und der letztendlichen Gleichheit von Seele und Absolutem.

Buddhismus

der Verwirrung. Befreiung meint dann die Unabhängigkeit von persönlichen Vorlieben und Abneigungen, das Freisein vom Ego. Manchmal gilt Befreiung als Vorstufe zur Erleuchtung. Auf dieser Ebene arbeiten wir mit einem stabilem Geisteszustand ohne die Behinderungen durch die Vorstellungen von Ich und Du, zum Wohle aller fühlenden Wesen.

Philosophie

Judentum

dies Saadia ben Josef im neunten, zehnten Jahrhundert betonten? Er lehrte lange in Bagdad und seine Werke sind in Arabisch verfasst. Die Frage nach der Vernunft bestimmte vor allem die modernen jüdischen Philosophen, wie z.B. Hermann Cohen. Kann die Welt, kann Gott, mit den Mitteln des menschlichen Verstandes erfasst werden, ist die Bibel als vernünftig zu bezeichnen, oder entzieht sich Gottes Walten allen Kategorien? Die Diskussion, das Nachdenken darüber wird wohl nie zu einem endgültigen Abschluss gelangen.

Philosophie und christlicher Theologie ist gemeinsam, dass sie sich mit der Frage nach dem Sinn und Ziel des Lebens auseinander setzen. Der letzte Grund dieser Frage ist für TheologInnen immer die Suche nach Gott. Bei dieser Suche arbeitet die Theologie als Wissenschaft mit den Methoden, die auch in der Philosophie angewandt werden. Sie unterscheidet sich jedoch von der Philosophie, indem sie einen anderen Schluss aus ihren Erkenntnissen zieht: Sinn und Ziel alles Lebens und der Anfang jedes Denkens gründet in Gottes Offenbarung in Jesus

Ein zusammenhängendes philosophisches System entwickelte sich seit der Aufnahme der griechischen Wissenschaften und der Verbindung mit dem koranischen Denken und umfasste ursprünglich Logik, Auseinandersetzung mit dem Jenseitigen (Metaphysik), Ethik, Politik, Mathematik, Medizin sowie alle Naturwissenschaften und Techniken. Zur durch den Griechen Aristoteles beeinflussten Schule gehören u. a. die Denker al-Kindi (ca. 870), al-Farabi (gest. 950), Ibn Sina (Avicenna, gest. 1037) und Ibn Rushd (Averroes, gest. 1198); in den »naturwissenschaft-

Religion und Philosophie waren in Indien nie strikt getrennt. Indische Philosophen suchten immer neue Bilder und Systeme, um das Andere – das Göttliche – zu beschreiben. Neben der Auseinandersetzung mit dem Jenseitigen (Metaphysik) sind Sprachphilosophie, Logik und Staatsphilosophie im Hinduismus seit jeher von großer Bedeutung. Sechs klassische Weltanschauungen *(darshanas)* gibt es im Hinduismus: Die wichtigste ist der *Vedanta*, das heute bestimmende

Die Unterweisungen des Buddhas zu Ursache und Wirkung wurden rasch Gegenstand tiefgründiger philosophischer Kommentare. Die *abhidhamma*-Literatur des südlichen Buddhismus zeugt davon. Besonders die buddhistische Psychologie, die Theorie zu den »Fünf Gruppen des Anhaften« *(upadana-skandhas)*, und die zwölfteilige Konditionalkette des abhängigen Entstehens *(pratityasamutpada)* wurden immer wieder neu erläutert. Im nördlichen Buddhismus entwickelten sich zwei Hauptschulen. Nagarjuna entwickelte seine Leerheitsphilosophie *(Madhyamaka)* auf der Basis meditativ-mystischer Texte der so genannten alten Weis-

Geheimlehren

Das wahre Geheimnis bleibt der Allmächtige selbst. Sich ihm dennoch zu nähern, geschieht im Gebet, in der Befolgung seiner Weisungen – und früher im Opferkult, so, wie er heute noch nach den alten Traditionen des Tempels in der Kirche (Abendmahl) gefeiert wird. Im Ver-

Christentum

Christus. Wenn christliche Theologie von einem Logos spricht, der in menschlicher Gestalt erschienen ist, dann stimmt sie nicht mit dem Logosbegriff der Philosophie überein. In der Philosophie wird mit diesem Begriff die menschliche Vernunft beschrieben, aus der die Welt zu erklären und zu begründen ist. Philosophie kann darum als eine Wissenschaft von der Vernunft bezeichnet werden. Christliche Theologie ist hingegen eine Wissenschaft, die den Glauben zum Gegenstand hat.

Islam

lichen Schulen« (z.B. ar-Razi/Rhazes, gest. 932) wird durch Experimente und Erfahrung gewonnene Erkenntnis aufgewertet; für die illuministischen Schulen (z.B. Suhrawardi, gest. 1191) ist alles Existierende Ausdruck des göttlichen Lichts. Darüber hinaus gibt es an der Theologie (z.B. al-Ghazzali, gest. 1111) und an der Mystik (z.B. Ibn Arabi, gest. 1240) orientierte philosophische Schulen. Sadruddin Shirazi (gest. 1640) entwickelte eine Verbindung der Philosophie und Mystik.

Hinduismus

System. Er verschmolz mit der Ritualschule *(mimamsa)* und vertritt die Einheit aller Erscheinungen in und durch Gott/das Göttliche. Dagegen gehen Yoga und »Aufzählung« *(Samkhya)* von einer Zweiheit von Materie und Geist aus (Dualismus). Die Logikschule *(nyaya)* und der Atomismus *(vaisheshika)*, die naturphilosophisch die Eigenständigkeit der Substanzen vertraten, spielen heute nur noch eine untergeordnete Rolle.

Buddhismus

heitsschule, den Sutras der Höchsten Weisheit *(Prajñaparamita)*. Nichts ist, nichts ist nicht, alles wird, alles ist im Fluss des Entstehens und Vergehens. Das Wesen aller Dinge ist Leerheit, jenseits sprachlicher Ausdrucksformen. Dagegen setzte Asanga in Anschluss an Maitreya(natha) Geist *(citta)* als positive Bezeichnung des Absoluten. Im Diamantweg Tibets fanden Leerheit und Geist ihre große Zusammenschau: In den Dzogchen-Lehren der alten Schule *(Nyingmapa)* und im Großen Siegel *(mahamudra)* der mündlichen Schule *(Kagyüpa)*.

Geheimlehren

Judentum

zehr des Gott dargebrachten Opfers wusste sich die Gemeinde dem Heiligen nah. Dem heutigen Judentum aber geht es weniger darum, das Geheimnis Gottes zu ergründen, sondern zu erforschen, welche Wege er uns gewiesen hat.

Der Begriff Mysterium bezeichnet das, was verschwiegen wird bzw. in seiner eigentlichen Bedeutung mit Worten nicht erfasst werden kann. Im Neuen Testament ist damit das Heilsgeschehen gemeint, in dem Gott sich in Jesus der Welt offenbart. Die Bedeutung dieses Geschehens kann – das zeigen viele Aussagen des Neuen Testaments – von Menschen nicht wirklich verstanden, sondern nur erahnt werden (Kolosser 2,2; Markus 4,11). Ein Versuch dieses Geheim-

Ziel der Offenbarung ist es, den Menschen zu **lehren, was er nicht wusste** (vgl. Sura 96:4-5), was für die Erfüllung seiner Aufgabe als »Statthalter Gottes auf Erden« notwendig ist. Der Koran versteht sich selbst als **deutliche** oder **verdeutlichende Schrift** (vgl. z.B. Sura 12:1) und fordert auf, die Geheimnisse der Schöpfung zu ergründen. Unerfassbar bleibt jedoch die besondere Beziehung einzelner Menschen oder Gruppen zu Gott – auch einer unscheinbaren oder be-

Die höchsten Belehrungen stehen im Hinduismus nur ausgesuchten Menschen offen. Traditionell kennen nur die Priester *(Brahmanen)* die heiligen Schriften, die Veden. Die Upanishaden sind regelrechte Geheimlehren. Der einfache Hindu verehrt dagegen seine Götter und sorgt sich um eine bessere Wiedergeburt. Geheimnis und Mysterium gehören zu allen hinduistischen Schulen. Wer tiefere Erfahrungen mit dem Göttlichen machen will, muss in den meisten

Ein bekanntes Buch zum tibetischen Buddhismus trägt den Titel »Buddhistische Mysterien«. In der Tat kann man den Diamantweg Tibets *(Vajrayana)* auch mystischen oder esoterischen Buddhismus nennen. Die Belehrungen des Diamantweges bezeichnet man auch als »dritte Umdrehung des Rades der Lehre«: Buddhas Unterweisungen über die Buddhanatur. Dieses buddhistische Mysterium beinhaltet, dass jedes Wesen bereits vollständige Erleuchtung als Keim in sich trägt, wir also alle bereits Buddhas und Buddhinis sind! Tantrische Meditationen zielen darauf, die erleuchtete Wirklichkeit erfahrbar zu machen und die Schleier der Verwirrtheit

Legenden

Vor allem in der Volksfrömmigkeit entstanden zahllose Legenden,: die, obwohl nicht historisch, etwas aussagen. Vieles an Sehnsüchten wurde in sie hineingelegt: die Hoffnung auf Wunder, auf begnadete Menschen, die in der Trockenheit Regen machen, in der Katastrophe die Rettung bringen. Menschen, die Gott besonders nah sind und durch ihr Beten Wunder bewirken können. Die bekannteste Legende ist wohl die des Rabbi Löw aus Prag, der einen Golem schuf, um die Juden zu beschützen. Insbesondere die fromme Bewegung des Chassidismus kennt viele

Christentum

nis des Glaubens zu versinnbildlichen, geschieht beispielsweise bei der gemeinsamen Feier des Abendmahls im Gottesdienst einer christlichen Gemeinde. Die Mysterientheologie des 20. Jahrhunderts, die im Rahmen der römisch-katholischen Kirche entwickelt wurde, versteht auch die Teilnahme an der gottesdienstlichen Liturgie als Teilhabe der Menschen an dem Geheimnis Gottes.

Islam

fremdlich wirkenden Person ist daher Respekt entgegenzubringen, denn sie könnte jemand sein, der Gott nahe steht. Unerfassbar bleiben auch die letzten Geheimnisse des Wesens Gottes – Mystiker können sie ggf. innerlich erfahren, aber nicht erfassen oder gar beschreiben. Die mystischen Disziplinen konzentrieren sich auf die jeweils eigene Gotteserfahrung und die schrittweise Erkenntnis dessen, wo das Göttliche in der Welt erfahrbar wird.

Hinduismus

Schulen von einem geeigneten Lehrer, dem Guru, eingeweiht werden. Die Welt ist Schein, Befreiung aus dem Spiel der Illusion geschieht stufenweise und in Begleitung eines spirituellen Führers. Geheimnis und Geheimhaltung sind also logischer Bestandteil hinduistischer Lehren, was sie für westliche Esoterikfans so attraktiv machen. Leider werden dadurch viele hinduistische Geheimlehren im Westen gründlich missverstanden.

Buddhismus

zu zerreißen. Ein geeigneter Lehrer ist dabei ein Muss: Der Lama hat Dinge entwickelt, die in uns noch schlummern, er steht in einer langen Reihe erleuchteter Meister, er begleitet uns durch die Fallstricke dieses »steilsten Weges zur Erleuchtung«. Darum sind im Diamantweg einige Unterweisungen *geheim* (= geschützt): Besonders die höchsten Tantras (wie *Kalacakra)* können bei Menschen, die zu wenig Erfahrung mit der Natur des Geistes haben, große Verwirrung auslösen oder zumindest die Frische und Klarheit der persönlichen Unterweisung durch den Lama trüben.

Legenden

Judentum

wundertätige Rabbiner. Meist aber sind es eher Gleichnisse: **Einst ging ein Frommer kurz vor Schabbatbeginn in die Stadt zurück. Ein Kranker bat ihn, ihn zu tragen. Er überlegte, weil er zum Abend, dem Beginn des Schabbat, zu Hause sein wollte. Doch er trug den Kranken in die Stadt, obwohl er befürchtete, er werde wegen dieser guten Tat wohl die (mit der Dämmerung beginnende) Schabbatruhe brechen ... An jenem Tag ließ der Ewige die Sonne länger scheinen.** (Midrasch Rabba zu Kohelet)

Die Bibel spricht von der Heilstat Gottes an den Menschen im Leben Jesu in mythischen Erzählungen. Diese sind ein Versuch, die zeitlose Gültigkeit der Heilstat Gottes darzustellen und zu erfassen. Mit dem Beginn der Aufklärung gerieten mythische Erzählungen jedoch immer mehr in die Kritik, da sie mit den Erkenntnissen der menschlichen Vernunft nicht in Einklang gebracht werden konnten. Im 20. Jahrhundert wurde in der Schriftdeutung (Exegese) der Versuch unternommen, den historischen Kern der mythischen Erzählung und seine besondere Bedeutung für das menschliche Leben herauszuarbeiten. Legenden, in denen die Lebensgeschichte von Heiligen eine besondere Rolle spielt, sind vor allem in der orthodoxen und in der römisch-katholischen Kirche verbreitet. Die evangelische Kirche räumt diesen Legenden keinen besonderen Stellenwert ein. Als Beispiel für eine christliche Legende kann die »Jungfrauengeburt« Jesu gelten. Die Zeugung Jesu geschieht nach den biblischen Erzählungen im Matthäus- und Lukas-

Legenden und Mythen dienen der Veranschaulichung abstrakter Begriffe und Lehren. Der Koran benutzt dazu als bekannt vorausgesetzte Erzählungen aus älteren Traditionen und heiligen Schriften und wendet sie so vor allem auf Erfahrungen der spirituellen Entwicklung an (z.B. Abrahams Auseinandersetzung mit den Götzen, Moses Auseinandersetzung mit Pharao, Wunder in Verbindung mit Maria und Jesus). Auch um Muhammad, seine Angehörigen und Gefährten sowie um andere Gottesfreunde haben sich Legenden gebildet, welche die Wertschät-

Der Hinduismus kennt unzählige Göttermythen. Tatsächlich gibt es keine deutliche Trennung zwischen Mythos und Geschichte im indischen Denken. Die Geschichten von den Göttern sind wahr, in dem Sinne, als dass sie auf die unausdrückbare Wirklichkeit des Göttlichen hinweisen. Sie sind nicht wahr im Sinne der westlichen Besessenheit mit nachprüfbaren Fakten. Die indische Phantasie und Erzählfreudigkeit schmückte Götter und Helden mit vielen märchenhaften Zügen aus. Viele Motive, die wir in europäischen Märchen finden, kommen ursprünglich aus Indien! Es ist nicht verwunderlich, dass wir auch in Indien von Jungfrauengeburten hören:

Im Buddhismus gibt es unzählige Legenden und Mythen. Besonders die Taten des Buddha in früheren Geburten sind in Form von Legenden, den *Jatakas*, sehr beliebt. Fromme Geschichten vom Buddha wurden im Buddhismus nie zu absoluten Wahrheiten oder Glaubenssätze, sondern blieben immer Bildsprache: Sie deuten auf wichtige Kernpunkte von Buddhas Lehren hin oder drücken das grenzenlose Vertrauen von BuddhistInnen in ihren Lehrer aus. Vertrauen zum Buddha bedeutet aber darauf zu vertrauen, dass Erleuchtung wirklich und erfahrbar ist. Als Beispiel für eine fromme Erzählung kann die Geburt des Buddha dienen: Im Laufe

Christentum

evangelium durch das Wirken des Heiligen Geistes. Von Maria, der Mutter Jesu, wird berichtet, dass sie vor der Geburt keinen Mann »erkannt« habe (Matthäus 1,18, Lukas 1,34). Die Beschreibung der Menschwerdung Jesu durch die Geburt einer solchen Frau geschah, um die Einzigartigkeit und Besonderheit seiner Person herauszustellen. In der Geschichte der Kirche wurde diese Erzählung immer wieder in den Mittelpunkt gestellt, um die Gottessohnschaft Jesu zu begründen und zu bekräftigen. Die Wirkungsgeschichte der Erzählung von der jungfräulichen Geburt Jesu durch Maria hat jedoch auch ein Frauenbild hervorgebracht, das in Maria als sündloser Jungfrau ein Vorbild idealer Weiblichkeit sah. Diesem Bild konnte die Realität nicht standhalten, jegliche Form körperlichen Begehrens musste darum als sündig verurteilt werden. Die exklusive Stellung, die Maria als Frau in der kirchlichen Tradition zukommt, ist darum immer auch eine sehr zwiespältige.

Islam

zung für sie in den Herzen der Gläubigen ausdrücken. Von Muhammad wird erzählt, dass er keinen Schatten habe, da er reines Licht sei, und zahlreiche Wunder werden in Gedichten und Liedern über sein Leben anlässlich seines Geburtstages vorgetragen. Betont wird die Aufrichtigkeit und Selbstlosigkeit der Prophetengefährten. Von einigen Mystikern wird berichtet, dass sie über Wasser gingen, mit Tieren sprachen, Kranke heilten und durch ihren Einfluss Feinde zur Versöhnung veranlassten.

Hinduismus

So macht sich in Indiens großem Epos, dem Mahabharata, Pandu's Zukünftige Kunti durch einen Zauberspruch zunächst den Sonnengott Surya gewillig. Aus dieser Verbindung entsteht Karna, der wie Mose in einem Weidenkorb ausgesetzt wird und später an der Seite der Kauravas gegen seine Halbbrüder, die Pandu-Söhne, in die Schlacht zieht. Kuntis Jungfräulichkeit aber erneuert sich nach der Geburt des Karna und vor ihrer Vermählung mit Pandu wie durch ein Wunder.

Buddhismus

der Zeit werden die Umstände der Niederkunft von Königin Mahamaya, Buddhas Mutter, immer stärker ausgeschmückt. So empfing Mahamaya den künftigen Buddha im Form eines weißen Elefanten; die Geburt verlief im Stehen aus Mahamayas Seite. Götter jubelten, Blumen fielen vom Himmel. Der Neugeborene konnte direkt laufen und sprechen: Er offenbarte sich unmittelbar als künftiger Sieger über Wiedergeburt und Leiden. Zahllose BuddhistInnen feiern noch heute Buddhas Geburt im Shala-Hain von Lumbini mit Blumen, Musik und frommen Gaben. Sie feiern, dass Erleuchtung Wirklichkeit ist.

Mystik

Traditionell wird das Judentum durch die Auslegungen der Gesetzeslehrer geprägt. Doch dagegen entwickelte sich Widerstand. Gibt es nicht jenseits der Buchstaben, die sich zu Worten fügen, eine verborgene Wahrheit? Gelangt nur der wissende, der belesene Jude zu Gott? So entstand eine mystisch-spekulative Opposition gegen den Rabbinismus, die *Kabbala* (= Tradition, Überlieferung, Weiterführung). Ihr Höhepunkt umfasste das 12. bis 16. Jahrhundert. Esoterische und magische Vorstellungen wurden aufgenommen. Früh wurde eine Zahlensymbolik der Worte entdeckt. Doch letztendlich ging es auch den Mystikern darum, Gott besser zu

Christliche Mystik steht für den Versuch von Gläubigen, durch eine Versenkung in ihr Inneres eine Vereinigung der Seele mit Gott herbeizuführen. Das mystische Geschehen ereignet sich dann, wenn eine Vereinigung der Seele mit Jesus geschieht. Diese Vereinigung, bei der sich eine Beziehung zwischen dem Erlöser der Menschen und dem oder der Gläubigen entwickeln kann, wird herbeigeführt durch Meditation und Weltabkehr. Eine Hochphase der christlichen

Die Mystik *(Tasawwuf*, arabisiert von griech. *Theosophia*, Gottesweisheit, oder *'Irfan*, Erfahrungswissen von Gott*)* ist der spirituelle Weg des Islam. Man unterscheidet die theoretische Mystik, die philosophisch ausgearbeiteten Erfahrungen großer Mystiker wie z.B. Ibn al-'Arabi, Suhrawardi, Sadruddin Shirazi usw. und die praktische Disziplin auf dem mystischen Weg, die mit Umkehr beginnt und über Geduld, Dankbarkeit, Furcht und Hoffnung, Enthaltsamkeit, Vertrauen und Einheitserkenntnis bis zur Gottesliebe reicht. Im Allgemeinen ist dazu

Indien könnte man die Heimat der Esoterik und der Mystik nennen; der Hinduismus ist eine mystische Religion: Mystik durchwebt alles religiöse Erleben! Die Einheit von Seele und All ist nicht mit dem Alltagsverstand zu begreifen. Das Anliegen der hinduistischen Weisen, nicht nur vom Göttlichen zu sprechen, sondern das Göttliche in sich selbst zu erfahren, schuf die großen Meditationsschulen und die mystischen Systeme wie den Advaita-Vedanta: Die Grenzen

Die Sprache der frühen Weisheitsschule *(prajñaparamita)* ist geprägt von Mystik und Ausdrücken, die unser gewohntes Denken übersteigen. **Leere ist Form, Form ist Leere...** Im mystischen Buddhismus (Tantrischer Buddhismus = Diamantweg) wird diese tiefsinnige Sprache dann in Erfahrung umgesetzt. Hier strebt man zum Wohle aller Wesen danach, Erleuchtung zu verwirklichen und arbeitet mit Vorstellungen von Buddhaformen, die erleuchtete Energien oder Aspekte vergegenwärtigen. Eine heilige Schwingung *(Mantra)* schlägt die Brücke zwischen innerer und äußerer Wahrheit; am Ende steht immer die Erfahrung des Verschmelzens mit dem

Judentum

verstehen, sich ihm zu nähern. Später entstand, ebenfalls als Protestbewegung gegen die Orthodoxie, in Polen der *Chassidismus*, die Gemeinschaft der Frommen, die der rabbinischen Gelehrsamkeit die Aufrichtigkeit des Herzens entgegensetzte. Beispiel: Am Versöhnungstag sitzt ein Mann in der Synagoge, einfältig, ungelehrt, aber fromm. Er kann nicht lesen. So spricht er die Buchstaben des Alphabets und bittet Gott, aus seinem Gestammel Gebete zu formen. Und Gott verstand ihn und erhörte seine Gebete.

Christentum

Mystik ist im 12. und 13. Jahrhundert zu beobachten. Auch wenn die christliche Mystik zu allen Zeiten als Zugang zu Gott charakterisiert wurde, dem die Weltentfremdung anhaftet, so hat sie doch immer wieder AnhängerInnen gefunden und ist auch in heutiger Zeit vor allem in der Auseinandersetzung und Ergänzung durch die Mystik östlicher Religionen wieder neu lebendig.

Islam

ein erfahrener Lehrer oder Begleiter erforderlich. Die Disziplinen werden innerhalb der Ordensgemeinschaften überliefert und praktiziert. Mystische Erfahrungen kommen oft in Gebeten (z.B. der Mystikerin Rabi'a) oder Gedichten (z.B. Mawlana Jalaluddin Rumi) zum Ausdruck. Aufgrund der Fähigkeit, hinter die oberflächlichen Erscheinungen der Welt zu schauen, gab es einen intensiven und fruchtbaren Austausch zwischen Mystikern verschiedener Religionen.

Hinduismus

von Ich und Du, Seele und Gott werden hier ausgelöscht. Selbst ein einfacher Besuch im Tempel wird zur mystischen Schau *(darshana):* Die verehrende Hingabe des Gläubigen verändert die spirituelle Wirklichkeit, im Betrachten der Götterstatuen erlebt der Betende die Offenbarung des Heiligen.

Buddhismus

Buddha und das Ruhen im offenen, klaren, grenzenlosen Raum des Geistes. Der mystische Buddha ist also der Buddha, der wir selbst sind! Erleuchtung ist bereits da, ob wir es wissen oder nicht. In den Meditationen des Diamantweges können wir lernen, Erleuchtung als den natürlichen Zustand des Geistes zu erkennen. Die Erfahrungen, die wir in der künstlichen Umgebung Meditation machen, können wir dann mit in den Alltag nehmen. Im täglichen Leben üben wir die höchste Sichtweise – alles ist das freie Spiel des Geistes und gut, nur weil es geschieht. Und: Erleuchtung ist zeitlose, höchste Freude.

Schriftdeutung

Am Anfang, so die jüdische Tradition, lehrte Gott selbst, sprach zu den Frommen. Später wirkte er über die ProphetInnen. Auf sie folgte die Zeit der Lehrer. Das Lernen wurde besonders durch das pharisäische Judentum geprägt. Gebet, Synagoge und das Lernen der Heiligen Schrift trat neben den Dienst im Tempel – wurde nach dessen Zerstörung das Zentrum jüdischen Lebens. Jahrhunderte der Auslegung und Wegweisung wurden in einem Werk wie dem *Talmud* (hebräisch = Studium) zusammengefasst. Sein ältester Teil (*Mischna* = Wiederholung) wurzelt im zweiten Jahrhundert v. u. Z. Das Gesamtwerk erschien im 5./6. Jahrhundert.

Die Rede über das Heilige und die Offenbarung Gottes geschieht im Christentum durch die Auseinandersetzung mit den Schriften der hebräischen Bibel und des Neuen Testaments. Christliche Theologie stellt den Versuch dar, die in diesen Schriften enthaltenen Texte angemessen zu verstehen und die in ihnen enthaltenen Glaubensinhalte systematisch darzustellen. Auf die Frage, wie biblische Texte angemessen interpretiert werden können, gibt es unterschiedliche Antworten der Hermeneutik. Forschungen der Neuzeit haben einen wesentlichen Teil dazu beigetra-

Man unterscheidet in der Theologie zwischen Vernunfterkenntnissen *(Aqliyat)* durch Beobachtung und Deutung der »Zeichen Gottes« in der Natur, der Geschichte, im Inneren des Menschen und textbasiertem Wissen *(Naqliyat)* durch Erforschen der Offenbarungsschriften und prophetischen Überlieferungen. Beide ergänzen einander, wenn auch mit unterschiedlicher Gewichtung. In traditionalistischen Schulen steht der Text im Mittelpunkt bis hin zur fraglosen

Alle hinduistischen Systeme sehen sich selbst als Auslegung der alten heiligen Schriften, der Veden. Die wichtigste Schule trägt dies sogar in ihrem Namen: Abschluss der Veden *(Vedanta)*. Die ewige, göttliche Einsicht, welche die Seher der Vorzeit geschaut haben, muss immer

Die Belehrungen des Buddha sind in zahllosen, gelehrten Kommentaren näher erläutert und gedeutet worden. So ist die ganze Tradition des *abhidhamma* im südlichen Buddhismus *(Theravada)* und die 224 Bände füllende Versammlung von Kommentaren des tibetischen Kanons *(Tengyur)* entstanden. Doch ist der Buddhismus keine Religion, in der sich alles um gelehrte Schriftdeutung dreht. Auch kennt der Buddhismus keine Glaubenswahrheiten, die man studieren oder gar auswendig lernen müsste. **Komm und sieh selbst**, lud der Buddha uns ein:

Judentum

Die Ausgabe der deutschen Übersetzung umfasst zwölf umfangreiche Bände. Die Kette des Lernens reißt nicht ab. Doch wie die alten Lehren und Offenbarungen Jahrtausende später verstehen, wie sich heute nach ihnen richten? Die Suche und das Lernen wurden zum jüdischen Ideal schlechthin, zur großen Demokratisierung des Judentums, denn Wissen erwerben kann jedermann. Heute lernen in Berlin, Jerusalem und New York auch Frauen *Tora* (= Weisung) und Talmud.

Christentum

gen, dass das geschichtliche Gewordensein der »Heiligen Schrift« bei der Interpretation der Glaubenszeugnisse in den Blick genommen wurde. Diese Erkenntnisse haben dazu beigetragen, die Aussagen der hebräischen Bibel und des Neuen Testaments unter dem Blickwinkel der zeitlichen Umstände ihrer Entstehung wahrzunehmen und zu interpretieren. Vor dem Hintergrund dieser Forschungsergebnisse muss sich auch heute jede Theologie verantworten, wenn sie allgemeingültige Sätze des christlichen Glaubens formuliert.

Islam

Akzeptanz, z. B. bei Hanbaliten und Ash'ariten. Rationalisten wie die Mu'taziliten hinterfragen und deuten auch den Text nach Maßstäben der Vernunft und Erfahrung. Auf einer anderen Ebene deuten Mystiker beides vor dem Hintergrund spiritueller Erfahrung. Grundwerkzeuge der Schriftauslegung sind die Sprache, der historische Hintergrund und der Zusammenhang. Respekt und Forschergeist müssen sich die Waage halten.

Hinduismus

wieder neu erklärt und in die heutige Zeit übersetzt werden, um erfahrbar zu werden. Die vielen hinduistischen Sekten verwenden demnach auch nur verschiedene Auslegungen derselben, einen Wahrheit.

Buddhismus

Buddhismus ist eine Religion der (eigenen) Erfahrung, nicht des (blinden) Glaubens. Buddhas Lehren haben nur ein Ziel: uns zur Erleuchtung zu führen! Sie sind *upaya:* geschickte Mittel, Tricks, um das Leiden zu beenden. Nur in dem Sinne sind sie wahr. Im Zustand der Erleuchtung verlieren sie ihren Nutzen. BuddhistIn wird man nicht hinter dicken Büchern, sondern auf dem Meditationskissen.

Ethik

Das Reich der Freiheit aber ist das Reich der ethischen Erkenntnis, schrieb der jüdische Philosoph Hermann Cohen. Die Ethik macht den Geist sichtbar, der hinter einem Gesetz steht. Beispiel: das Gebot der Schabbatruhe. Das Verbot jeglicher Erwerbstätigkeit und Arbeit am *Schabbat* (= wöchentlicher Ruhe- und Festtag) gilt ausdrücklich auch für die Mägde und Knechte (also die Abhängigen) und für den Fremdling. Begründung: **Denn sie sind gleich dir.** Die Ethik des Schabbat weist also auf die Gleichheit aller Menschen hin. Ziel des Lebens muss es also sein,

Christliche Ethik antwortet auf die Frage, welche Regeln und Werte des menschlichen Zusammenlebens auf dem Hintergrund eines christlichen Menschenbildes als grundlegend angesehen werden. Dem Menschen als Geschöpf Gottes werden durch die Offenbarung in Jesus Christus und durch das Wirken des Heiligen Geistes neue Lebensmöglichkeiten eröffnet, die sich in einem verantwortlichen Umgang mit den Mitmenschen und der Schöpfung ausdrücken sollen. Die Forderung einer christlichen Ethik, die durch das Leben Jesu an Menschen herangetra-

Mit dem Ziel der »Glückseligkeit in beiden Bereichen« *(Sa'adah fid-darayn)*, im irdischen und im zukünftigen Leben, befasst sich die Ethik mit Gerechtigkeit, d. h. mit ausgewogenen Beziehungen des Menschen, zunächst gegenüber den Mitmenschen (Familienangehörigen, Nachbarn, Freunden, Kollegen, Gästen usw., auch Rivalen und Feinden). Andere Lebewesen (Tiere, Pflanzen) darf man nutzen, aber nicht quälen oder sinnlos vernichten; in Bezug auf die Schöpfung bedeutet Gerechtigkeit den achtsamen Umgang mit Wasser, Erde, Mineralien, Energie usw. Der Prophet sagte: **Verschwendet kein Wasser, und sei es auch an einem fließenden Fluss.**

Sittliches Handeln ist nach dem Gesetz von *Karma* (= Ursache und Wirkung) erforderlich, denn unsere Taten richten uns selbst und bestimmen, ob unsere nächste Wiedergeburt glücklich oder leidvoll sein wird. Die sittlichen Vorschriften sind in den alten Gesetzbüchern, den sogenannten *Dharmashastras* festgelegt. Besonderen Wert wird auf das Instandhalten der Gesellschaftsordnung gelegt: Jeder Mensch erfüllt hier einen durch Geburt und Kaste und seine Lebensphase festgelegten Platz. Bei diesen Lebensphasen *(ashramas)* handelt es sich um Schüler/Student, Familienvater, Einsiedler und Wanderasket. Sittlich zu handeln meint hier, im Übe-

Der Buddhismus kennt keine göttlichen Gebote und auch keine Sünden. Darin unterscheidet er sich grundlegend von anderen Religionen. Der Buddha gab Hilfestellungen und Angebote. Er führte den Menschen die Folgen ihres Handelns vor Augen. Handlungen gelten da-

Ethik

Judentum

dieser grundsätzlichen Gleichheit von Arm und Reich, von Staatsbürgern und Ausländern Geltung zu verschaffen, nicht nur am Schabbat. Doch in die Ruhe des Schabbat sind auch Ochs und Esel, also die Tiere, einbezogen und in einem weiteren Schritt auch das Land, die Erde (Schabbatjahr). Die Ethik weist uns das Ziel jüdischer Frömmigkeit: die Bewahrung der Schöpfung und der Menschenrechte. Oder einfacher: **Was dir verhasst ist, das tu keinem anderen.** So lehrte es der große Hillel: **Das ist die ganze *Tora* (= Weisung).**

Christentum

gen wird, kann jedoch in den wenigsten Fällen in verallgemeinernde Sätze gefasst werden, sondern muss im Hinblick auf die jeweilige Situation immer neu bedacht werden. Dies bedeutet jedoch nicht, dass Menschen beliebig ethische Entscheidungen treffen können. Christliche Ethik muss fortwährend Rechenschaft vor sich selbst ablegen, ob ihre Regeln und Werte des menschlichen Zusammenlebens einem Menschenbild entsprechen, das die Gottebenbildlichkeit eines jeden Menschen in den Blick nimmt.

Islam

Gerechtigkeit gegenüber sich selbst zielt auf Selbsterkenntnis und verantwortliche Entfaltung: **Wer sich selbst erkennt, erkennt Gott.** Die Beziehung zu Gott ist mit den anderen Beziehungen verbunden. Liebe bedeutet, dass man auch alles liebt, was dem Geliebten gehört. Der Einzelne trägt im Rahmen seiner Fähigkeiten Verantwortung für die Pflege seiner Beziehungen. Das gesamte Beziehungsnetz ist *Din* (meist übersetzt mit Religion); die Gesamtheit der Werte und Gesetze sind *Shari'a* (= der Weg zur Lebensquelle).

Hinduismus

reinklang mit dem *svadharma*, der eigenen Stellung im Ganzen, zu handeln und so einen Beitrag zur Erhaltung der kosmischen Ordnung zu leisten. Dies nennt man *lokasamgraha*. Zugleich rechnet man im Hinduismus mit einem allgemeinen Verfall der Sittlichkeit vor Zerstörung und Neuschöpfung der Welt im unendlichen Weltenkreislauf; so heißt es in den alten Mythensammlungen, den Puranas, die Kuh des Gesetzes *(dharma)* stehe erst auf vier, dann auf drei und zuletzt nur auf zwei Beinen.

Buddhismus

rum grundsätzlich nicht als gut oder böse, sondern als heilsam, neutral oder unheilsam. Als Buddhist sollte man heiter und gelassen lernen, ausprobieren, sich durch Fehler nicht entmutigen lassen und das Ziel nicht aus dem Auge verlieren – Erleuchtung.

Im südlichen Buddhismus *(Theravada)* umfasst Sittlichkeit *(shila)* fünf Regeln: Nicht töten bzw. nicht verletzen, nicht stehlen, nicht sexuell verletzen, nicht lügen und keine Drogen/Alkohol. Für die Mönche gelten zusätzliche Verhaltensregeln. Im nördlichen Buddhismus spricht man von den sechs »vollkommenen Eigenschaften«: Freigebigkeit, Sittlichkeit, Geduld, Tatkraft, Medita-

Gut und Böse

Zu erkennen, was gut und was böse ist, was gerecht und was ungerecht, ist das Ziel jeder Religion. Das Judentum macht jeden Einzelnen für das Ganze verantwortlich. Was einer tut, hat Auswirkungen auf alle: Wer ein Menschenleben rettet, rettet die Welt. Wer einen Menschen tötet, tötet die Welt, das ist verkürzt die Botschaft. Nach jüdischer Überzeugung leben im Menschen zwei Seelen, der gute und der böse Trieb. Der Mensch aber hat die Möglichkeit, sich zu entscheiden. Die *Tora* (= fünf Bücher Mose) endet mit klaren Worten: **Dieses Gebot, auf das ich**

Die Frage nach der Herkunft von Gut und Böse ist im Zusammenhang mit den Überlegungen über den Ursprung von Leiden zu sehen. Der Grund für die Existenz des Bösen in der Welt liegt nach Paulus im Menschen selbst, der das Gute will, es aber nicht tut, sondern dem Bösen in seinem Leben überhaupt erst Raum gibt (Römer 7,19). Als Böse wird all das bezeichnet, was zu einer Entfremdung mit Gott führt. Im Anschluss an die Erzählungen der hebräischen Bibel, in denen das Volk Israel Böses tut, indem es sich Gott und seinen Geboten widersetzt, wird

Ein wichtiger Grundsatz ist es, Gutes zu fördern und Böses zu unterbinden. Gutes ist das, was zu Gerechtigkeit und Frieden beiträgt, Böses ist das, was sie zerstört. **Nicht darin besteht Güte, dass ihr euer Angesicht nach Osten oder Westen wendet, sondern gut ist jemand, der an Gott glaubt und den Jüngsten Tag und die Engel und die Schrift und die Propheten, und wer aus Liebe zu Ihm Vermögen spendet für die Angehörigen und die Waisen und Bedürftigen und für den Fremden und die Bittenden und den Freikauf von Sklaven, und wer das Gebet verwirklicht und die Zakat gibt, sowie diejenigen, die ihr Versprechen halten, wenn sie eins gegeben haben, und die in Armut und Krankheit**

Die Begriffe gut und schlecht oder böse sind nur vor dem Hintergrund von *Karma* (Ursache und Wirkung) zu begreifen. Das Böse in der Welt ist dort, wo wir ihm in alltäglichen Situationen begegnen, die Folge früherer Handlungen. Gutes erfahren bedeutet, die Früchte früheren Handelns genießen, Gut handeln heißt, gute Wirkungen in einem folgenden Leben zu erzielen. Ein schlechter Mensch ist also vor allem dumm oder verblendet: Er begreift Karma nicht. Das Böse wird nicht als Person, z. B. der Teufel, umschrieben. Zwar kennt besonders die Hindu-Mythologie zahllose Dämonen und böswillige Götter, aber auch ihre Taten stehen nicht über dem Gesetz von Ursache und Wirkung. Im Hinduismus bedeutete in alter Zeit »gut

tion und Weisheit. Ethik meint hier, stets mit Mitgefühl und Weisheit zu handeln: Dabei sollte man nicht durch zu viel Mitgefühl sentimental werden, aber auch nicht durch zu viel Weisheit bürokratisch.

Gut und Böse

Judentum

dich heute verpflichte, geht nicht über deine Kraft, es ist dir nicht fern. Es ist nicht im Himmel, so dass du sagen müsstest: Wer ... holt es herunter ... Nein, das Wort ist ganz nah bei dir, es ist in deinem Mund und in deinem Herzen. Du kannst es halten. Hiermit lege ich dir das Leben und das Glück, den Tod und das Unglück vor. (5. Mose 30, 11–16) Die Tora will uns lehren, den Weg des Guten zu gehen.

Christentum

auch im Neuen Testament alles, was sich dem Wirken der Liebe Gottes in den Weg stellt, böse genannt. Gut ist menschliches Leben dann, wenn Menschen ein Bewusstsein dafür entwickeln, was sie von Gott trennt, und wenn sie dazu beitragen, dass ein gelingendes Miteinander im Sinne Gottes möglich wird. Böse ist jedes menschliche Verhalten, das der von Jesus gestifteten Hoffnung auf eine neue Zukunft in Liebe und Gerechtigkeit entgegensteht.

Islam

und Zeiten der Furcht Geduldigen. Sie erweisen sich als wahrhaftig, und sie sind die Achtsamen. (Sura 2:177) Dieses beginnt bei der Selbstdisziplin des Einzelnen und setzt sich fort in Erziehung, Hilfe zum Guten und Abwehr von Bösem. Man soll Frieden stiften (vgl. Sura 49:9-10) und möglichst vergeben (Sura 42:40) bzw. durch Abwehr »mit Besserem« Feinde zu Freunden gewinnen, **aber das gelingt nur denen, die geduldig sind, und keinem wird es gegeben als dem Besitzer großen inneren Reichtums.** (Sura 41:34-35)

Hinduismus

Buddhismus

handeln«, im Einklang mit den Ritualvorschriften die Opfer zu vollziehen, die den Bestand der Welt sicherten. In Übereinstimmung mit dem Weltgesetz *(dharma)* zu handeln, wurde später von Äußerlichkeiten befreit. Der Nachdruck liegt seitdem auf der spirituellen Einsicht oder der Hingabe an Gott Vishnu oder Shiva *(bhakti)*. Eigentlich sind »Gut« und »Böse« Illusionen. Das Absolute, sei es die Weltseele *brahman* oder der persönliche Allgott Vishnu oder Shiva, steht jenseits von Karma und somit von Wertungen wie »Gut« und »Böse«. Im Buddhismus gelten Handlungen nicht als gut oder schlecht, sondern als heilsam *(kushala)*, neutral oder unheilsam *(akushala)*. Diese Einteilung macht vor dem Hintergrund von Ursache und Wirkung Sinn. Denn Verwirrung ist die Wurzel von Begierde und Hass, alle drei bilden die »Wurzeln des unheilsamen Handelns«. In schwierigen Begegnungen wird es leichter, Mitgefühl zu entwickeln und auf Verletzungen nicht mit Verletzungen zu reagieren,

Freiheit

Es war die freie Entscheidung der Kinder Israels, den Bund anzunehmen. Sie hatten die Freiheit ihn abzulehnen. Weil sie sich für Gottes Bund entschieden, stehen wir bis heute in der Verantwortung. Seither haben all die Generationen die Fortsetzung des Bundes gewählt. Gott hat dem Menschen eine Freiheit gegeben, die dieser oft nicht zu würdigen weiß. Die *Tora* (= Weisung; die fünf Bücher Mose), die Ethik, das Lernen sollen ihn unterstützen, mit dieser Freiheit verantwortlich umzugehen. Und er hat die Freiheit, sein falsches Tun zu erkennen und

Die Frage, ob Menschen aus freiem Willen das Gute tun können oder ob allein Gottes Gnade frei zur verantwortlichen Gestaltung des Lebens macht, wird in der christlichen Theologie unterschiedlich und zum Teil sehr gegensätzlich diskutiert. Das Neue Testament bezeichnet als Quelle der menschlichen Freiheit den Geist Gottes (2. Korinther 3,7). Durch das Wirken Gottes in Jesus Christus werden Menschen dazu befreit, in der Nachfolge Jesu ihr Leben in Verantwortung vor Gott und den Menschen zu gestalten (Galater 5,1). Die Forderung an Menschen nach einer

Die Verantwortung des Menschen, die im Koran nachdrücklich betont wird, ist unmittelbar mit seinen Entscheidungen und Absichten verbunden. In der Theologiegeschichte gab es allerdings auch andere Stimmen: Die Schule der Jabariten bestritt den freien Willen; Gott selbst bringe alle Handlungen hervor, gute wie böse, und der Mensch sei **wie ein Werkzeug in der Hand des Handwerkers**. Qadariten und Mu'taziliten sahen darin einen direkten Widerspruch zu Gottes Gerechtigkeit, die letztendlich Böses bestraft und Gutes belohnt und demnach eine Entscheidungs-

Die inneren und äußeren Bedingungen jedes Menschen liegen in seinen früheren Handlungen begründet – das lehrt uns Karma. Heutige Unfreiheit ist die Folge früherer freier Entscheidungen. Aber wie stark äußere und innere Unfreiheiten auch sein mögen, der Mensch hat nun die Möglichkeit, an seiner Situation zu arbeiten. Während schlechte Lebensumstände norma-

Der Mensch ist frei, heilsam oder unheilsam zu handeln. Vorbestimmung, göttlicher Wille oder Schicksal spielen keine Rolle. Er allein sät damit die Samen für seine Zukunft.
Das Gesetz von Ursache und Wirkung, Karma, macht Ernst mit der Freiheit des menschlichen Willens: Die Folgen der Handlungen nimmt kein gnädiger oder strafender Gott mehr fort. Bei jeder Entscheidung trägt der Mensch frei die Fülle der karmischen Verantwortung. Wirkungen

wenn wir einsehen, dass Menschen nicht schlecht oder böse sind, sondern unheilsam handeln, weil sie selbst verwirrt sind und leiden.

Freiheit

Judentum

umzukehren. Jederzeit kann er zu Gott zurückkehren, mit dem Guten beginnen. Durch unser Verhalten geben wir nach außen ein Zeichen, loben oder lästern Gott: **Einst kaufte ein Rabbi einen Esel. Seine Schüler fanden um den Hals des Tiers einen Edelstein. Zu ihrem maßlosen Erstaunen befahl der Rabbi, dem Käufer den Edelstein zurückzugeben, denn er habe ja nur einen Esel gekauft. Da pries der Verkäufer den Herrn im Himmel, der den Rabbi zu solch edlem Tun veranlasste.**

Christentum

bewussten Entscheidung für oder gegen Gott, von der das menschliche Heil abhängig ist, kann also nicht gestellt werden. Menschliche Freiheit ist immer zuerst eine Gabe, die von Gott geschenkt wird und nicht in der Verfügbarkeit des Menschen selbst liegt. Die Aufgabe von Menschen besteht jedoch darin, sich zu dieser Freiheit entsprechend zu verhalten und das eigene Leben als Antwort darauf zu verstehen.

Islam

freiheit voraussetzt; abgesehen davon könne man nicht behaupten, dass Gott das Böse erschaffe oder wolle, während Er es gleichzeitig verbiete. Die Ash'ariten versuchten, Gottes Allmacht und Allwissenheit mit menschlicher Verantwortung in Einklang zu bringen: Gott erschaffe zwar die Handlungen, aber der Mensch **eigne sie sich durch seine Zustimmung an.** Die heutige Theologie betont die Verantwortung des Menschen entsprechend den Fähigkeiten des Einzelnen. Gott erschafft oder will nicht das Böse, lässt es aber zeitweilig zu.

Hinduismus

lerweise einfach hingenommen werden – als Folge schlechten Karmas –, stellen schlechte Neigungen eine innere Herausforderung dar: Man kann ihnen nachgeben oder widerstehen. Echte Freiheit vollzieht sich innerlich: Die Befreiung der Seele aus dem Kreislauf der Wiedergeburten und ihre Verschmelzung mit dem Göttlichen, von dem sie getrennt war.

Buddhismus

werden zu Ursachen, die wieder zu Wirkungen werden – ein Dominosteinchen stößt das andere an. »Himmel« und »Hölle« erschafft der Mensch selbst. Die Vergangenheit, die unseren heutigen Zustand bewirkt hat, ist allerdings nicht weiter wichtig; entscheidend ist nur, was wir jetzt tun, denn heute verändern wir die Zukunft. Unfreien äußeren Umständen sollte man mit Gleichmut begegnen und gleichzeitig die vorhandenen Handlungsmöglichkeiten nutzen. Innere Unfreiheiten und Erstarrungen wie eingeschliffenes Verhalten verändern sich durch Meditation. Letzte Freiheit aber ist das Freisein von den Fesseln des »Ich« und

Liebe

In vielen Gebeten heißt es: Du hast uns in Liebe gegeben, zum Beispiel die *Tora* (= fünf Bücher Mose), den *Schabbat* (= wöchentlicher Ruhe- und Festtag), die Feiertage. So erfahren wir etwas über Gott – und das Wichtigste davon ist seine Liebe. Im Begreifen dieser Liebe wird diese zur Gotteserkenntnis und sie wird umgekehrt zu einem Teil der Verehrung, des Gottesdienstes. Interessanterweise wird diese Liebe im Judentum nicht verkitscht, zur Floskel, die Prediger ständig im Munde führen. Es wird überhaupt nicht viel darüber geredet, denn es ist

Das größte und höchste Gebot des Christentums wird im Anschluss an Aussagen aus dem 3. und 5. Buch Mose im Matthäusevangelium als das Doppelgebot der Liebe formuliert (Matthäus 22,37-40). Menschen werden demnach dazu beauftragt, Gott von ganzem Herzen, mit ganzem Willen und mit dem ganzen Verstand zu lieben. Dem beigeordnet wird das Gebot der Liebe gegenüber den Mitmenschen. So bringt die Liebe Gottes verantwortlich gestaltete Bezie-

Gottes Barmherzigkeit *(Rahma)* wird als Beweggrund der Schöpfung gesehen und zeigt sich u.a. in der Liebe zwischen Familienangehörigen (Sura 30:21) und Freunden, der Freigebigkeit gegenüber Armen und Fremden, der Vergebungsbereitschaft gegenüber Feinden (Sura 41:34-35; 42:44) und der Rücksicht auf Tiere und Pflanzen. Der Prophet sagte: **Wer anderen keine Barmherzigkeit erweist, dem erweist Gott keine Barmherzigkeit.** Und: **Niemand ist wirklich gläubig, bis er Mitmenschen das wünscht, was er sich selbst wünscht.** Al-Ghazzali unterscheidet vier

Gute Taten sind vor dem Hintergrund von Ursache und Wirkung *(Karma)* nicht nur notwendig, sondern natürlich. Besonders Freigebigkeit *(dana)* als Form von Nächstenliebe und Barmherzigkeit wird bereits in den Veden gepriesen (z.B. Rig-Veda 117). Unter anderem preisen auch die *Bhagavadgita* und der südindische Klassiker Thirukkural (V. 211-230) aus dem 2.-4. Jahrhundert die Tugend der *dana*. Für die Vishnu- oder Shiva-Gläubigen gilt dieser höchste Gott

In unserem Verhalten anderen gegenüber sollte Freundlichkeit oder Güte die wichtigste Einstellung sein. In allen Schulen des Buddhismus wird großen Wert darauf gelegt. In der berühmten »Lehrrede von der Güte« *(Metta-sutta)* des südlichen Buddhismus lesen wir **Mögen alle Wesen glücklich und sicher sein ...** Weiter heißt es da: **Mach deinen Geist grenzenlos im Weltall mit Güte zur ganzen Welt ... als endlose Liebe ohne Hass und Abkehr.** (Suttanipata 145. 150) In diesem Zusammenhang spricht man auch von den vier göttlichen Verhaltensweisen *(brahmacaryas):* Güte, Mitgefühl, Mitfreude und Unparteilichkeit oder Gleichmut. Der Mitgefühl-Aspekt

bleibende Einsicht in die Natur des Geistes, Erleuchtung. Nach den Lehren des »Großen Siegels« des Diamantweges bedeutet dies: Raum und Freude, untrennbar vereint.

Liebe

Judentum

etwas zwischen dem Gläubigen und seinem himmlischen Vater. Wichtig ist, dass diese Liebe etwas bewirkt, zur Richtschnur im Umgang mit anderen Menschen wird. Auch dies ist Teil des Gottesdienstes, im Jüdischen: Liebesdienste genannt, die Liebe zum Partner, die Treue und Verlässlichkeit ausstrahlt, die Liebe zu den Kindern und zu den Eltern – und dann natürlich eines der Hauptgebote: die Liebe zum Nächsten, die Achtung, Toleranz und Gerechtigkeit verlangt.

Christentum

hungen der Liebe und der Nächstenliebe zwischen Menschen erst hervor, zugleich spiegelt sie sich aber auch in diesen wider. Im Anschluss an diese Aussagen eröffnet das Doppelgebot der Liebe eine Wirklichkeit, die nicht den persönlichen Selbstzweck als Ziel des Lebens betrachtet, sondern einen Blick auf die Lebenssituation und das Glück anderer Menschen überhaupt erst möglich macht.

Islam

Stufen von Liebe: Die besitzen wollende Liebe zum Angenehmen und Nützlichen; die Liebe zu Personen, die Angenehmes und Nützliches vermitteln (»zur Mutter wegen der Milch, zum Lehrer wegen des Wissens«); die betrachtende Liebe zum Schönen um seiner Schönheit willen; die Liebe als innerer Gleichklang zwischen Liebendem und Geliebtem. Im übertragenen Sinne bezieht er dies auch auf die Liebe zu Gott.

Hinduismus

als Urgrund und Ziel der Seele. Seine Offenbarungen sind Zeichen seiner Liebe; liebevolle Hingabe *(bhakti)* an diesen Gott ist dann auch die höchstmögliche sittliche Handlung. Liebe zu Gott spiegelt sich wiederum im Handeln nach dem ewigen Gesetz *(dharma)* wider, d. h. Leidbringendes zu vermeiden und Gutes zu tun.

Buddhismus

der Erleuchtung wird im nördlichen Buddhismus durch den Bodhisattva Avalokiteshvara ausgedrückt. Seine vier Arme weisen auf die genannten vier *Brahmacaryas* hin. Das Entwickeln von Mitgefühl *(karuna)* ist im nördlichen Buddhismus dann auch ein Hauptanliegen. Vollkommenes Mitgefühl ist natürlicher Ausdruck der Erleuchtung und immer von Weisheit begleitet; stärker noch: Weisheit und Mitgefühl im Einklang – nicht gefühlsduselig, nicht bürokratisch – ist Erleuchtung.

Sünde

Sünde bedeutet vereinfacht, Gott nicht treu zu sein. Die Bibel zeigt uns eine interessante Entwicklung. Anfangs übertrug sich z. B. die Schuld, die Sünde der Väter auf ihre Kinder. Dann aber tritt der Prophet Jeremia auf und verkündet das Gegenteil! **Einst**, zitiert er einen alten Spruch, **sagte man: der Vater aß saure Trauben und der Sohn bekam stumpfe Zähne.** Dieser Logik widerspricht er: **Nein, ein jeder stirbt nur für seine eigene Schuld.** (Jeremia 31, 29f) Das greift Ezechiel auf und sagt in Bezug auf den gleichen Spruch im Namen des Ewigen: **Nur wer sündigt, soll**

Unter dem Begriff Sünde ist im Christentum zuallererst keine moralische Beurteilung menschlichen Verhaltens zu verstehen. Sünde bezeichnet die menschliche Entfremdung von Gott. Sie geschieht überall dort, wo Menschen ohne Verbindung und Übereinstimmung mit der Wirklichkeit Gottes leben. Der Gefahr einer grundsätzlichen Verfehlung menschlichen Lebens sind alle Menschen ausgesetzt, wenn sie der Versuchung erliegen, sich selbst begründen und behaupten zu wollen. Wenn diese Möglichkeit der grundsätzlichen Verfehlung von Leben in den Blick kommt, dann wird in der christlichen Theologie auch von der so genannten »Erbsün-

Mit Sünde werden verschiedene Begriffe im Koran übersetzt, die Handlungen bezeichnen, welche die Beziehung des Menschen zu Gott, zu sich selbst, zu Mitmenschen und Mitgeschöpfen stören. Zu den großen Sünden gehören u. a. »Götzendienst«, Verachtung der Eltern, Mord, Lüge, Diebstahl, Ehebruch und Verleumdung. Vergebung erlangt man durch Umkehr, d. h. Einsicht, den Vorsatz zur Besserung, eventuell durch eine Wiedergutmachung, sowie Gebete um

Schlechte Handlungen kehren sich gegen den Übeltäter selbst – wenn nicht in diesem Leben, dann in einem der nächsten. Das meint Karma. Die Verfehlungen der Menschen sind Sünden, nicht so sehr gegen den Willen eines Gottes, sondern vielmehr gegen sich selbst.
In den hinduistischen Schulen, welche die Hochgötter Shiva oder Vishnu verehren oder auch darüber hinaus von einem höchstem Prinzip, dem *brahman*, sprechen, gelten Verfehlungen gleichwohl als Sünden gegen das Göttliche: Sie verstärken die ungewollte Trennung von Seele,

Es gibt keine Sünde. Es gibt nur Ursache und Wirkung, d. h. *Karma*. Taten können »heilsam« oder »unheilsam« sein, d. h. Leiden für einen selbst und andere in Zukunft hervorrufen und so den Zustand höchsten Glücks, der unser eigentliches Wesen ist, verschleiern. Eine dritte Gruppe von Handlungen gilt in den philosophischen Kommentaren als karmisch »neutral«. Vor zehn »heilswidrigen Handlungsweisen« hat der Buddha besonders gewarnt: Töten, Stehlen, sexuell Verletzen, Lügen, grobe Rede, Klatsch und Geschwätz, Verleumdung, Habgier, Bosheit und verkehrte (Lebens-)Anschauung (= Egoismus). Als unheilvollste Vergehen gelten traditionell: Muttermord, Mord an einem buddhistischen Heiligen, Vatermord, Ordensspaltung und Verletzen

Judentum

sterben und weiter: **Der gerecht lebende Sohn wird nicht wegen der Schuld des Vaters sterben ... Nur wer sündigt, soll sterben. Ein Sohn soll nicht die Schuld seines Vaters tragen und ein Vater nicht die Schuld seines Sohnes. Die Gerechtigkeit kommt dem Gerechten zugute, die Schuld lastet nur auf dem Schuldigen.** (Ezechiel 18,2; 18,20) Es ist ein schönes Beispiel, wie wenig starr das jüdische Gesetz ist.

Christentum

de« gesprochen. Mit diesem Begriff ist nicht die Weitergabe der Sünde durch die menschliche Fortpflanzung, sondern eine grundsätzliche Wesensbestimmung des menschlichen Daseins gemeint. Auch wenn die Rede von der Sünde im theologischen Sinn nicht auf einer moralischen Ebene geschieht, kann im alltäglichen Leben davon gesprochen werden, dass eine Entfremdung der Menschen von Gott sich immer dort aktualisiert, wo Unterdrückung und Gewalt das menschliche Zusammenleben bestimmen.

Islam

Vergebung. Bei Vergehen gegen Mitmenschen gehört dazu auch die Versöhnung mit dem Geschädigten. Niemand soll jedoch die Hoffnung auf Gottes Barmherzigkeit aufgeben. Schließlich sind »Der Vergebende«, »Der die Umkehr Annehmende« und »Der Barmherzige« Namen Gottes.

Hinduismus

des *atman*, und Gottheit hier im *Samsara* (= Welt des Leidens) und verhindern Befreiung und Glückseligkeit: die Wiedervereinigung von Einzelseele und höchstem Sein. Traditionell gibt es fünf schwere Verfehlungen *(mahapataka):* Das Töten eines Brahmanen, das Trinken von berauschenden Getränken, Diebstahl, Ehebruch mit der Frau des *Guru* (= spiritueller Lehrer) und den Umgang mit jemand, der eine der anderen Sünden begangen hat.

Buddhismus

eines Buddhas. Im nördlichen Buddhismus gelobt man, als Erleuchtungsstrebender *(Bodhisattva)* allen Wesen auf dem Weg zur Erleuchtung beizustehen. Dieses Versprechen wird durch eine vollständige heilswidrige Handlung gebrochen. Für diesen Bruch des Gelübdes müssen vier Bedingungen erfüllt sein, damit die negative Handlung ihre »schlechte Frucht« vollständig entfaltet: Man ist sich bewusst, dass es sich beim anderen um ein fühlendes Wesen handelt. Man will diesem Wesen Leid zufügen. Man führt seine Absicht aus. Man empfindet nach der Tat keine Reue, sondern Genugtuung.

Gebot

Die Offenbarung der Gebote am Sinaï, niedergeschrieben im »Buch des Bundes«, verstehen Juden als Gnade. Es ist die Offenbarung Gottes im Wort. **Ihr sollt auf meine Satzungen und Vorschriften achten. Wer sie einhält, wird durch sie leben. Ich bin der Herr.** (3. Mose 18,5) Die Lebensregeln der *Tora* (= fünf Bücher Mose) sind das Grundgesetz, die Verfassung einer Gemeinschaft, die sie von keinem anderen als Gott selbst erhalten hat. Sie dienen dem Schutz von Gottes Geschöpfen, verhindern die Willkür des Stärkeren, sie schützen das Leben, unterstreichen

Das Verständnis des Christentums vom Gesetz hat sich in Anlehnung, aber auch in Abgrenzung vom jüdischen Gesetzesverständnis entwickelt. So wurde die Aussage Jesu aus Matthäus 5,17 lange Zeit so interpretiert, dass die Erfüllung des jüdischen Gesetzes, die er für sich in Anspruch nahm, als eine Aufhebung dieses Gesetzes zu verstehen sei. Ein differenzierteres Verständnis dieser Aussage wird möglich, wenn das Leben Jesu unter der Perspektive betrachtet

Man unterscheidet Regeln für gottesdienstliche Handlungen wie Gebet, Fasten, *Zakat* (= Armenabgabe), Pilgerfahrt, rituelle Reinigung usw. und für zwischenmenschliche Beziehungen wie Gewerbe, Ehe, Vormundschaft, allgemeines Verhalten, Strafrecht usw. Sie sind miteinander verknüpft und bilden zusammen mit allgemeinen Grundsätzen (keinen »Götzendienst« begehen, die Eltern ehren, nicht morden, stehlen, ehebrechen, verschwenden, arrogant sein usw., vgl. z.B. Sura 17:23-37) das ethisch-rechtliche System *(Shari'a)*, das bei der Gestaltung

Im Hinduismus gibt es religiöse Pflichten *(dharma)*, die sich allerdings von Person zu Person unterscheiden. Maßgeblich für die »persönliche Pflicht« *(svadharma)* ist, in welchem Stand *(varna)* und in welcher Kaste *(jati)* man geboren wurde, in welcher Lebensphase *(ashrama)* man sich befindet und welcher Strömung man folgt. Im traditionellen Hinduismus gibt es keine Tren-

Der Buddha gab Hilfestellungen, Angebote, keine göttlichen Gesetze oder Gebote. Er führte den Menschen die Folgen ihres Handelns vor Augen. Der *Theravada* (= südlicher Buddhismus) kennt fünf Verhaltensregeln, die den Menschen eine Richtschnur zum Handeln geben: »nicht töten« bzw. »nicht verletzen« steht voran. Das gilt übrigens auch gegenüber Tieren, was erklärt, dass viele BuddhistInnen VegetarierInnen sind: Alle Wesen streben schließlich nach Glück und wollen Leiden vermeiden. Diesem Grundsatz dienen auch »nicht stehlen«, »nicht sexuell verletzen«, »nicht lügen« und »keine Drogen/Alkohol«. Für die Mönche gilt völlige sexuelle Enthaltsamkeit; sie müssen zusätzlich noch fünf weitere Verhaltensregeln beachten: Nicht

Judentum

die Gleichheit der Menschen vor Gott. Sie machen uns klar, dass wir nicht alles dürfen, was wir könnten. So stehen auch die Tiere unter dem Schutz der göttlichen Gebote, wird die Natur vor Ausbeutung bewahrt. Denn das Ziel des Gesetzes ist die Bewahrung der gesamten Schöpfung, die Anleitung zu einem Leben, das die Menschen der Erlösung näher bringt. Aber es sind auch die Freuden etwa des *Schabbat* (= wöchentlicher Ruhe- und Festtag) geboten, die Freuden der Ehe, die Freude etwa an den Kindern.

Christentum

wird, dass seine Gesetzestreue überhaupt erst die Basis dafür geschaffen hat, dass Menschen aus ihrer Entfremdung von Gott befreit werden. So sind die zehn Gebote der hebräischen Bibel (2. Mose 20.1-17 und 5. Mose 5,6-21) auch eine Grundlage jeder christlicher Ethik.

Islam

gerechter Beziehungen hilft. Neue Gegebenheiten und Fragen erfordern immer wieder, dass einzelne Gebote auf der Grundlage von Koran, Sunna und Vernunftmethoden auf den neuesten Stand gebracht (z. B. das Gebet im Berufsalltag, Fasten nördlich des Polarkreises o. dgl.) oder neu entwickelt werden (z. B. bezüglich neuer Technologien oder Wirtschaftsformen). Diesen Vorgang nennt man Anstrengung zur Rechtsfindung *(Ijtihad)*.

Hinduismus

nung von religiösen und gesellschaftlichen Pflichten. Hindus bezeichnen mit dem Wort *dharma* auch ihren Glauben, ihre Religion und Wahrheit. Für die höchsten Kasten sind die zahllosen Vorschriften (besonders Reinheitsvorschriften) in den alten Gesetzbüchern, den *Dharmashastras*, wie dem »Gesetz des Manu« festgelegt.

Buddhismus

nach 12 Uhr mittags essen, keine Vergnügungsveranstaltungen besuchen, keine Luxusartikel (Schmuck, Kosmetika, Parfums, Blumen etc.) verwenden, auf keinem Luxusbett schlafen, kein Gold- oder Geldgeschenk annehmen. Im nördlichen Buddhismus schließen die sechs »vollkommen Eigenschaften« *(paramitas)* eines »Erleuchtungsstrebenden« *(Bodhisattva)* die fünf Verhaltensregeln ein: Freigebigkeit, Sittlichkeit, Geduld, Tatkraft, Meditation *(dhyana)* und Weisheit *(prajña)*. Die Lebensregel im Diamantweg ist: Handel so wie ein/der Buddha, bis du einer bist!

Askese

Sozial erzwungene Armut gilt keineswegs als Ideal. Aber Armut im Sinne von Bescheidenheit ist ein Ideal. Denn es ist wichtiger, sich dem Studium der *Tora* (= fünf Bücher Mose) zu widmen und zu lernen, als materielle Reichtümer zu sammeln. Die Bescheidenheit der *Kibbuzniks*, Bewohner jüdischer Gemeinschaftssiedlungen *(Kibbuz)* – um ein sehr praktisches Beispiel anzuführen –, ihr Traum von Gleichheit in einer gerechten Gesellschaft ohne Unten und Oben, ihre Bereitschaft, dafür in freiwilliger Armut zu leben, waren einmal das Rückgrat der Staats-

In seiner Verkündigung spricht Jesus vom Reich Gottes, in dem alle Armut ein Ende haben wird und die Armen mit Gott in einer neuen Welt leben werden (Lukas 6,20). Die urchristliche Gemeinde verstand diese Aussage als Aufforderung, für die Armen in ihrem Wirkungskreis Sorge zu tragen. In der christlichen Kirche haben sich im Laufe der Geschichte immer wieder Armutsbewegungen entwickelt, deren AnhängerInnen in der Nachfolge Jesu der Abhängigkeit von Besitz und Reichtum abschworen und diese Unabhängigkeit in einem asketischen oder

Armut und Askese sind keine Werte an sich: Muslime sind gehalten, dem »Goldenen Mittelweg« zu folgen, indem sie mit ethisch einwandfreien Mitteln den Lebensunterhalt erwerben, nicht übertreiben oder verschwenden, in Zeiten der Not geduldig und im Überfluss dankbar sind und das, was Gott gibt, mit anderen teilen. Es ist die Pflicht der Gemeinschaft, die Armen zu unterstützen. Bisweilen nimmt man Armut in Kauf, um Wissen zu erwerben oder sich einer besonderen Aufgabe zu widmen. In den mystischen Traditionen gehört ein gewisses Maß an Armut

Reichtum und Armut gelten als Frucht früherer Taten. Für die spirituelle Entwicklung des Menschen kann besonders Luxus und Sinnesgenuss ein Hindernis sein. Darum hat es immer wieder Bewegungen gegeben, die extreme körperliche Entbehrungen als Mittel auf dem Weg zur Befreiung *(moksha)* betrachteten. Die Naga-Sadhu's des Gottes Shiva, nackte Asketen mit verfilzten Haaren, prägen noch heute das Straßenbild vieler indischer Städte.
In vielen Geschichten wird berichtet, dass solche Asketen durch den Verzicht auf Sexualität und

Für den Buddha war sehr wichtig zu betonen, dass man Maß halten muss. Er beschrieb seine Lehre als den »mittleren Weg«, den Weg zwischen extremer Askese und Luxus. Die extremen Formen der Selbstkasteiung seiner Zeit hat der Buddha abgelehnt. Das Leben buddhistischer Mönche kommt uns manchmal sehr karg vor; die Ordensregeln des südlichen Buddhismus bieten jedoch eine gute Voraussetzung, um ohne allzu viele weltliche Störungen Buddhas Weg gehen zu können. Im nördlichen Laienbuddhismus setzt man mehr auf den Erwerb von Weisheit und Mitgefühl in alltäglichen Situationen: Man vermeidet nicht, sondern versucht in

Judentum

werdung Israels. Doch Askese als Lebensideal, Leibfeindlichkeit, Ehelosigkeit, Marterung des Körpers sind verpönt. Wie kann man *Schabbat* (= Ruhetag) feiern, ohne fröhlich zu sein? Sicher, in Zeiten der Not kann der Einzelne und die Gemeinschaft fasten, sich vieler Freuden enthalten, in Buße und Gebet einkehren, sich läutern, sich »kasteien«, aber das alles doch nur für einen beschränkten Zeitraum. Das Judentum ist eine Religion des Lebens. Freude am Leben ist ein Gottesgeschenk.

Christentum

mönchischen Leben zu verwirklichen suchten. Die Befreiungstheologie des 20. Jahrhunderts formulierte als Antwort auf die wachsende Armut in der Welt ein Verständnis des Evangeliums von Jesus Christus als »Option für die Armen«. Mit dieser Formulierung sollte der zentralen christlichen Botschaft Ausdruck verliehen werden, dass eine Überwindung von Leiden durch die christliche Auferstehungshoffnung auch in diesem Leben konkret Gestalt annehmen kann.

Islam

und Askese zur spirituellen Disziplin und zur Einübung des Gottvertrauens. Der Gelehrte und Mystiker Hasan al-Basri (gest. ca. 728) hielt Abstand von allem, was ihn in seiner Verantwortung vor Gott beeinträchtigte. Das asketische Leben der Mystikerin Rabi'a (gest. 801) gründete darauf, dass sie so in ihrer Liebe zu Gott versunken war, dass sie keine materiellen und familiären Bedürfnisse hatte.

Hinduismus

durch Fasten »innere Glut « *(tapas)* entwickeln, die ihnen magische Fähigkeiten *(siddhis)* verleiht. So bekommen sie die Schlüssel zur Welt (dem Spiel der Illusionen) und bedrohen die göttliche Ordnung. Die Götter müssen dann Abhilfe schaffen; oftmals bringt Gott Shiva, der Enthaltsamkeit und sexuelle Lust in sich vereint, Asketen in Versuchung und zerstört so ihre innere Hitze.

Buddhismus

allen Situationen den Blick für das Wesentliche zu behalten; auch in Reichtum und Überfluss ist Erleuchtung die einzige zeitlose Freude. Und: Wer viel hat, kann (und sollte!) viel Gutes tun! BuddhistInnen sind sicherlich keine Selbstquäler. Um der Erleuchtung nachstreben zu können, müssen menschliche Grundbedürfnisse zunächst erfüllt sein. Wichtig ist es aber, nicht zu sehr an materiellen Dingen zu hängen: Alles ist vergänglich, nur die zeitlose, unbegrenzte Offenheit des Geistes ist ewig und niemand kann sagen, wie lange uns die Möglichkeit gegeben ist, diese zu erkennen.

Gewalt

Zu den offenen Fragen zählt auch die nach der Gewalt. Warum bricht sie immer wieder in das Leben so vieler ein? Warum brauchen wir Frauenhäuser, auch in Israel, obwohl Gewalt gegen Frauen und Kinder von der *Tora* (= fünf Bücher Mose) als schwere Sünde angesehen wird? Wie aber reagieren, wenn wir Opfer oder Zeugen von Gewalt werden? Das Judentum ist nicht pazifistisch. Den Mörder auch mit Gewalt zu stoppen, dem Opfer zu helfen ist erlaubt. Widerstand gegen Gewalt ist erlaubt. Doch angemessen muss der Widerstand sein. Das »Auge

Gewalt wird als unterdrückerisches Mittel der Machtausübung in der Bergpredigt des Neuen Testaments grundsätzlich abgelehnt (Matthäus 5,39). Angesichts dieser Aussage stehen ChristInnen vor der Frage, inwieweit Gewalt als Mittel der Befriedung von Konflikten befürwortet oder gerechtfertigt werden kann. Da gewaltsame Auseinandersetzungen das Zusammenleben von Menschen immer geprägt haben, war die konsequente Anwendung des Gebotes der Gewaltlosigkeit immer wieder eine Frage, die ChristInnen beschäftigt hat. Der Versuch, eine Lehre von zwei Reichen zu entwickeln, in denen ChristInnen zum einen Christus, zum anderen aber

Der Koran unterscheidet nicht zwischen offener und subtiler Gewalt; der Maßstab ist Recht und Unrecht. Ungerechtigkeit *(Zulm)* bezieht sich auf gewaltsame und wirtschaftliche Unterdrückung ebenso wie strukturelle Gewalt. Tyrannei *(Tughyan)* kann politisch wie spirituell sein. Unheil, Zerstörung *(Fasad)* liegt vor bei Gewaltverbrechen oder Gewaltherrschaft, auch z.B. gegen die Umwelt. Anhand der Beispiele von *Pharao* (= Tyrannei), *Haman* (= ideologisch-spirituelle Gewalt) und *Qarun* (= wirtschaftliche Gewalt) werden Ungerechte gewarnt, dass sie vor

Gewalt hat in der Regel schlechtes Karma zur Folge. Allgemein hat sich in den meisten hinduistischen Strömungen der Grundsatz des Nicht-Verletzens *(ahimsa)* durchgesetzt. Darin erkennt man einen Einfluss der Jaina-Religion und des Buddhismus.
Eine Rechtfertigung von religiöser Gewaltanwendung wie z.B. Heilige Kriege gibt es nicht; Gewaltanwendung kann in besonderen Situationen allerdings Teil der individuellen Pflicht *(sva-*

Ein Grundsatz buddhistischen Handelns ist »nicht Verletzen«. Das schließt alle fühlenden Wesen, d.h. auch Tiere, ein. Gewalt ist eigentlich niemals zu rechtfertigen, heilige Kriege sind unbekannt. Der Grund dafür ist, dass Gewalt aus störenden Gefühlen, vor allem Hass und Wut, aber auch Neid, Verwirrtheit und Angst (»alte Wut«) entsteht. Gewalt hinterlässt dann sehr schlechte Eindrücke im Bewusstsein, führt nach dem Gesetz von *Karma* (= Ursache und Wir-

Judentum

um Auge« ist nicht ein Aufruf zur Rache, zur Vergeltung, sondern im Gegenteil ein Appell, die Gegengewalt zu beschränken. Ein Beispiel aus dem Jerusalem unserer Tage: Ein junger Palästinenser verübte einen Anschlag. Dann wirft er die Waffe weg. Eine wütende Menge bedroht ihn. Da schützt ihn eine jüdische Frau. Die Oberrabbiner haben die Handlung der Frau als vorbildlich gelobt. Da von dem Attentäter keine Gewalt mehr ausging, durfte er nicht angegriffen werden, sondern war der Polizei zu überstellen.

Christentum

immer auch ihrem Herrscher dienen müssen, wurde von Martin Luther unternommen. Die Wirkungsgeschichte dieses Gedankens hat jedoch gezeigt, dass eine solche Trennung von Herrschaftsbereichen in konkreten Konfliktsituationen kaum möglich ist. So sieht sich das Christentum auch heute noch vor die Herausforderung gestellt, in einer Situation der weltweiten Eskalation von Konflikten die Forderung nach Gewaltlosigkeit neu zu artikulieren und zu bestärken.

Islam

Gottes Gericht Rechenschaft abzulegen haben. Unter bestimmten Rahmenbedingungen (Unschuldigen nicht zu schaden, nicht sinnlos zu zerstören usw.) ist die Verteidigung gegen Gewalt und Tyrannei erlaubt; man sollte jedoch möglichst bessere Mittel wählen, um Gewaltzyklen zu unterbinden und eine Versöhnung zu bewirken (vgl. Sura 42:34-35 und 42:36-43). Zum Schutz vor religiöser Verfolgung ist es unter Umständen erlaubt, die eigene Einstellung zu verheimlichen (*Taqiya*, vgl. Sura 16:106).

Hinduismus

dharma) sein. So lehrt die *Bhagavadgita*, dass der Held Arjuna gegen seine Halbbrüder in den Kampf ziehen musste. »Nicht Verletzen« gilt grundsätzlich auch für Tiere. Berufe, die das Quälen und den Tod von Tieren bewirken (Fischer, Metzger), gelten als verachtenswert. Allerdings sind traditionell lediglich die Brahmanen (= Priester) Vegetarier und rituelle Tieropfer (bes. Ziegen) finden in vielen Hindu-Tempeln wöchentlich statt.

Buddhismus

kung) zu neuen Störgefühlen und Gewalt. Es gibt allerdings auch Situationen, in denen abzuwägen ist. Hier kommt die so genannte »beschützende Aktivität der Erleuchtung« ins Spiel: BuddhistInnen müssen manchmal in einer Situation gleichmütig aber kraftvoll eingreifen, um mehr Leiden zu verhindern.

Töten

Das Töten eines Menschen ist die schlimmste Sünde. Auch die Gewalt gegen sich selbst, der Selbstmord, ist verboten. Sterbehilfe ist untersagt. Denn der Schutz des Lebens, die Bewahrung der Menschenwürde, die Verhinderung von Leiden sind hohe Werte. Aber: Ein Mensch, der an der Schwelle des Todes liegt, den keinerlei Rettung, keinerlei Besserung erwarten, der schrecklich leidet, dem darf unter Umständen sein letzter Gang erleichtert werden (Schmerzmittel, Abstellen von Beatmungsgeräten). Eine Frau, die durch die Geburt eines Kindes in Lebens-

Die öffentliche Diskussion um die Sterbehilfe zeigt, dass menschliches Leben heute mehr denn je verfügbar geworden ist. Nach christlicher Auffassung ist jedes Menschenleben einzigartig und unverfügbar, da jeder Mensch im Sinne des Schöpfungsgedankens ein Ebenbild Gottes ist. Insofern ist jede gewaltsame Tötung von Leben ein Verstoß gegen das Gebot der Unverfügbarkeit menschlichen Lebens. Die bewusst herbeigeführte Selbsttötung oder die Abtreibung eines Embryos wären konsequenterweise auch unter dieser Vorgabe zu verstehen.

Leben, Eigentum und Würde sind heilig, betonte der Prophet in seiner Abschiedsansprache. Der Koran lehrt: **... wenn jemand einen Menschen tötet, der weder selbst getötet noch Unheil auf Erden gestiftet hat, ist es, als ob er die ganze Menschheit getötet hätte, und wenn jemand ein Menschenleben rettet, ist es, als ob er die ganze Menschheit gerettet hätte.** (Sura 5:35) Die Todesstrafe für Mord ist theoretisch nicht ausgeschlossen. Der Täter soll aber stattdessen zu einer Ausgleichszahlung an die Angehörigen veranlasst werden. Selbstmord ist nicht erlaubt (Sura 4:29);

Das Töten von Menschen und Tieren bewirkt grundsätzlich sehr schlechtes Karma. Das Töten eines Brahmanen gilt als eine der fünf »schweren Sünden« *(mahapatakas)*. Dagegen kann das Töten im Krieg rechtmäßig sein, wie die *Bhagavadgita* lehrt; auch wurden bis in jüngster Zeit in einigen Kulten der Göttin Kali rituelle Menschenopfer praktiziert. Selbstmord aus Verzweiflung wird als unheilsam abgelehnt; geschieht er aus spirituellen Beweggründen, gilt er allerdings als Akt höchster Frömmigkeit, wie die freiwillige Witwenverbrennung oder der Fasten-

»Nicht Töten« bzw. »nicht Verletzen« *(ahimsa)* ist eine der Grundpfeiler des Handelns. Diese Regel bezieht sich sowohl auf Menschen als auch auf Tiere. Das Auslöschen menschlichen Lebens wiegt allerdings besonders schwer – immerhin ist die Geburt als Mensch eine kostbare Möglichkeit, um nach Erleuchtung zu streben. Auch Selbstmord bewirkt schlechtes Karma – Freitod aus Verzweiflung bietet kein Entkommen aus den schwierigen Situationen des Lebens, sondern mündet in noch schwierigerer Wiedergeburt. Das Selbstopfer hoch entwickelter Wesen, um andere zu retten, ist dagegen eine unendlich verdienstvolle Handlung der Freigebigkeit *(dana)*. Vom Buddha werden verschiedene solcher Geschichten aus seinem früheren Leben erzählt. Der Opfertod eines Bodhisattvas galt z. B. im Vietnamkrieg als Rechtfertigung für die Selbstver-

Judentum

gefahr gerät, darf, wenn sie es wünscht, gerettet werden. In solchen Fällen ist Abtreibung erlaubt. Etwas gänzlich anderes ist der Tod der Märtyrer. Auch sie dürfen, müssen alle Gebote übertreten, um ihr Leben zu retten. Erst wenn, wie im Mittelalter oft geschehen, von ihnen die Lästerung Gottes verlangt wird, der demonstrative Bruch des Bundes, dann dürfen sie sich töten lassen. Nur im Fall der Gotteslästerung gilt das Gebot der Lebensbewahrung als nachrangig.

Christentum

Christlicher Glaube wird jedoch in den letztgenannten Fällen immer auch die Umstände mitbedenken müssen, welche Voraussetzungen dazu führen können, dass Menschen derartige Konsequenzen für ihr Leben ziehen. Ethische Urteile müssen darum immer auch die Frage berücksichtigen, warum Menschen aus gesellschaftlichen Gründen den Freitod wählen oder sich nicht in der Lage fühlen, ein Kind auszutragen.

Islam

anlässlich eines Selbstmordfalles warnte der Prophet, dass man damit den Lohn im zukünftigen Leben aufs Spiel setze. Ein Märtyrer ist demgegenüber jemand, der seiner Überzeugung wegen oder im Kampf gegen Unrecht getötet wird. Abtreibung ist nicht erlaubt, es sei denn, die Mutter sei gefährdet oder die Schwangerschaft sei Ergebnis einer Vergewaltigung. Das Leben Schwerkranker soll man weder sinnlos künstlich verlängern noch absichtlich verkürzen.

Hinduismus

tod *(prayopavesa)* bei greisen Asketen. Unter dem Gebot des Nicht-Tötens *(ahimsa)* fällt auch das Verbot der Abtreibung als eine der fünf schweren Sünden, die nur im Fall der Gefahr für das Leben der Mutter gerechtfertigt ist. Für Sterbehilfe gibt es keine feste Regel: Gut ist es, unerträgliche Schmerzen zu beenden; dagegen ist der Eingriff in den Zeitablauf von Tod und Wiedergeburt (durch Abkürzen oder Verlängern) schlecht.

Buddhismus

brennung buddhistischer Mönche. Abtreibung gilt als ebenso unheilsam wie das Töten eines geborenen Menschen. Bei Gefahr für das Leben der Mutter gilt es, zwischen zwei großen Übeln abzuwägen. Das Austragen eines nicht gewollten Kindes (z. B. bei anschließender Adoption) wird wiederum als großartiger Akt des Freigebigkeit gepriesen. Im Bereich der Sterbehilfe ermuntern BuddhistInnen aus Weisheit und Mitgefühl PatientInnen, selbst in schwierigen Situationen die Möglichkeiten des Menschseins (lernen und sich entwickeln) nicht zu schnell aufzugeben. Leiden sollte aber auch nicht unnötig und unnatürlich verlängert werden.

Sexualität

Die Sexualität, die erotische Liebe gilt im Rahmen der Ehe als Geschenk, die Lust als gottgewollt. Doch soll sie den Menschen nicht beherrschen. Denn die Zeugung ist Teil des göttlichen Plans. Kinder zu haben ist etwas Wunderschönes. Singels und Junggesellen sind in der Bibel nicht vorgesehen. Gott schuf **Mann und Frau: einen Menschen**. Als wahrer Mensch gilt im Judentum der Verheiratete. Der Bund der Ehe stimmt mit dem Bund Gottes mit Israel überein. Eine alte Erzählung fragt: **Wie sehr liebt Gott Israel? Gott liebt Israel so sehr wie der Bräutigam, der**

Die Bedeutung menschlicher Sexualität wurde in der christlichen Kirche lange Zeit kontrovers diskutiert. So wurde das Begehren nach körperlicher Zuneigung in der Vergangenheit oftmals im Zusammenhang mit der Rede von Sünde thematisiert. Asketische oder mönchische Vereinigungen leben auch heute noch nach dem Grundsatz, dass die Enthaltsamkeit von Sexualität zu einer größeren Nähe zu Gott führt. Dennoch sehen immer mehr ChristInnen Sexualität

Sexualität ist natürlich und positiv, sowohl bezüglich der Fortpflanzung als auch der Vertiefung partnerschaftlicher Bindungen, ja sogar der spirituellen Entfaltung. Enthaltsamkeit ist daher kein Ideal. Sexuelle Beziehungen gehören jedoch in einen Rahmen gegenseitiger Verantwortung. Die Ehe ist ein Vertrag zwischen Mann und Frau, der einen solchen Rahmen definiert. Jemandem die Ehe zu ermöglichen, ist eine verdienstvolle Handlung; andererseits kann

Erotik hat in der indischen Kunst und Mystik einen großen Stellenwert – wer kennt nicht das berühmte Kamasutra, einen Leitfaden zur körperlichen Liebe aus dem 4. Jahrhundert? Oder was ist mit Gott Shiva, der Mann und Frau zugleich ist, Asket und Lüstling? Doch unser Bild von der freizügigen indischen Kultur täuscht, Sex ist in der Regel nur innerhalb der Ehe erlaubt. Da die Wiedergeburt als Frau als schlechter gilt, als die im Körper eines Mannes, gelten für Frauen auch viel strengere Regeln: Geht der Mann fremd, ist dies verzeihbar, ein Ehebruch der Frau aber ist undenkbar. Auch gilt die Frau nur als Gefäß für das Sperma des Mannes. Um sein Sperma

Sexualität kann heilsam und unheilsam gelebt werden. Zwanghafte sexuelle Begierde kann den Blick auf das Wesentliche, die Erleuchtung, verschleiern. Als Laie sollte man gelöst und unkompliziert mit Sex umgehen, aber sicher niemanden schaden! Der Buddha sah für seine Mönche in sexueller Enthaltsamkeit die beste Lösung: Mönche und Nonnen sollten sich ausschließlich auf den Pfad zur Erleuchtung konzentrieren können. Liebesbeziehungen und Nachwuchs standen dem im Weg. Den Laien empfahl der Buddha dagegen lediglich, darauf zu

Judentum

nach der Hochzeit zum ersten Mal das Gemach seiner Frau betritt. Auch der Ehebund gilt als geheiligt. Daher ist Freiwilligkeit ein Gebot. Dem Mann sind Grenzen gesetzt. Er darf seinen Willen nicht gegen den der Frau durchsetzen. Umgekehrt hat die Frau ein Anrecht auf Zuwendung. Das Hohelied in der Bibel ist sicher eines der schönsten Liebeslieder. Doch wenn die Liebe zerbricht, wenn der Bund sinnentleert ist, dann darf sich das Paar scheiden lassen.

Christentum

heute als eine Kraft an, die Menschen zueinander bringt und sie tief miteinander verbindet. Eine positives und ganzheitliches Verständnis von Sexualität kann dort entwickelt werden, wo Menschen die gegenseitige körperliche Zuneigung nicht zum Missbrauch von Macht nutzen und in verantwortlich gestalteten Beziehungen miteinander leben.

Islam

eine unter Zwang geschlossene Ehe für ungültig erklärt werden. Bei Nichtgelingen ist eine Scheidung möglich. Verurteilt wird der Missbrauch von Sexualität: Nichterfüllung der Verantwortung gegenüber dem Partner, Ehebruch, Prostitution und Zuhälterei, Missbrauch von Sexualität als Machtmittel (Vergewaltigung, sexueller Missbrauch usw.). Sexuelle Disziplin ist für Männer und Frauen gleichermaßen ein Gebot (vgl. Sura 33:35; 24:30-31).

Hinduismus

nicht zu vergeuden, sollte man nicht masturbieren; der Besuch bei Prostituierten ist dagegen geduldet. Ein sexuelles Vergehen kann durch ein rituelles Bad gesühnt werden. Wie steht es dann mit kultischer Sexualität? Tatsächlich werden Liebe, Erotik und Sex in der Mystik oft als Sinnbild der Beziehung vom Absoluten *(brahman)* oder Gott (Vishnu, Shiva) zur Menschenseele *(atman)* verwendet. In tantrischen Schulen ist Sex sogar ein Mittel, um Befreiung zu erlangen. Doch dies bleibt wenigen Eingeweihten vorenthalten.

Buddhismus

achten, dass niemand sexuell verletzt werde. Innerhalb der Kulturen, in denen der Buddhismus sich festigte, wurde diese Regel dann unterschiedlich angefüllt. Der Grundsatz blieb immer derselbe: Kein Leid durch Sexualität verursachen! In der modernen Welt schließen sich Partnerschaft und Meditation nicht mehr aus. Hier gilt: Den Partner zutiefst respektieren, nicht unnötig Herzen brechen, genießen und mehr noch: Sich den Genuss des anderen zum Ziel setzen.

Homosexualität

Die gleichgeschlechtliche Liebe ist in der Bibel wie im rabbinischen Judentum verboten. Da der »Zweck« der körperlichen Vereinigung der Zeugung von Kindern dient, gilt eine Sexualität jenseits dieses Ziels als abwegig. Noch vor kurzem hat ein orthodoxer Rabbiner in der Allgemeinen Wochenzeitung der Juden in Deutschland Homosexuelle als Kranke eingestuft, denen man helfen sollte, ihnen aber keine Kinder anvertrauen dürfe. Doch so rückständig sind heute nur noch wenige Gemeinden. Im liberalen und Reformjudentum bekennen sich einige Rabbine-

Obwohl homosexuelle ebenso wie heterosexuelle Beziehungen Ausdruck für persönliche, liebevolle und dauerhafte Verbindungen sein können, ist eine Beziehung zwischen Menschen gleichen Geschlechtes für viele ChristInnen mit einem biblischen Menschenbild bedauerlicherweise immer noch nicht vereinbar. Die biblischen Aussagen zum Thema Homosexualität müssen jedoch entgegen aller Vorbehalte immer in der Zeit und dem Kontext gesehen werden, in dem sie geschrieben wurden. So spielt z. B. 3. Mose 18,22 auf sexuelle Beziehungen an, die verantwortungslos und ohne Rücksicht auf den Partner gelebt werden. Auch die Aussagen aus

Homosexuelle Handlungen werden meist mit der »Sünde von Lots Volk« identifiziert (vgl. Sura 29:28-29) und verurteilt. Andererseits ist zu bedenken, dass Verleumdung, üble Nachrede und das Herumspionieren im Privatleben anderer im Koran ausdrücklich verboten sind. Auch eine ungerechte Diskriminierung aufgrund einer nicht selbst gewählten Veranlagung ist

Homosexualität als eine Grundform menschlicher Veranlagung ist in der indischen Kultur kein Thema und muss auch nicht bekämpft werden: Nach einer in Indien weit verbreiteten Ansicht ist Homosexualität ein rein westliches »Problem«. Für die oberen Kasten gilt jeder sexuelle Akt, der nicht der Zeugung dient, als Verunreinigung, die heutzutage mit einem rituellen Bad aus der Welt geschafft werden kann. Ob und welcher homosexuelle Akt überhaupt zu verurteilen ist, hängt von Stand, Lebensphase und persönlicher Situation ab. Aus dem Blickpunkt

Homosexualität wird neutral bewertet. Der Buddha hat sich nie gesondert über dieses Thema geäußert. Dagegen wird in den Vorgeburtslegenden *(jatakas)* Buddhas Beziehung zu seinem treuen Jünger Ananda sogar oftmals in ein homoerotisches Licht getaucht. In den Ordensregeln werden homosexuelle Akte nicht als solche, sondern wie alle sexuelle Handlungen als Bruch des Mönchsgelübdes verurteilt. Die grundsätzlichen Ansichten des Buddhas zur Sexualität können ohne weiteres auf den Sonderfall Homosexualität übertragen werden: Sex darf kein Leiden verursachen. In buddhistischen Kulturen hat es immer wieder verschiedene Einstellungen

Judentum

rInnen offen zu ihrer homophilen Einstellung. In allen größeren Städten existieren Gemeinschaften jüdischer Gays. Das Selbstbewusstsein der Gaybewegung hat auch in Israel, wo jahrelang dieses Thema als Tabu galt, zu einer Änderung geführt. Selbst in Jerusalem wird der *Christopher Street Day* für die Rechte von Lesben und Schwulen begangen. In Tel Aviv bietet die Stadtverwaltung gleichgeschlechtlichen Paaren einen eheähnlichen Vertrag an.

Christentum

Römer 1,24-27 können nicht im wörtlichen Sinne verstanden werden, ohne dabei die Absicht der Aussagen des Paulus, nämlich die der Abgrenzung des Christentums von anderen Religionen, zu verfehlen. Trotz gegenteiliger Meinungen sehen jedoch mehr und mehr ChristInnen die gleichgeschlechtliche Liebe, die in Verantwortung vor der Würde des Partners/der Partnerin gelebt wird, als grundsätzlich gleichwertig gegenüber der Liebe zum anderen Geschlecht an.

Islam

unangebracht. Traditionell hat man sich daher relativ tolerant verhalten. Problematisch bleiben allerdings Grenzbereiche zum sexuellen Missbrauch Abhängiger. Die Art und Weise der heutigen öffentlichen Diskussion befremdet viele Muslime. In der Dichtung wird mystische Liebe bisweilen mit homoerotischen Bildern ausgedrückt.

Hinduismus

der Priesterklasse, den Brahmanen, wird dagegen sehr negativ über »Eunuchen« gesprochen: Männern, welche die »weibliche Rolle« übernehmen *(hijras)*. Damit wird eine Art von Transsexualität (Mann-zu-Frau) gemeint, die man in der indischen Kultur seit langem in bestimmten Kasten kennt. Ursprünglich kultische Hintergründe für diesen Geschlechtswandel sind wahrscheinlich; so ist Transsexualität z.B. auch unter den Schamanen der sibirischen Steppe weit verbreitet.

Buddhismus

zur Homosexualität gegeben: Klösterliche Autoritäten verurteilten Homosexualität wie jede Sexualität (oder für Laien: außereheliche Sexualität) auf Schärfste. Doch wurden gleichgeschlechtliche Beziehungen unter Mönchen aus Japan, China, der Mongolei und Tibet auch offen gebilligt oder geduldet; z.B. belohnte Kwannon, der Bodhisattva des Mitgefühls, einen Meister der Shingon-Schule einst mit einem besonders hübschen Liebesknaben. Im Shingon gibt es eine lange Tradition homoerotischer Poesie und ihr Gründer Kukai schrieb selbst einen Leitfaden zur homosexuellen Liebe unter Mönchen.

Drogen

Wie immer im Judentum: Alles, was dem menschlichen Leben schadet, was es gefährdet, wird abgelehnt. Was aber den Alkohol betrifft, ist man eher positiv gestimmt. **Der Wein erfreut des Menschen Herz.** (Psalm 104, 15) Natürlich gilt der übermäßige Genuss, vor allem der Rausch, als abträglich. Doch was wäre ein *Schabbat* (= wöchentlicher Ruhe- und Festtag) oder ein Feiertag ohne Wein? Wie die Heiligung des Tages, den *Kiddusch*, vornehmen, ohne den

Das Christentum kennt keine Anweisungen, in denen der Konsum von Alkohol, Nikotin oder Drogen konkret geregelt oder untersagt wird. Trotzdem haben sich in einigen christlichen Gemeinschaften bestimmte Verhaltensweisen im Umgang mit Drogen herausgebildet. So lehnen einige beispielsweise den Konsum von Alkohol generell ab, andere halten nicht den Ver-

Ihr, die ihr glaubt, Rauschmittel und Glücksspiel und Götzenbilder und Lospfeile sind abscheulich, ein Werk Satans, darum meidet sie, damit ihr erfolgreich seid. Satan stiftet durch Rauschmittel und Glücksspiel nur Feindschaft und Hass zwischen euch und bringt euch vom Gedenken Gottes und vom Gebet ab. Doch werdet ihr euch abbringen lassen? (Sura 5:93-94) Das Wort *Khamr* in diesem Vers wird oft mit »Wein« (gelegentlich sogar mit Rotwein) übersetzt, während der Prophet erläuterte, dass alles *Khamr* ist, was den Verstand trübt (von *khamara* = benebeln). Demnach sind alle

Im alten vedischen Opfer spielte ein Rauschtrank als Göttertrank *(soma)* wahrscheinlich eine große Rolle. Die alten Upanishaden (Geheimlehren, ca. 900 v. u. Z.) ächteten allerdings Alkohol und seit klassischer Zeit gilt der weltliche Genuss von berauschenden Mitteln *(surapana)* als eine der fünf schlimmsten Handlungen *(mahapataka)*; diese Einschätzung gründet auf dem

Vom Gebrauch von Alkohol und Drogen wird grundsätzlich abgeraten. Die Gründe dafür sind offensichtlich: Unter dem Einfluss von Drogen (berauschenden Mitteln) steigt die Wahrscheinlichkeit, störenden Gefühlen wie Hass, Eifersucht, Stolz und Gier nachzugeben und dadurch Leiden zu verursachen. Generell gilt: Drogen verstärken die Verwirrung, vernebeln den Blick für die Chancen des Augenblicks, zerstören die Konzentrationsfähigkeit und behindern

Judentum

Segen über den Wein? Und an Freudentagen darf es etwas mehr sein. Fröhlich soll es zugehen, ganz besonders im chassidischen Judentum, wo es dann auch ein Schnaps sein darf, aber natürlich in Maßen. Der Alkohol darf nicht die Sinne rauben. Das alles bedeutet natürlich nicht, dass man gezwungen wird, Wein und Alkohol zu trinken. Den Segen über den Wein, den kann man auch über Traubensaft sprechen.

Christentum

zicht an sich, sondern einen verantwortlichen Umgang für wesentlich. Der Missbrauch von Drogen hat im Sinne eines diakonischen Auftrages der Kirche viele christliche Organisationen auf den Plan gerufen, die Menschen zur Seite stehen.

Islam

alkoholischen Getränke und andere Rauschmittel gemeint, welche die Selbstbeherrschung, Verantwortungsfähigkeit und Gesundheit beeinträchtigen. Der Prophet verbot außerdem, solche Rauschmittel herzustellen, zu verkaufen, zu liefern usw. Betäubungsmittel für chirurgische Eingriffe, Desinfektionsmittel, Medikamente u. ä. sind von diesem Verbot selbstverständlich nicht betroffen, sofern sie sinnvoll und zur Erhaltung von Leben und Gesundheit eingesetzt werden.

Hinduismus

Verlust aller Hemmungen, der sich beim Berauschten einstellt. Die gesellschaftliche und dadurch auch kosmische Ordnung wird so in Frage gestellt. Dies betrifft allerdings lediglich die drei höheren Stände des Kastensystems (die »Zweimal-Geborenen«): Priester, Adel und Freie. Zudem gibt es für die Praxis recht unterschiedliche Deutungen dieses Grundsatzes.

Buddhismus

Fortschritte in der Meditation. Während im südlichen Buddhismus Mönche und Laien generell von Alkohol und anderen Drogen fernbleiben, verfahren die meisten Schulen des nördlichen Buddhismus weniger streng mit Alkohol: Auf das Maß und das Maßhalten kommt es an.

Gesellschaft

Politik

Natürlich zielt jede religiöse Weltanschauung, auch das Judentum, darauf, die Gesellschaft entsprechend zu prägen. Wirklich überzeugend funktioniert hat das bislang nicht. Das »Glück« für Juden sind die von Gott gesandten ProphetInnen, die an den Idealen des Bundes festhielten. Ihr Protest gegen Unrecht gehört untrennbar mit zur jüdischen Vorstellung von Politik. Es ist der prophetische Geist, der Widerstand gegen Machtmissbrauch, gegen die Ausbeutung von Menschen, der bis heute lebendig ist. So ist in der Neuzeit die Geschichte der allgemeinen Arbeiterbewegung ohne die jüdische Beteiligung kaum denkbar. Das gilt auch für die

Im 4. Jahrhundert wurde das Christentum im Römischen Reich offiziell als Staatsreligion anerkannt. Dieser Schritt bereitete den Weg der Kirche hin zur Teilhabe an politischen Prozessen und führte im Mittelalter und in der Reformationszeit zur engen Verbindung und Wechselwirkung von kirchlichen und staatlichen Entscheidungen. Erst die Neuzeit brachte einen tief greifenden Wandel des Staatsverständnisses mit sich. So führte die Forderung nach einer religiösen Neutralität des modernen säkularen Staates zu einer grundlegenden Änderung des Verhält-

Gedanken zu Staat und Gesellschaft beruhen auf dem Beispiel des Propheten in Medina. Als Grundsatz gilt, dass der Staat Gutes fördern und Böses unterbinden soll (Sura 3:104); Entscheidungen sind in gegenseitiger Beratung zu treffen (Sura 42:38) und politische Verantwortung an geeignete Personen zu übertragen (Sura 4:58). Dieses System bestand noch während der Zeit der ersten vier (»recht geleiteten«) Kalifen, die durch Vertrauensausdruck gewählt wurden. Spätere Monarchien und Diktaturen sind kritisch zu betrachten. Andersgläubige Gruppen hatten

Der Hinduismus ist zunächst eine »Volksreligion«, d. h. Hindu wird man nicht durch Bekehrung, sondern durch Geburt (als Inder). Die Geburt in einen bestimmten Stand *(varna)* bzw. eine Kaste *(jati)* bestimmt traditionell die Stellung des Menschen in der Gesellschaft. Dieser feste Platz ist das Ergebnis früherer Handlungen *(karma)* und wird darum meistens nicht als sozial ungerecht erfahren. Das Kastenwesen ist ein Erbe der alten Ständegesellschaft. Die mehr als 2.000 Kasten und 20.000 Unterkasten verteilen sich auf vier Stände: Die *Brahmanen* (= Priester), der Adel oder »Kriegerstand« *(kshatriya)*, die »Versorger«, d. h. die freien Bauern und Händler *(vaishyas)* und die Bediensteten *(shudras)*. Die obersten drei Stände gelten als »zweifach geborene«. Jede Kaste bringt ihre eigenen religiösen und sozialen Verpflichtungen mit sich.

Judentum

Emanzipationsbewegung der Frauen. Selbst die Bewegung, die sich für eine Rückkehr der Juden ins Heilige Land aussprach, der sogenannte Zionismus, hat sich in seiner Mehrheit über hundert Jahre lang als Teil eines weltweiten Ringens um die »Befreiung des Proletariats« gesehen. Und wie zu Zeiten der Propheten ringen im heutigen Israel »RealpolitikerInnen« mit den Anhängern der jüdischen Friedensbewegung, denen die Umsetzung der Ideale wichtiger ist als der Besitz von Land.

Christentum

nisses von Kirche und Staat. Trotzdem sind christliche Einflüsse heute in der westlichen Welt in vielen Bereichen des gesellschaftlichen und politischen Lebens immer noch spürbar. So wird z.B. in Deutschland trotz der formalen Trennung von Staat und Kirche die Kirchensteuer vom Staat eingezogen und an staatlichen Schulen christlich-konfessionell gebundener Unterricht erteilt.

Islam

einen vertraglich festgelegten Status und religiöse und rechtliche Selbstständigkeit, ähnlich wie muslimische Minderheiten in nichtmuslimischen Staaten in Asien wie z.B. in Tibet. Jedenfalls sind die Verträge und die Rechtsordnung des Landes zu achten. Heutige Staatstheoretiker sehen das Prinzip der gegenseitigen Beratung in der parlamentarischen Demokratie am besten gewährleistet. Es gibt verschiedene Überlegungen zum multireligiösen Staat.

Hinduismus

Noch unter dem Dienerstand stehen Parias, d.h. die Unberührbaren; sie werden so genannt, da bereits flüchtiger Kontakt mit ihnen einen Angehörigen der höheren Stände rituell unrein macht. Auch Nichtinder gelten als Unberührbare. Neohinduistische Bewegungen, die im Westen innerhalb der Esoterikwelle um AnhängerInnen werben, stellen sich selbst außerhalb der allgemein-hinduistischen Gesellschaftsordnung. Der moderne indische Staat hat die Kastenwesen offiziell abgeschafft. Mahatma Gandhi bezeichnete die Kastenlosen selbst als »Kinder Gottes« *(harijans)*. Doch bis zum heutigen Tag ist soziale Benachteiligung aufgrund von niedriger Geburt in Indien weit verbreitet.

Gegenüber dem Kastenwesen des Hinduismus verkündete der Buddha die Gleichheit aller Menschen. Entscheidend ist nicht die Geburt, sondern was man mit der kostbaren Möglichkeit des Menschseins anfängt. Früh wurde der Buddhismus staatlich gefördert, die Herrscher erwarben durch die Unterstützung der Mönche gute Verdienste für zukünftige Leben. So soll z. B. allein Kaiser Ashoka (3. Jahrhundert v. u. Z.) 84.000 *Stupas* (= Reliquientürme) gebaut haben. Noch wichtiger war allerdings, dass dieser Kaiser nach seiner Bekehrung die blutigen Kriege mit seinen Nachbarn beendete. Ein guter Herrscher beschützt Buddhas Lehre und ihre Werte. Dafür muss er nicht unbedingt selbst Buddhist sein. In einflussreichen Schriften wie der Gold-

Stellung der Frau

Die Familie gilt als das eigentliche Zentrum des Judentum. Der Esstisch zu Hause ist der wahre Altar. Aus dieser Auffassung heraus hatte sich früh eine Aufgabenteilung entwickelt. Die Frau (und Mutter) wurde zur »Herrin des Hauses«, zur Erzieherin der Kinder. Dies wurde tief verinnerlicht. Der Geist der Familie, die »Jüdischkeit« des Hauses, das Wohlfühlen der Familien, das alles wird traditionell mit der *Mamme* (= Mutter), verbunden. Doch ein breite Forschung von Frauen über Frauen zeigt, dass ihre Möglichkeiten und Aufgaben zu allen Zeiten sehr viel mehr

Nach 1. Mose 1,27 sind Menschen nach dem Ebenbild Gottes als Mann und Frau geschaffen. Beide Geschlechter haben das gleiche Ansehen vor Gott, ohne einander über- oder untergeordnet zu sein. Auch im Neuen Testament wird die Gleichheit von Frau und Mann durch ihre Gemeinschaft in Christus betont (Galater 3,26-28). Trotz dieser Aussagen blickt das Christentum auf eine lange Tradition zurück, in der Frauen benachteiligt und von der Teilnahme am gesellschaftlichen Leben ausgeschlossen wurden. Seit den sechziger Jahren des 20. Jahrhunderts haben grundsätzliche Anfragen feministischer Theologinnen dazu geführt, dass eine

Ihr Menschen, seid achtsam vor eurem Herrn, der euch von einer einzigen Seele erschaffen hat. Von ihr erschuf Er ihr Partnerwesen, und von beiden brachte Er viele Männer und Frauen hervor. Seid achtsam vor Gott, in dessen Namen ihr einander bittet, und achtet die Verwandtschaftsbande. Gott wacht über euch. (Sura 4:1) Als Keimzelle der Gesellschaft hat die Familie einen hohen Stellenwert. Mann und Frau sollen als Partner auf sinnvolle Weise ihre Arbeit teilen. Dementsprechend gibt es in der islamischen Welt kulturbedingt unterschiedliche Familienstrukturen. Der Mutter gilt der

Frauen stehen unter Männern. Sie führen den Haushalt, ihre religiöse und soziale Pflicht ist es, sich dem Vater/männlichen Verwandten bzw. später dem Ehemann unterzuordnen, wie Sita sich Gott Rama beugte. Früher folgte die Witwe als *Sati* (= ehrenvolle Frau) ihrem Mann auf dem Scheiterhaufen in den Tod. Männer hatten häufig mehrere Frauen. Frauen gelten meistens als kultisch unrein und sind so von bestimmten Zeremonien ausgeschlossen. Die Geburt eines

glanzsutra und Nagarjunas Ratnavali wird Staatskunde ausführlich behandelt. Enge Verbindungen zwischen Staat und Buddhismus bestehen noch immer besonders in den mönchisch geprägten Ländern des *Theravada* (= südlicher Buddhismus), aber auch in Tibet vor dem Einmarsch der kommunistischen Chinesen und im mittelalterlichen Japan. In Sri Lanka sind Mönche oft auch Dorfvorsteher und Richter gewesen. In Thailand ist es für junge Männer gebräuchlich, für eine begrenzte Zeit in ein Kloster einzutreten. So wird ein wirtschaftlicher Ausgleich von Mönchen und Laien erreicht.

Stellung der Frau

Judentum

umfasste. So gab es Richterinnen, Prophetinnen, Gemeindevorsteherinnen. Immer traten auch gelehrte Frau auf. Und vor allem im späten Mittelalter waren sie oft die Ernährerinnen der Familie. Heute wählen sich Frauen die Gemeinde, die zu ihnen passt. Sie können zu Gemeinden gehen, in denen Rabbinerinnen und Kantorinnen amtieren, oder zu solchen, wo allein die Männer dominieren und Frauen und Männer getrennt sitzen.

Christentum

christlich begründete Unterdrückung und Ausgrenzung von Frauen kritisch hinterfragt wurde. Auch auf die Familienstrukturen haben sich diese veränderten Wahrnehmungen ausgewirkt. So gewinnen heute bei ChristInnen mehr denn je die Fragen Raum, ob Frauen in einer Partnerschaft eine festgelegte Rolle zukommt oder ob diese Partnerschaft nicht vielmehr ein Ort ist, den beide PartnerInnen in der Verantwortung vor Gottes Schöpfung gleichberechtigt gestalten können.

Islam

höchste Respekt, denn **das Paradies liegt zu ihren Füßen.** Für Mann und Frau gelten dieselben ethischen Werte und religiösen Pflichten (vgl. Sura 33:35), für beide ist das Streben nach Wissen eine religiöse Pflicht, und beide haben denselben gesellschaftlichen Auftrag (Sura 9:71). Männliche Machtstrukturen und verminderte Bildungsmöglichkeiten für Frauen haben in der Praxis eine Benachteiligung der Frau bewirkt, die zu überwinden ist.

Hinduismus

Mädchens gilt vielen als Unglück, auch wegen der hohen Mitgiften. Dieser gesellschaftlichen Ungleichheit steht eine Überhöhung des Weiblichen in vielen Kulten entgegen: Nicht nur Shiva wird als Mann und Frau gleichzeitig gesehen; im Kult der Großen Göttin und im shivaitischen Tantra ist der weibliche Partner des männlichen Yogis eine Göttin; die sexuelle Vereinigung mit ihr wird zum Mittel der spirituellen Befreiung.

Mann und Frau sind gleichberechtigt; beide können mit denselben Mitteln Erleuchtung erlangen. Das bedeutet nicht, dass es in buddhistischen Ländern keine Benachteiligung von Frauen gegeben hätte oder gebe: BuddhistInnen lag immer mehr am Meditieren als an sozialer Revolution! Und Buddhas Lehre von der Gleichheit der Geschlechter stieß bereits in seiner engsten Umgebung auf großes Misstrauen: Die ehemaligen Wanderasketen fürchteten um ihre Keuschheit ... So gründete der Buddha nur gegen beträchtliche Widerstände und recht zögerlich

Soziales Engagement

Für das Judentum als einer »Religion der Tat« ist das soziale Engagement von höchster Bedeutung. Es hat eine rechtliche Seite, die *Zedakka* (= Gerechtigkeit). Der Reiche ist verpflichtet, dem Armen zu geben. Der Arme hat ein Recht auf Unterstützung. Zahllos sind die entsprechenden Gebote der Bibel. Die praktisch-ethische Seite sind die »Liebesdienste«, die praktizierte Nächstenliebe. Wichtig ist, einen Bedürftigen nie zu beschämen. Es reicht nicht, etwas zu geben. Wie gegeben wird, ohne Hochmut, ohne den anderen zu demütigen, ist wesentlich, denn

Menschliches Zusammenleben in der Nachfolge Jesu geschieht nach Matthäus 5,3-12 zuallererst in Solidarität mit den Armen und Unterdrückten. Der christliche Glaube steht darum in einem unauflöslichen Zusammenhang mit dem diakonischen Auftrag, die Schwachen in der Gesellschaft zu stärken und ihnen ein Leben in Würde zu ermöglichen. Die Liebe Gottes wird nach christlichem Verständnis dort wirksam, wo Menschen die Not der anderen nicht aus dem

Die Gemeinschaft ist ein Körper. Wenn ein Glied krank ist, leidet der ganze Körper. (Muhammad) Das arabische Wort *Zakat* steht im Koran nicht nur für die formale Armenabgabe (2,5 % des Vermögens und Abgaben von Ernteerträgen usw.) und Spenden allgemein, sondern auch für soziales Engagement. Der Prophet Muhammad ging dabei mit gutem Beispiel voran. Im Koran wird ausdrücklich geboten, Angehörige materiell und moralisch zu unterstützen (z. B. Sura 17:23-28), die Waisen zu versorgen, Armen und Fremden zu helfen, die Mitmenschen zu res-

Das Kastensystem und die sozialen und religiösen Pflichten des Einzelnen *(svadharma)* regeln die Gesellschaft so stark, dass sich soziales Engagement innerhalb des Hinduismus nie in großem Maßstab entwickelte. Heutiges Leiden ist durch frühere Handlungen – also schlechtes Karma – bedingt. Soziale Gerechtigkeit ist vor diesem Hintergrund weder möglich noch folgerichtig. Der moderne indische Staat versucht mit seiner Sozialverfassung gegen die

Buddhismus

einen Nonnenorden. Pessimistisch glaubte er, dass er so das Fortbestehen seiner Lehre um 500 Jahre verkürzt hätte. In der Regel entspricht die Stellung der Frau in buddhistischen Ländern den jeweiligen kulturellen Traditionen. Im Mönchbuddhismus Sri Lankas, Thailands usw. ist die Unterscheidung »Mönch – Laie« wichtiger als die nach Geschlecht. Für den Laien- und Verwirklicherbuddhismus des »großen Weges« *(Mahayana)* spielt das Geschlecht keine Rolle.

Soziales Engagement

Judentum

es gilt als schwere Verfehlung, wenn »dem Armen die Schamröte ins Gesicht steigt«. In Deutschland existierte vor dem Dritten Reich in jeder Stadt ein jüdisches Krankenhaus, existierten Lehrlingsheime, Kinder- und Waisenhäuser, Einrichtungen für Blinde und Behinderte. Alle diese Institutionen wurden im Rahmen der *Zedakka* ins Leben gerufen, durch Spenden am Leben gehalten, standen allen Nachbarn offen. Denn »Taten der Nächstenliebe« erstrecken sich ausdrücklich auch auf Nichtjuden.

Christentum

Blick verlieren und tätige Hilfe leisten, um diese zu lindern. Das diakonische Engagement der Kirche wird auf institutioneller Ebene in vielen Schulen, Kindergärten, Alten- oder Behindertenheimen sichtbar. In Zeiten des großen wirtschaftlichen und gesellschaftlichen Umbruches ist die Kirche mehr denn je gefordert, die Fürsorge für die Schwachen in der Gesellschaft in den Mittelpunkt ihrer Tätigkeit zu stellen.

Islam

pektieren, Ältere zu ehren, freundlich zu sein, Sklaven gut zu behandeln oder freizulassen, an freudigen Anlässen (Hochzeit, Geburt eines Kindes usw.) teilzunehmen, Kranke zu besuchen, Sterbende nicht allein zu lassen und Trauernde zu trösten. Lehr-Erzählungen stellen Beispiele von Menschen vor, welche die Interessen anderer höher bewerteten als ihre eigenen.

Hinduismus

Starrheit dieses jahrhundertealten Denkens anzugehen. Auch sind hinduistische Reformbewegungen und Hindugemeinschaften im Westen häufig sehr wohltätig ausgerichtet. Ausgangspunkt bildet hier z. B. die *bhakti*-Idee: Die liebende Hingabe zu Gott Vishnu oder Shiva *(bhakti)* zeigt sich auch in aktiver Nächstenliebe.

Der Buddha lehnte die starre Kastengesellschaft und die Ungleichbehandlung von Mann und Frau ab. Zugleich richtete er sich in erster Linie auf Befreiung vom Leiden, d.h. dem Kreislauf der Wiedergeburten, und nicht auf soziale Revolution aus: Meditation statt Demonstration. In frühen Auseinandersetzungen besonders mit protestantischen Christen findet sich dann auch häufig der Vorwurf, BuddhistInnen sähen sozialen Missständen tatenlos zu. Dieses Missverständnis konnte aufkommen, da im Buddhismus trotz aller Wohltätigkeit spiritueller Wohlstand – der Weg zur Erleuchtung – immer als dauerhafter angesehen wurde als materieller: So arm wir auch sind, wir haben nun die Chance, den Pfad des Buddha gehen zu können, und wir wissen nicht, wie lange die Bedingungen dafür noch da sind. Daneben kümmerten sich BuddhistInnen immer auch um Arme und Kranke, wie man nicht nur an den Aidshospizen in

Wissenschaft

Zwischen der Wissenschaft, vor allem den Naturwissenschaften und der Religion herrscht oft ein Spannungsfeld. Die Bibel ist ein sehr altes Buch: Gott schuf Himmel und Erde in sechs Tagen. Doch die Wissenschaftler sprechen von Millionen, Milliarden Jahren, nicht von sechs Tagen! Was jetzt? Die Antwort des Judentums versöhnt beide Anschauungen: Was ist schon für Gott ein Tag?, fragen die Rabbiner. Können nicht tausendmal tausend Jahre für Gott wie ein Tag sein? So wird durch Auslegung oft wieder eine Einheit hergestellt. Daran hat sich

Die Frage nach dem Verhältnis von Glaube und Wissenschaft kam zu Beginn der Neuzeit durch naturwissenschaftliche Erkenntnisse auf, die das biblische Weltbild in Frage stellten. Die Diskussion um Galileo Galilei als Vertreter eines heliozentrischen Weltbildes, der von der Kirche zum Schweigen und Widerruf seiner Erkenntnisse gezwungen wurde, steht für die ablehnende Haltung, mit der die Kirche anfänglich den naturwissenschaftlichen Erkenntnissen begegnete. Heute konfrontieren die technischen Fortschritte der Moderne die christlichen Kirchen mit der Frage, inwieweit ein naturwissenschaftliches mit einem biblischen Menschenbild verein-

Wissen und Wissenschaft einschließlich der Naturwissenschaften haben einen hohen Stellenwert als Teil des Erkenntnisprozesses, der den Glauben zur Reife bringt. Der Koran regt zum Beobachten, Nachdenken und Begreifen an, und das Streben nach Wissen ist **eine religiöse Pflicht für jeden Muslim, Mann und Frau.** In der klassischen Zeit resultierte daraus eine Blütezeit der Wissenschaften und Medizin. Arabische Lehnwörter wie Chemie, Alkohol, Algebra usw. haben dort

Fortschritt gibt es eigentlich nicht: Die Welt ist *maya:* eine Illusion, Traum der höchsten Gottheit, ein Spiel der Möglichkeiten. Die Zeit ist zyklisch, Schöpfung und Vernichtung wechseln sich ab, alles kehrt ewig wieder. Zudem verschlechtern sich die Zeiten seit Beginn einer

thailändischen Klöstern sieht: Spendenfreudigkeit und Wohltätigkeit gehört zu den Grundtugenden, die der Buddha seinen AnhängerInnen ans Herz legte! Moderne BuddhistInnen verschließen keinesfalls die Augen vor Ungerechtigkeit und Armut: Leiden zu mindern und Glück zu mehren gilt als höchstes Ziel. Nur muss Mitgefühl immer mit Weisheit verbunden sein: Kein blinder Aktionismus bringt dauerhafte Veränderung, nur gleichmütige, liebevolle Anstrengung zum Wohle aller Wesen nützt.
Der modernere »sozial engagierte Buddhismus« des vietnamesischen Zenmönchs Thich Nhat Hanh kann als Beispiel für buddhistischen Kampf um Frieden und soziale Gerechtigkeit gelten.

Wissenschaft

Judentum

nichts geändert. In Deutschland wurde die »Wissenschaft des Judentums« zu Beginn des 19. Jahrhunderts geschaffen, die Geschichte, Kultur, Gottesdienst, Brauchtum, ja die Quellen der Bibel und der Traditionsliteratur, ihre Ursprünge und ihre Entwicklung untersucht. Sie hat maßgeblichen Anteil an der Entstehung eines modernen Judentums. In der Rabbinerausbildung des Westens wird oft Wert darauf gelegt, dass neben dem rabbinischen Studium auch ein akademisches absolviert wird.

Christentum

bar ist. In einer Welt, in der alles machbar scheint, kommt ChristInnen darum heute die Aufgabe zu, die Grenzen des Machbaren aufzuzeigen und zu begründen. Die Grundlage jeder Argumentation in der Auseinandersetzung mit wissenschaftlichen Erkenntnissen kann darum nicht in der prinzipiellen Ablehnung neuer Entwicklungen bestehen. Die Aufgabe einer christlichen Ethik besteht vielmehr darin, die Verdinglichung von Leben dort aufzuzeigen, wo sie durch naturwissenschaftliche Erkenntnisse der Forschung möglich gemacht wird und geschieht.

Islam

ihren Ursprung. Erst nach den Mongoleneinfällen folgte ein Niedergang der Wissenschaftstradition. Muslime sind den modernen Wissenschaften und Technologien gegenüber aufgeschlossen und an vielen Forschungsprojekten beteiligt. Allerdings stehen Erkenntnisse im Zusammenhang mit menschlicher Verantwortung, und viele Fragen der Ethik sind z. T. noch ungenügend geklärt, z. B. in Bereichen wie Bio- und Informationstechnologie.

Hinduismus

Schöpfungsperiode bis zur nächsten Vernichtung des Kosmos. Höchste Wahrheit ist die ewige Offenbarung der heiligen Veden. Moderne Naturwissenschaft tritt nicht in Widerspruch mit traditionellen Welterklärungen: Auch scheinbar Widersprüchliches kann wahr sein im Spiel der Illusion. Dies schließt gut bei der modernen Physik an, die ihrerseits eine gewisse Biegsamkeit im Umgang mit der Wirklichkeit fordert. Nicht zuletzt darum ist das moderne Indien sehr wissenschaftsfreundlich. Zwischen westlicher High Tech und dritter Welt hat mancher heutige Inder Schwierigkeiten, seinen Wurzeln in Indiens uralter und hoch entwickelter

Moderne Naturwissenschaft und Buddhismus schließen einander nicht aus, im Gegenteil: Was in buddhistischen Texten nicht übereinstimmt mit modernen Erkenntnissen, kann ohne Probleme als zeitbedingte Folklore gelten. Buddha lehrte lediglich einen Weg, ein geeignetes Mittel zur Erleuchtung. Mit Hilfe von Bildern und Vorstellungen seiner Zeit. Wiederholt hat er sich geweigert, etwas Genaues zu wissenschaftlichen Fragen wie der Entstehung der Welt oder dem Aufbau der Materie zu sagen. Alles, was er wollte, war das Leiden zu beenden und die Erleuchtung erfahrbar zu machen. Auf der anderen Seite wird die moderne Naturwissenschaft

Kunst

Die Kultur des Judentums, das Ur-Eigene, ist die Beschäftigung mit dem Wort, das Schreiben, das Drucken, das Lesen, das Lernen. Das war und ist der Schwerpunkt kulturellen Schaffens. Daneben existierte ein Kunsthandwerk, das vor allem auf liturgische Geräte konzentriert war. Darstellende Künste wurden stark durch die Umwelt geprägt. In Europa war Juden die Ausübung der Künste oft verboten, da sie auch Handwerke waren. Erst mit der Neuzeit konnten Juden beginnen, etwa in der Malerei und der Synagogenarchitektur, eigene Wege zu gehen.

Eine Vermittlung der Inhalte des christlichen Glaubens durch Werke der Kunst hat die Kirche seit ihrer Entstehung begleitet. Unzählige Kirchenbauten aus fast zwei Jahrtausenden zeugen in aller Welt von dem Versuch, die Größe und Macht Gottes darzustellen. In zahlreichen Kirchen, Domen, Basiliken, Kathedralen, Klöstern und Kapellen geben Gemälde, Mosaiken, Ikonen, kunstvoll gestaltete Kirchenfenster oder Altäre von oft unschätzbarem Wert Zeugnis von

Die islamische Kultur gründet auf der Schrift. Sie hat in den Sprachen aller muslimischen Völker eine reichhaltige Literatur, Poesie und Erzählkunst hervorgebracht.
Der Koran wird rezitativ vorgetragen. Der Stimmung entsprechende Melodien unterstreichen Gedichte in einer Vielfalt von Tonarten. Die Musiktherapie wurde im islamischen Orient entwickelt. Die Liebe zum Text äußert sich besonders in der Schönschreibkunst *(Kalligraphie)*, die nicht nur in Büchern, sondern auch auf Gebrauchsgegenständen, Gebäuden und als Raumschmuck angewandt wurde. In der Architektur von Moscheen, öffentlichen Gebäuden, Parkanla-

Kultur gerecht zu werden. Darum werden in bestimmten Kreisen märchenhafte Erzählungen über die Fähigkeiten weiser Asketen – Fliegen, Scharfblick usw. – als Hinweis für die überragende technische Kultur des alten Indiens aufgefasst: Flugzeuge und Teleskope wären somit keine neuen Erfindungen!

Buddhismus

stets buddhistischer: Relativitätstheorie, Quantenphysik, Unschärferelation: Moderne Erklärungen der Welt biegen die alten Vorstellungen von Materie und Geist, Zeit und Raum, Information und Energie. So findet die mystische Lehre der »höchsten Weisheit« *(Prajña-paramita)* hier ihre physikalische Bestätigung: **Erscheinung ist Leere, Leere ist Erscheinung.** (Herzsutra) Oder, wie es die Erfahrung des »großen Siegel« des Diamantweges vermittelt: Geist ist zeitloser, grenzenloser, unzerstörbarer Raum, in dem alles spielerisch erscheint und aufgehoben wird; Leere und Freude strahlend und unbegrenzt vereint.

Kunst

Judentum

Jetzt konnte sich die Kunst unter Juden frei entwickeln. Heute sind zahllose jüdische Künstler u. a. in den Konzertsälen der Welt zu Hause. Komponisten suchen in der Musik nach neuen Ausdrucksmöglichkeiten auch für synagogale Musik. Gerade jüdische Künstler haben oft einen universalen Anspruch, der die Grenzen der eigenen Religion und Kultur sprengt (etwa Chagalls Jesus-Bilder). Derzeit entwickelt sich Berlin zu einem Zentrum, wohin es jüdische Künstler aus aller Welt zieht.

Christentum

den vielfältigen Formen, mit denen Menschen ihrem Glauben künstlerisch Ausdruck verliehen. Auch die Musik hat in ihren unterschiedlichen Stilrichtungen die verschiedenen Epochen der Kirchengeschichte geprägt. So stellen Musik und Gesang als Teile der Liturgie gottesdienstliche Elemente dar, durch die eine Vergegenwärtigung des Heiligen geschehen soll.

Islam

gen und Wohnhäusern und in den Schmuckmustern auf Teppichen usw. spiegelt sich oft der Gedanke des verborgenen, zeitlosen Gartens. In Abgrenzung zum »Götzendienst« verzichtet man weitgehend auf Bilder und Statuen, abgesehen von Buchmalereien und Miniaturen. Die Darstellung von Engeln ist umstritten, prophetische Menschen werden meist mit bedecktem Gesicht dargestellt. Darstellungen von Menschen und Tieren gehören nicht an den Gebetsort.

Kunst und Kultur Indiens sind unendlich reich und vielfältig. Spirituelle Werke der Literatur und bildenden Kunst sind dabei gegenüber weltlichen Erzeugnissen deutlich in der Überzahl: Zahllose mystische Schriften und farbenfrohe, geheimnisvolle Götterbilder und Tempel feiern die spielerischen und mystischen Fähigkeiten menschlichen Denkens. Heilige Kunst ist dabei nie nur ein Werkzeug der Wissensvermittlung: Im heiligen Schauen *(darshana)* der Götter-

Neben der umfangreichen buddhistischen Literatur finden sich als bedeutendste Erzeugnisse buddhistischer Kultur die zahllosen Tempel, Höhlenmalereien und Stupas. Letztere sind turmähnliche Behälter für Überreste des Buddhas, d.h. eine Art Reliquienschreine. Da Buddhas Lehre seine wichtigste Hinterlassenschaft ist, werden in den meisten Stupas vor allem Texte bewahrt. Die Pagoden Thailands und Burmas sind die südostasiatischen Ableger dieser Bauten. Die größte alte Stupa-Anlage liegt auf Java – der Borobudur. Eindrucksvoll ist Nepals größte Stupa in Boudhnath: Im Uhrzeigersinn umwandeln besonders tibetische BuddhistInnen die riesige Anlage, in Meditation versunken. Buddhistische Malereien stellen Ereignisse aus dem

Umwelt

Herr, wie zahlreich sind deine Werke. Mit Weisheit hast du sie alle gemacht, die Erde ist voll von deinen Geschöpfen. (Psalm 104, 24) Die Welt, die Natur, ist dem Menschen anvertraut. Sie wurde ihm nicht zum Eigentum gegeben. Pfleglich soll er mit ihr umgehen, denn sie steht unter dem Schutz ihres Schöpfers. Vieles, was wir heute unter Naturschutz verstehen, ist in der Bibel angedacht. Sie verbietet Tierquälerei. Juden ist die Jagd verboten, da beim Jagen Leidenschaft, Jagdfieber aufkommen. Um einem Tier in Not zu helfen, darf der *Schabbat* (= wöchentlicher

Schäden in der Umwelt, die durch die Eingriffe des Menschen in das natürliche Gleichgewicht entstanden, haben in der Mitte der achtziger Jahre des 20. Jahrhunderts auch unter ChristInnen das Bewusstsein für die Notwendigkeit einer Neubestimmung eines christlichen Verhältnisses zu Umwelt und Natur geschärft. Der grenzenlosen Ausnutzung natürlicher Ressourcen wurde ein neues Verständnis des Herrschaftsauftrages der Menschen über die Erde entgegengesetzt. Darin wird die Verantwortung und Bewahrung von Gottes Schöpfung betont und

Naturerscheinungen sind als »Zeichen Gottes« zu betrachten und zu deuten: **In der Schöpfung der Himmel und der Erde und im Wechsel von Nacht und Tag und in den Schiffen, die das Meer befahren mit allem, was den Menschen nützt, und in dem Wasser, das Gott vom Himmel niedersendet, mit dem er die Erde nach ihrem Tode belebt und darauf allerlei Tiere verstreut, und im Wechsel der Winde und Wolken, die zwischen Himmel und Erde Dienst leisten, sind doch Zeichen für diejenigen, die begreifen.** (Sura 2:164) Der Mensch darf aus seinen Mitgeschöpfen Nutzen ziehen, sie aber

Hinduismus

bilder gewahrt der Gläubige die Gottheit selbst. Die Sinnenwelt, die Welt der Illusion, wird zum Begegnungsort mit dem Heiligen. Die lebensfrohen, häufig erotischen Reliefe indischer Tempel stehen dabei im scheinbaren Gegensatz zur tatsächlichen Sittenstrenge: Die Fantasie schafft so ein Mittel der Gotteserfahrung.

Buddhismus

Leben des historischen Buddhas Shakyamuni dar oder erzählen von früheren Geburten *(jatakas)*. Im nördlichen Buddhismus (= *Mahayana* und Diamantweg) werden zahlreiche Buddhaformen als Aspekte der Erleuchtung voller detailgenauer Sinnbildlichkeit abgebildet. Besonders die tibetischen Rollbilder *(thangkas)* beeindrucken darunter. In ihrer hohen Stilkunst zeigen sie Kraftkreise der Erleuchtung, sogenannte *Mandalas*, und bauen so in der Meditation Brücken zu erleuchteten Eigenschaften, vom vierarmigen »Liebevolle Augen« *(Avalokiteshvara* = Mitgefühl) bis zum Furcht einflößenden Blitzen von »Schwarzer Mantel« *(Mahakala* = Schutz*)*.

Umwelt

Judentum

Ruhe- und Festtag) entweiht werden. Wie der Schöpfer sich an seinen Werken freut, so sollen auch wir uns an ihnen erfreuen und stärken. Besonders in den Inhalten der Erntedankfeste spiegelt sich das nomadische und agrarische Erbe Israels, die Sorge um das Wachsen und Gedeihen, der Dank für die Früchte des Feldes und der Weinberge. Aus diesem tiefen Verständnis für Natur heraus, war es für Israel selbstverständlich, dass auch die Natur und Kreatur am Ende der Tage erlöst werden.

Christentum

in den Mittelpunkt gestellt. Die biblische Vision einer Neuschöpfung, von der z. B. die Offenbarung des Johannes in Kapitel 21 erzählt, wurde als Zeichen der Hoffnung auf eine Veränderung des Lebens im Hier und Jetzt interpretiert, indem Menschen von Gott dazu befähigt werden, die Ressourcen der Erde ausgehend von dem Prinzip der Nachhaltigkeit zu nutzen und eine Basis für das Leben zukünftiger Generationen zu schaffen.

Islam

nicht missbrauchen oder vernichten, denn sie sind selbst Diener Gottes, die am Tag des Gerichts ihre Peiniger anklagen können. Ehrfurcht und Verantwortung gegenüber der Natur sind angebracht. Der Prophet mahnte u. a., **kein Wasser zu verschwenden, selbst an einem fließenden Fluss** und keine Tiere zu quälen, und er betonte, dass alles, womit ein Tier oder Mensch von einem Baum oder Feld seinen Hunger stillt, dem Eigentümer als Spende angerechnet wird.

Der Kosmos ist ein Ganzes. Er ist Schöpfung, Ausfluss und Schauplatz des Traumes der höchsten Gottheit. Jedes Wesen hat seine Geschichte von Wiedergeburten und seinen religiösen Platz *(svadharma)*. Rituale – Opfer und Gebete – halten die Welt im Gleichgewicht, verhindern das Chaos. Innerhalb dieser Welt der Wiedergeburten, dem *Samsara*, gibt es zahllose sichtbare und unsichtbare Wesen. Flüsse werden häufig als Göttinnen betrachtet, wie die Ganga, Indiens heiliger Strom. In Bäumen wohnen Naturgeister, ähnlich den Nymphen der griechischen

Götter, Halbgötter, Menschen, Tiere, Geister (Wesen mit zwanghaften Verhalten) und Höllenbewohner (Wesen in Wahnsinnszuständen) bevölkern diese Welt und zahllose mögliche Welten. In diesen sechs Reichen erfolgt Wiedergeburt. Das Verletzen oder Töten von fühlenden Wesen wie Tieren z.B. zum Zwecke des Verzehrs oder des Vergnügens gilt als karmisch unheilsam, da es Leiden vermehrt. Anders steht es bei Pflanzen: Die Umwelt ist nicht belebt, sondern

Selbstverständnis

Das Judentum erhebt keinen Absolutheitsanspruch. Die *Tora* (= fünf Bücher Mose) selbst lehrt uns, dass viele, denen sich Gott offenbarte, ja mit denen er einen Bund schloss, keine Juden waren. Mit Noah, dem Gerechten, schloss er ebenfalls einen Bund. Nach rabbinischer Auffassung sind die Völker der Welt die Nachkommen Noahs! Für sie gelten die sogenannten »Noachidischen Regeln«, die darauf hinauslaufen, der Vielgötterei abzuschwören, sich zum Einzig-Einen zu bekennen und ein moralisch vertretbares Leben zu führen. Die Araber gelten als Kinder Abrahams und Hagars. In unserer Zeit lösen sich auch die Spannungen in Bezug auf das

Das Selbstverständnis des Christentums hat sich in den ersten Jahrhunderten seiner Geschichte in der Auseinandersetzung mit der griechischen Philosophie, vor allem aber in der Abgrenzung vom Judentum entwickelt. So dokumentierte die Christenheit zwar ihre Verbundenheit mit der jüdischen Religion durch die Aufnahme der hebräischen Bibel in ihren biblischen Kanon, im Gegenzug verstand sie sich selbst jedoch als das »wahre Israel«, dem die vollständige Erkenntnis des göttlichen Willens durch die Offenbarung in Jesus Christus zuteil geworden war. Diese Exklusivität der Inanspruchnahme des Heils hat eine lange Tradition des Antijudaismus in

Der Koran versteht sich als Bestätigung und Bewahrer **dessen, was zuvor in der Schrift war,** und betont vor allem bezüglich der biblischen Schriften, dass **sie Führung und Licht** enthalten und ihre AnhängerInnen (die »Leute der Schrift«) ihren Werten und Normen verpflichtet sind (Sura 5:44-48). Seine Kritik an religiösen (»Götzendienst«) und sozialen (Ungerechtigkeit) Missständen folgt der Kritik biblischer Propheten. Darüber hinaus versteht er sich als gewisser Abschluss angesichts eines neuen Zeitalters ohne prophetische Offenbarung, dafür aber mit neuen

Hinduismus

Mythen. Schlangen sind oft mächtige Geister *(Nagas)*. Der Schutz der Umwelt (Tiere, Pflanzen, Gewässer) wird somit zur Sorge, kein Wesen wissentlich oder unwissentlich zu verletzen. Besonders bekannt sind Indiens heilige Kühe: Unbekümmert verstopfen sie zu Tausenden die Straßen der Großstädte. Kühe sind die Grundlage des Wohlstands und das Symbol der schaffenden Güte von Mutter Erde. Darum sind sie heilig.

Buddhismus

Ausfluss der geistigen Möglichkeiten der Wesen. Eine Pflanze gehört zu unserem Umfeld, ist Produkt der Verspieltheit des Geistes. Innerhalb der Welt des Leidens, dem *Samsara*, gilt der Erhalt der Natur als Dienst an den fühlenden Wesen, deren Lebensbereich sie darstellt. So untersagte z.B. bereits Kaiser Ashoka (3. Jahrhundert v.u.Z.) das grundlose Abholzen von Wäldern.

Selbstverständnis

Judentum

Christentum, das Juden und Jüdinnen über Jahrhunderte mit Zwangstaufen, antijüdischen Gesetzen und Verfolgungen drangsalierte. ChristInnen und Muslime haben, wie die Juden, **ihren Anteil an der heiligen Wahrheit.** (Martin Buber) Das Gespräch mit den Religionen ist in den Gemeinden des liberalen Judentums und der Reform ausdrücklich erwünscht. Besonders innig ist die Hoffnung, dass das gemeinsame abrahamitische Erbe zum Frieden für alle im Nahen Osten beitragen wird.

Christentum

der christlichen Kirche mit verheerenden Folgen für JüdInnen begründet. Heute wird an vielen Stellen der Versuch unternommen, die in der Geschichte aufgeworfenen Gräben durch eine Kultur des interreligiösen Dialoges zu überbrücken, in dem auch die Diskussion mit dem Islam eine immer größere Rolle spielt. Nach den Ereignissen des 11. September im Jahre 2001 ist dieser interreligiöse Dialog wichtiger denn je, um religiöse Vorurteile abzubauen und Stigmatisierungen zu vermeiden.

Islam

Begegnungs- und Erkenntnismöglichkeiten. Erstmalig wird die Existenz anderer religiöser Traditionen aus derselben Quelle und mit demselben Ziel anerkannt (Sura 42:13-15). Die von einem Ausschließlichkeitsanspruch ausgehende Sichtweise deutet z.B. Sura 3:18 (**Die Religion vor Gott ist Islam**) im Sinne der Zugehörigkeit zur gesellschaftlichen Gruppe der Muslime und betrachtet ältere Traditionen als Vorstufen. Die pluralistische Sichtweise übersetzt Islam mit »Hingabe an Gott« als Kern aller Religion.

Hinduismus ist eine Sammelbezeichnung für indische religiöse Strömungen. Inder nennen ihrer Religion *dharma*: Glaube, Spiritualität und religiöse Pflicht vor dem Hintergrund der ewigen Offenbarung der *Veden* (= Heiligen Schriften). Diese besitzen zeitlose Geltung und werden durch die *Brahmanen* und *Gurus* (= spirituellen Lehrer) stets aufs Neue erklärt und umgesetzt. Welchen Gott oder Göttin man verehrt oder welcher philosophischen Schule man dabei folgt, hängt von Stand, Kaste und/oder persönlichen Entscheidungen ab. Es gibt also nicht den

Buddha lehrte einen Weg aus dem Leiden. Dieser Weg funktioniert. Es ist die freie Entscheidung der Menschen, ob sie diesem Weg folgen wollen oder nicht. Andere Religionen werden nicht als falsch, ketzerisch oder »Götzendienst« bezeichnet. Der Segen des Buddha ruht auf allen heilvollen spirituellen Wegen: Jede Religion, die Leiden vermindert, arbeitet im Sinne des Buddhismus. Zum Beispiel schätzen BuddhistInnen besonders den großen sozialen Einsatz vieler

Mission

Mission unter Nichtjuden ist dem Judentum verboten. Juden empfinden missionarische Bestrebungen als anmaßend, überheblich, andere Kulturen und Religionen missachtend. Besonders gegenüber ChristInnen und Muslimen macht jeder Bekehrungsversuch keinen Sinn, denn diese bedürfen keiner anderen Religion, um zu Gott zu gelangen. Israel hat seinen klaren Weg, seine Glaubenswahrheiten, seine Gebote. Jahrhunderte wehrten sich Juden und Jüdinnen gegen die Judenmission, es starben viele als MärtyrerInnen, weil sie die Taufe verweigerten.

Mission steht im Christentum für den Auftrag, die Botschaft von Jesus Christus und die Einladung zu einem christlichen Leben in der Welt auszubreiten. Exemplarisch ist dieser Auftrag ausgeführt in den Worten des Matthäusevangeliums, wo die JüngerInnen Jesu dazu beauftragt werden, das Evangelium weiterzutragen und Menschen auf den Namen des dreieinigen Gottes zu taufen (Matthäus 28,19). Christliche Gemeinden sahen darum von Anfang an ihre Aufgabe darin, die Botschaft der Befreiung und des Friedens in die Welt hinauszutragen. An die Stelle der Überzeugungskraft einzelner charismatischer Persönlichkeiten trat jedoch mit der zunehmenden Ausbreitung des Christentums im Mittelalter die gewaltsame Unterwerfung ganzer

Lade mit Weisheit und schöner Ansprache zum Weg deines Herrn ein und diskutiere mit ihnen auf die beste Art. Dein Herr weiß am besten, wer von Seinem Weg abirrt, und Er weiß am besten, wer recht geleitet ist. (Sura 16:125) Nicht immer beachtet wurde das Prinzip: **Es gibt keinen Zwang in der Religion.** (Sura 2:256) Zwar gab es nur selten Ansätze von organisierter Mission oder gar Zwangsbekehrung. Aber das Schlagwort *Jihad* (= Bemühung, nicht heiliger Krieg) wurde und wird oft zu machtpolitischen und sogar terroristischen Zwecken missbraucht. Der Abwehrkampf *(Qital)* auch zur Verteidigung anderer und der eigenen religiösen Einrichtungen (vgl. Sura

Hinduismus

einen Hinduismus, sondern viele verschiedene Wege. Da indisches Denken ganzheitlich und einschließend ist, werden meistens indische, aber nichtvedische Traditionen (z.B. Buddhismus, Jainismus) ebenfalls als wahre spirituelle Wege angesehen. So konnten sich Hinduismus und Buddhismus z.B. auf Bali und in Nepal ohne Probleme vermischen. Auch die Traditionen der nichtindischen Religionen können mühelos in die indische Spiritualität aufgenommen werden: Jesus gilt vielen als Herabkunft *(avatara)* des Vishnu.

Buddhismus

ChristInnen. Was der Buddha dagegen nicht segnen kann, sind religiöse Ausdrücke, welche die Würde und Freiheit des Menschen verletzen, z.B. Fundamentalismus, heilige Kriege und religiöse Unterdrückung von Frauen. Viele BuddhistInnen haben darum Probleme mit dem militanten Islam und fundamentalistischen Christentum.

Mission

Judentum

Doch das Festhalten am Eigenen, die Liebe und Treue zum Bund mit dem Allmächtigen, ist das eine. Das andere ist, dass nach jüdischer Auffassung der christliche wie der muslimische Glaube in vielem dem jüdischen ähnlich ist, aber in vielem auch unterschiedlich. Doch entscheidend ist, dass ChristInnen wie Muslime ihren (eigenen) Weg zu Gott gehen, in der gleichen Liebe und Treue wie wir Juden die unseren. Gemeinsam ist uns das Ziel.

Christentum

Völker. Auch die Zeit der Kreuzzüge und des Kolonialismus war von einer aggressiven missionarischen Tätigkeit geprägt, die den unterworfenen Völkern oftmals keine andere Möglichkeit ließ, als sich zum christlichen Glauben zu bekehren. Durch die Entstehung großer Missionsgesellschaften im 19. Jahrhundert wurden Bildungsarbeit, medizinische Hilfe und Entwicklungshilfe zu einem wesentlichen Bestandteil missionarischer Arbeit, welche die Arbeit der Mission bis in unsere Zeit prägen. Die Missionstätigkeit der Kirche in den vergangenen Jahrhunderten wird von ChristInnen heute zunehmend kritisch reflektiert.

Islam

22:39-40) ist unter Umständen im Rahmen strenger ethischer Grenzen erlaubt. Ein Märtyrer *(Shahid* = Zeuge*)* ist jemand, der seiner Überzeugung wegen oder bei der Bemühung um Gerechtigkeit getötet wird. Demgegenüber ist Selbstmord verboten (Sura 4:29) und das Töten Unschuldiger ein schwer wiegendes Verbrechen (Sura 5:35). Während *Jihad* Bemühung im Lebenskampf, Streben nach Wissen oder dergleichen sein kann, ist der »Größere Jihad« der Kampf gegen die eigenen niederen Regungen.

Hindu ist man durch (Wieder-)Geburt. In der indischen Gesellschaft und innerhalb der indischen religiösen Strömungen erfüllt man als Hindu seine religiöse Pflicht und sucht seinen eigenen Weg zu Gott, d. h. aus dem Kreislauf des Leidens. Der Hinduismus ist also von seinen Grundfesten her nicht missionarisch. Jeder Mensch wird durch *Karma* (= Ursache und Wirkung) an einen Platz in der Welt gestellt, den er ausfüllt, den er aber nur sehr begrenzt verändern kann. Das gilt auch für die Religionszugehörigkeit. Märtyrer und heilige Kriege gegen Andersgläubige gibt es im Hinduismus nicht. Hindus fern der Heimat, wie Tamilen oder Bengalen in Deutsch-

BuddhistInnen missionieren nicht. Buddhismus zielt nicht auf Glaube und letzte Wahrheiten, sondern auf Erfahrung und Erleuchtung. Beides kann nicht unter Zwang verwirklicht werden. Heilige Kriege im Namen des Buddha hat es nie gegeben. Natürlich gilt als größte Gabe der Freigebigkeit, einer buddhistischen Grundtugend, das Geschenk der Lehre des Buddha *(dharma)*. Doch eine der unheilsamsten Dinge ist es, denen Buddhas Lehre aufzudrängen, die sie nicht haben wollen. Mission wird darum ausdrücklich verurteilt. So hat z. B. der Dalai Lama zurecht gesagt, dass Menschen mit einem anderen (positiven) religiösen Hintergrund ihre Spiritualität besser zunächst innerhalb ihrer eigenen Tradition entwickeln sollten. Das heißt natürlich

Dialog der Religionen

Es sind die historischen Erfahrungen, die im Judentum die Einstellung zum Dialog mit anderen Religionsgemeinschaften prägen. Hier ist vor allem der Islam anzusprechen. Zwar erfuhren sie auch unter Muslimen Verfolgung und Diskriminierung, doch es überwog die Toleranz. Mehr noch: Israel erlebte im maurischen Andalusien und in Ägypten die Blütezeit des Islam als einem der Bewahrer des antiken Erbes, als einem Zentrum von Wissenschaft und Kultur. Nachhaltig wurden jüdische Denker dieser Epoche beeinflusst. Dialog bedeutet aus jüdischer

Das Anliegen der ökumenischen Bewegung im Christentum ist die Förderung und Ausweitung des Dialoges unter den verschiedenen christlichen Kirchen. Zu diesem Zweck wurde 1948 in Amsterdam der Ökumenische Rat der Kirchen gegründet, der sich bis heute als eine Gemeinschaft von Kirchen versteht, **die Jesus Christus als Gott und Heiland anerkennen**. Derzeit gehören dem Ökumenischen Rat der Kirchen 342 Mitgliedskirchen an, die 400 Millionen ChristInnen aus mehr als 120 Ländern auf allen Kontinenten der Erde vertreten. Ein Dialog zwischen

Hinduismus

land, sind nicht auf Mission aus; ihre Gemeinschaften stehen aber in der Regel auch Nichtindern offen. Seit dem 19. Jahrhundert treten gleichwohl Gruppierungen im Westen auf, welche nicht nur die traditionelle Sicht der Begrenzung indischer Lehren auf Volk und Stand ablehnen, sondern zielgerichtet und teilweise aggressiv missionieren und Geld sammeln. Diese Bewegungen werden »neohinduistisch« genannt; sie stützen sich auf einen vergöttlichten *Guru* (= Lehrer) und einige haben besonders im 20. Jahrhundert als (Jugend-)Sekten traurige Berühmtheit gewonnen.

Buddhismus

nicht, dass BuddhistInnen nicht froh über jeden Mensch sind, der Buddhas Pfad geht und zum Wohle aller Wesen meditiert und wirkt. Nur sollte dies das Ergebnis einer selbständigen, reifen Entscheidung sein. Im Westen machen viele Menschen über Meditationskurse Bekanntschaft mit dem Buddhismus. Zen oder Einsichtsmeditation sind geeignete Mittel, um persönlich und spirituell Fortschritte zu machen, auch ohne dass man BuddhistIn werden muss. Es gibt sogar ausgesprochen christlichen Zen, wie den des Jesuitenpaters Hugo Enomiya- Lasalle.

Dialog der Religionen

Judentum

Sicht: Anerkennung des Andersseins, Suche nach Gemeinsamkeiten. Ziel ist keine Ökumene, sondern das gemeinsame Tun gleichberechtigter, wenn auch unterschiedlicher Partner. Im Dialog lernen wir den anderen verstehen und achten. Dazu gehört die aktive Verteidigung, wenn »andere« angegriffen werden, etwa die christliche und jüdische Solidarität mit Muslimen, die Opfer von Rechtsextremisten werden.

Christentum

den Weltreligionen, der angesichts der weltweiten Globalisierung die Bedingungen für eine globalisierte Ethik diskutiert, wurde von dem katholischen Theologen Hans Küng u. a. durch die Gründung des Projektes Weltethos in die Wege geleitet. Die Programmschrift dieses Projektes von 1990 thematisiert die Idee, dass Religionen einen Beitrag zum Frieden leisten können, wenn sie sich in ihrer Zusammenarbeit auf ihre gemeinsamen ethischen Grundlagen besinnen.

Grundsätzlich sollen Muslime mit Andersgläubigen nachbarschaftlich zusammenleben, sich über Gemeinsamkeiten verständigen und Unterschiede Gottes Urteil überlassen. **Gott verbietet euch keineswegs, denen, die euch nicht eurer Religion wegen bekämpfen und aus euren Häusern vertreiben, Güte zu erweisen und gerecht mit ihnen umzugehen. Gott liebt die, die Gerechtigkeit üben.** (Sura 60:8) **Und debattiert mit den Leuten der Schrift nur in der besten Art – außer denen, die ungerecht sind – und sagt: »Wir glauben an das, was zu uns niedergesandt wurde, und an das, was euch**

Im Hinduismus sind sehr unterschiedliche Strömungen versammelt; AnhängerInnen Shivas und AnhängerInnen Vishnus leben und beten friedlich und unter gegenseitigem Respekt miteinander. Religion *(dharma)* hat einen gesellschaftlichen Bestandteil (die Lebensregeln, Pflichten) und einen persönlichen, spirituellen Bestandteil, z. B. die liebevolle Hingabe an Gott *(bhakti)*. Der Weg zu Gott oder zum Absoluten muss von jedem selbst gefunden werden, es kann mehrere absolute Wahrheiten geben. Ökumene ist also Wirklichkeit und Selbstverständlichkeit.

Die buddhistischen Schulen achten einander hoch und sehen sich gegensseitig als echte Deutungen von Buddhas Lehren: Immerhin hatte der Buddha 45 Jahre lang jedem, der ihn fragte, seinen Weg erklärt, und zwar so, dass seine Belehrung seinem Gesprächspartner in dessen jeweiliger, besonderer Situation nützte. Absolute, für alle Menschen geltende Wahrheiten wollte der Buddha nicht verkünden: Er beschrieb lediglich, wie man Leiden vermeiden und höchstes, zeitloses Glück erlangen könne. Für BuddhistInnen ist dann beim Gespräch mit den

Fundamentalismus

Zugegeben, der Begriff Fundamentalismus wird oft als politischer Kampfbegriff verwendet. Denn natürlich stehen wir auf einem klaren Fundament, das wir auch nicht verlassen möchten und können. Es ist unredlich, orthodox und fundamentalistisch gleichzusetzen. Doch gemeint sind Fanatiker, die den Anspruch erheben, ihre Sichtweise sei die einzig richtige. Sie allein hätten die wahre Gotteserkenntnis. Ihr »Alleinseligmachungsanspruch« ist undemokratisch, antiliberal, aggressiv. Sie sind besonders gefährlich, wenn sie politischen Einfluss gewinnen. Anders

Fundamentalistische Strömungen im Christentum existieren weltweit. In organisierter Form findet man sie vermehrt in den protestantischen Kirchen Nordamerikas. VertreterInnen eines christlichen Fundamentalismus stehen einer historisch-kritischen Auslegung der biblischen Schriften unter Einbeziehung der Erkenntnisse der modernen Naturwissenschaft ablehnend gegenüber. Aus dem extremen Konservativismus, der die fundamentalistische Bewegung prägt, erwächst ein Widerstand gegen jegliche Auseinandersetzung mit gesellschaftlichen Neuerun-

Islam

niedergesandt wurde, und unser Gott und euer Gott ist Einer, und Ihm geben wir uns hin.« (Sura 29:46) **Sprich: Ihr Leute der Schrift, kommt herbei auf ein Wort, das zwischen uns und euch gleich ist: dass wir niemandem außer Gott dienen und Ihm nichts beigesellen ...** (Sura 3:64) Die Stadtverfassung von Medina zur Prophetenzeit umfasste muslimische und jüdische Stämme gleichermaßen. Die heutige Weltkultur wurde z. T. durch einen intensiven Austausch der Religionen hervorgebracht.

Hinduismus

Austausch und Verständigung zwischen den Religionen ist vor diesem Hintergrund einfach: Für Hindus können auch andere Glaubensrichtungen die Wahrheit umfassen. Mehrere, auch scheinbar widersprüchliche Dinge können doch gleich wahr sein, wie das berühmte Beispiel vom Elefanten zeigt: Ein Blinder, der den Rüssel packt, beschreibt den Elefanten anders, als der, welcher ein Bein umklammert oder den mächtigen Leib ertastet: Alle Beschreibungen sind zugleich wahr und vorläufig ...

Buddhismus

anderen Religionen nicht so wichtig, ob es einen Gott gibt oder welche Wahrheit dieser offenbart hat, sondern ob die religiösen Anschauungen Menschen helfen, sich selbst zu entwickeln und anderen Gutes zu tun, oder ob sie Menschen einengen, unterdrücken und Hass und Unterdrückung säen. Der Buddha segnet alle Formen von Religiosität, die Menschen frei macht und Gutes bewirkt.

Fundamentalismus

Judentum

als in anderen Gemeinschaften richtet sich die Gewalt der jüdischen »Fundis« nach innen, gegen die anders denkenden Juden. Es waren die »Eiferer» *(Zeloten)* im Kampf gegen die römische Besatzung, die zur Zeit Jesu vor allem andere Juden verfolgten, und es sind jene modernen *Zeloten*, aus denen der Mörder des israelischen Ministerpräsidenten, Yitzchak Rabin, kam. Ihre oft sektiererische Überheblichkeit gleicht einem Schutzwall, der sie vor den Einwänden und der Ablehnung durch die Mehrheit abschirmen soll.

Christentum

gen. Aus diesem Grund hat auch der ökumenische oder interreligiöse Dialog im Sinne des Projektes Weltethos in fundamentalistischen Kreisen keinen hohen Stellenwert. Christlicher Fundamentalismus kann auch militante Züge annehmen: Zu erwähnen wären in diesem Zusammenhang die Aktivitäten christlicher AbtreibungsgegnerInnen in den USA, die offen zur Tötung von ÄrztInnen aufrufen, die Abtreibungen vornehmen.

Die Fremdbezeichnung »Fundamentalismus« kann irreführend sein, denn sie scheint eine enge Verknüpfung der damit benannten Erscheinungen mit den Grundsätzen (= Fundamenten) des Islam anzudeuten. Fundamentalismus fasst verschiedene, sogar gegensätzliche Engführungen zusammen: Im *Literalismus* (= wörtlich Nehmen) wird im Gegensatz zur klassischen Auslegung die oberflächliche Bedeutung des Textes *(Koran, Hadith)* ohne Rücksicht auf den Zusammenhang angewendet; Ausschließlichkeitsansprüche sollen oftmals ein geschädigtes Selbstwertgefühl ausgleichen. Im Extremismus werden einzelne Grundsätze verabsolutiert und

Im Hinduismus ist der sogenannte Hindu-Fundamentalismus eine ziemlich neue Erscheinung. Diese dem toleranten indischen Denken widersprechende Erscheinung ist eher eine nationalistisch indische als eine religiöse Bewegung. Sie ist als Reaktion auf die gescheiterte britische Kolonialpolitik zu sehen, die zur Errichtung zweier indischer Staaten (Pakistan und Indien) führte. Zudem bringt das Erstarken des islamischen Fundamentalismus in Indien vielen Hindus die Tatsache schmerzlich in Erinnerung, dass die muslimischen Eroberer Indiens im

Buddhistischen Fundamentalismus hat es nie gegeben, Fundamentalismus im Namen des Buddha kann es nicht geben: Dies würde Buddhas Lehre direkt zuwiderlaufen. Buddhas Lehre zielt auf Befreiung vom Leiden und auf Erleuchtung. Fundamentalismus, Engstirnigkeit und Hass vermehren dagegen Leiden und sind Ausdruck tiefer Verblendung. Die buddhistischen

Frieden

Die Erinnerung an den verlorenen Frieden des Paradieses hinter uns, die Hoffnung auf den himmlischen Frieden der Endzeit des Heils vor uns, so gehen wir unseren Weg. Frieden, hebräisch *Schalom*, ist es, wozu uns die *Tora* (= Weisung) erziehen, uns hinleiten will: *Schalom*, ganz sein, heil sein, unversehrt sein: in der Familie, im Leben mit den Nachbarn, in der Gemeinschaft, mit anderen Völkern. Kaum ein anderes Gebiet beweist unsere Unfähigkeit stärker als die Abwesenheit von Frieden. Sie hält, wie der *Talmud* (= Sammlung der Auslegungen) sagt, die Erlösung auf! Im Zwölf-Bitten-Gebet flehen wir Gott an: **Segne uns, unser Vater, ... du gabst uns**

Trotz der vielen Kriege und Gewalttaten, die im Namen des christlichen Gottes in der Vergangenheit geschehen sind, waren es immer auch VertreterInnen des Christentums, die sich aufgrund ihres Glaubens für ein friedliches Zusammenleben von Nationen, Geschlechtern und Ethnien engagierten. Als herausragendes Beispiel für einen Menschen, der die Aussagen der biblischen Bergpredigt als Quelle für sein politisches Engagement in der Bürgerrechtsbewegung der sechziger Jahre in den USA benannte, ist Martin Luther King zu nennen. Für viele Frauen und

Islam

mit allen Mitteln verteidigt. Im Islamismus wird die Religion als Ideologie behandelt und propagiert. Außerdem gibt es radikale Haltungen auf der Grundlage einer anderen Ideologie, aber mit islamischen Begriffen (z. B. islamischer Sozialismus). Bei einer notwendigen Neubesinnung auf islamische Werte angesichts der Entfremdung durch die Kolonialzeit, der Verweltlichung und moderner Veränderungen sind dies mit Angst, Zorn und Ungeduld besetzte Begleiterscheinungen, die ihrerseits wiederum Angst auslösen können. Oft sind sie ein Bildungsproblem.

Hinduismus

11. Jahrhundert alle Hinduheiligtümer systematisch zerstörten und danach Jahrhunderte lang die Religionsausübung der Hindus empfindlich eingeschränkt blieb.
Der Hindu-Nationalismus wird durch Indiens große Volkspartei, der Bharatiya Janata Party (BJP) unterstützt. 1992 erreichten BJPers die Zerstörung der Moschee in Ramas heiliger Stadt Ayodhya. Seitdem kommt es immer wieder zu blutigen Auseinandersetzungen zwischen militanten Hindus und Muslimen.

Buddhismus

heiligen Schriften umfassen, anders als die Schriften von Judentum, Christentum und Islam, keine missverständlichen Passagen in Bezug auf religiöse Toleranz. BuddhistInnen sind froh über alle, die Gutes tun, unabhängig davon, woran sie glauben.

Frieden

Judentum

im Lichte deines Angesichts die Lehre des Lebens (Tora) **und die Liebe zum Guten, Heil und Segen, Barmherzigkeit, Leben und Frieden .... gelobt seist du Ewiger, der du dein Volk Israel mit Frieden segnest.** Doch es reicht nicht, um Frieden zu beten, zu warten, bis er vom Himmel fällt. Ich habe Menschen kennen gelernt, deren Kinder in Israel und Palästina von der je anderen Seite getötet worden sind. Als Antwort gründeten sie eine Friedensbewegung der trauernden Eltern.

Christentum

Männer ist die christliche Botschaft auch heute die Grundlage ihres Einsatzes für Frieden, Menschenwürde und Toleranz. In einer Welt, in der Krieg als politisches Mittel am Beginn des 21. Jahrhunderts zunehmend an Bedeutung gewinnt, steht das Christentum vor der Herausforderung, die Botschaft der Gewaltlosigkeit, von der in der Bergpredigt die Rede ist, überzeugender und wirksamer zu vermitteln.

Friede *(salam*, von *salima* = heil sein, vollständig sein*)* gehört zu den höchsten Werten des Islam. Dabei ist zu bedenken, dass Heilsein ausgewogene Gerechtigkeit u. a. durch gegenseitigen Respekt und Miteinanderteilen erfordert. Der Prophet lehrte, dass jeder Mensch ein **Recht auf Nahrung, Kleidung, Unterkunft, Familienleben und Hilfe bei der Arbeit hat, und Leben, Eigentum und Würde heilig sind.** Die Konfliktethik erlaubt, sich zu wehren und andere zu verteidigen, jedoch nicht, Übergriffe zu verüben, Unbeteiligten zu schaden, Friedensangebote zu igno-

Frieden *(shanti)* meint zunächst inneren Frieden, spirituelle Reife und Gottesfriede. Da nach indischem Denken der *Samsara* (= die Welt des Werdens) voll Leiden ist, und das Leiden des Einzelnen abhängt von dessen früheren Taten *(karma)*, ist sozialer Friede (Ausgleich zwischen Arm und Reich) kein wirklich dringendes Thema: Jeder schafft schließlich selbst sein

Im Namen Buddhas ist nie ein Krieg geführt worden. Wo in buddhistischen Ländern Kriege ausbrachen, stießen diese beinahe immer auf entschiedene Ablehnung von Seiten buddhistischer Mönche und Laien. In seltenen Fällen war die Politik auch für buddhistische Mönche wichtiger als Buddhas Lehre, doch nie waren Gewaltaktionen gerechtfertigt durch das Wort des Buddha. Friede und Wohlstand zählen zu den günstigen Bedingungen, die es möglich machen,

rieren usw. Wer genügend moralische Stärke hat, wird angeregt zu vergeben und Böses mit Besserem abzuwehren, um Versöhnung zu bewirken (vgl. Sura 41:34-35 und 43:39-43). Innerer und äußerer Frieden sind miteinander verknüpft. Religiöse Übungen dienen daher u.a. dem Abbau von Selbstsucht und der Pflege der Mitmenschlichkeit und Verantwortung.

Schicksal. Entscheidend sind also nicht das Hier und das Diesseits, wichtig sind nur die spirituelle Entwicklung, die zukünftige Wiedergeburt und die Befreiung aus dem Kreislauf des Leidens. Äußeren Frieden zu bewahren, Armut zu bekämpfen, die Würde des Menschen zu achten stellt allerdings sehr verdienstvolles Handeln dar.

dass Menschen Buddhas Pfad gehen. Obwohl es im Buddhismus vor allem um Erfahrung (Meditation) und Erleuchtung geht, setzen sich BuddhistInnen sehr aktiv für den Frieden in der Welt und zwischen den Religionen und für die Achtung der Menschenrechte ein. Davon zeugen u.a. der »engagierte Buddhismus« des vietnamesischen Zenmönchs Thich Nhat Hanh und der Friedensnobelpreis für den Dalai Lama (1989).

Praxis

Glaubensgemeinschaft

Es war die Gemeinschaft der Kinder Israels, mit denen Gott seinen Bund schloss. Der Einzelne ist als Teil der Gemeinschaft betroffen, doch er trägt und formt die Gemeinschaft mit. Das »Wir« ist im Judentum sehr entscheidend. Im Gebet herrscht das »Wir« vor: Wir bitten um ..., hilf uns ..., vergib uns ... Der Grund hierfür, sagen die Rabbiner, ist einfach. Willst nur du Gottes Hilfe? Verbinde dich mit allen, die Gott suchen. In der Freude und in der Trauer, man ist eingebunden in die Geschichte, in das Schicksal Israels. Für manche Gebete ist eine Gemeinschaft

Als Kirche wird im Neuen Testament auf lokaler und universaler Ebene die Gemeinschaft derjenigen bezeichnet, die an die Offenbarung Gottes in Jesus glauben. Wenn von Kirche im Singular die Rede ist, so ist damit die weltweite Gemeinschaft der getauften Gläubigen gemeint, die in der Nachfolge Jesu auf sein Wort hören, ihr Leben danach ausrichten und sich an seine Gegenwart im Abendmahl erinnern. Von Kirchen im Plural wird angesichts einer Vielfalt der Konfessionen und christlichen Glaubensrichtungen gesprochen. Die Ambivalenz des Kir-

Die Gemeinschaft *(ummah* = Geschwistergeneration von einer Mutter*)* versteht sich als Gemeinschaft von Brüdern und Schwestern, die bei aller Verschiedenheit über Nationen und Kulturen hinweg vor Gott gleichwertig sind. Der Prophet beschrieb die Gemeinschaft als einen Körper: **Wenn ein Glied krank ist, leidet der ganze Körper.** Ferner sagte er: **Niemand ist gläubig, bis er für seinen Bruder dasselbe wünscht wie für sich selbst.** Zahlreiche Gebote beziehen sich daher auf Familie, Nachbarschaft, Geschäftspartnerschaft usw. bis hin zum Staat. Der Gemeinschaft wird

Hinduismus ist ein Sammelbegriff für ganz unterschiedliche religiöse Strömungen, die nur gemein haben, dass es indische Traditionen sind, welche die Geltung der Veden als heilige Schriften und der Brahmanen als Priester anerkennen. Es gibt also keine allgemeine Hindu-Gemeinschaft. AnhängerInnen des Hochgottes Vishnu stehen neben VerehrerInnen des Shiva oder

Die buddhistische Gemeinde nennt man *Sangha*. Es ist die Versammlung, die der Buddha ins Leben rief: Menschen, die seinem Pfad folgen wollten. In alter Zeit war das vor allem der Orden der Mönche; erst allmählich setzten Laien und Frauen ganz nach dem Willen Buddhas ihre Rechte innerhalb der Gemeinschaft durch. Jeder, der seine Zuflucht zum Buddha, seinen Lehren

Glaubensgemeinschaft

Judentum

nötig, denn sie werden im Wechsel gesprochen. Doch die Gemeinschaft kann sich überall zusammenfinden. Es muss nicht die Synagoge sein. In der einwöchigen strengen Trauerzeit nach dem Tod eines nahen Verwandten kommt die Gemeinschaft in das Trauerhaus. Am Ende der Tage werden es die Gemeinschaften sein, über die Erlösung kommt – bis hin zur Völkerwallfahrt nach Zion.

Christentum

chenbegriffes besteht darin, dass der christliche Glaube in einer von Menschen begründeten Institution seinen Ausdruck findet, die ihrer Existenz jedoch auf das Wirken Gottes zurückführt. Die Spannungen, die sich aus dieser Situation ergeben, sind in der Geschichte der Kirche dort besonders deutlich geworden, wo die Einbindung in Machtstrukturen zu Möglichkeiten einer politischen Einflussnahme der Kirche geführt haben.

Islam

nahe gelegt, ihre Entscheidungen in gegenseitiger Beratung zu treffen (Sura 42:38), Verantwortung dem Fähigsten zu übertragen und Gerechtigkeit zu üben (Sura 4:58) und mit Meinungsverschiedenheiten, die der Prophet als **Segen für meine Gemeinschaft** bezeichnete, konstruktiv umzugehen. **Die Gläubigen sind Geschwister. Stiftet darum Frieden zwischen euren Geschwistern und seid gewissenhaft vor Gott ...** (Sura 49:10)

Hinduismus

der Großen Göttin. Aber auch hier gibt es viele Untergruppen. Als moderner Hindu sucht man zwischen den vielen unterschiedlichen hinduistischen Gruppierungen seinen eigenen Weg, vorzugsweise mit der Hilfe eines persönlichen spirituellen Lehrers, des Guru.

Buddhismus

(dharma) und der Gemeinschaft nimmt und Erleuchtung anstrebt, ist Teil des *Sangha*. Im nördlichen Buddhismus *(Mahayana)* versteht man unter dem »verwirklichten Sangha« alle mitfühlenden Erleuchtungswesen *(Bodhisattvas)*, die zum Wohle aller noch nicht ins Nirvana eingetreten sind. Sie sind Helfer und Geleiter auf dem Weg.

Religionszugehörigkeit

In das Judentum wird man geboren. Jude ist, wer von einer jüdischen Mutter geboren wurde. Sie vererbt nach traditioneller Ansicht das Judentum. Dennoch kann man in das Judentum eintreten. Das berühmteste Beispiel erzählt das Buch Rut. Immer schlossen sich Menschen dem Judentum an. Es ist ein längerer und oft schwieriger Weg. Doch am Ende steht ein *Din Tora* (= ein rabbinisches Gericht), das den Aufnahmewilligen prüft. Bei Frauen ist dann noch ein Gang in die *Mikwe*, das rituelle Tauchbad, vorgeschrieben, das symbolisch das vorherige Leben ab-

Ein wesentliches Merkmal der Zugehörigkeit zur christlichen Glaubensgemeinschaft besteht in der Taufe. Die meisten ChristInnen werden bereits als Kinder getauft, es gibt jedoch auch Glaubensgemeinschaften, in denen die Erwachsenentaufe üblich ist. Mit der Taufe verbindet das Christentum die Heilszusage Gottes, dessen Gnade im Leben des oder der Getauften wirksam ist. Beim Übertritt zur christlichen Religion wird die Taufe gelegentlich auch mit einem Taufunterricht verbunden, in dessen Verlauf die Täuflinge mit den Inhalten der christlichen Re-

Zur Gemeinschaft gehört jemand, der in eine muslimische Familie hineingeboren wurde. Es bedarf dazu keiner Aufnahme; Bräuche anlässlich der Geburt eines Kindes, die Beschneidung eines Knaben und dergleichen sind keine Aufnahme- oder Initiationsrituale. Mit der Pubertät ist ein Muslim religiös erwachsen; zur Gemeinschaft gehört außerdem jemand, der zum Islam übergetreten ist, indem er nach entsprechender persönlicher Auseinandersetzung das

Hindu ist man durch Geburt in eine der indischen Stände (Brahmanen, Adel/Krieger, Versorger, Bedienste) und eine spezielle Kaste. Des Weiteren erkennt man die Geltung der heiligen Schriften *(Veden)* und die Stellung der Priesterschaft *(Brahmanen)* an. Es gibt keine hinduistische Taufe im Sinne eines Aufnehmens in die Glaubensgemeinschaft; gleichwohl gibt es einen Geburtsritus der mit einer Namensgebung *(namakarana)* verbunden ist: Das Kind bekommt neben dem öffentlichen auch einen geheimen Namen, der nur den Eltern bekannt ist:

BuddhistIn ist, wer auf Buddhas Pfad zum Wohle aller Wesen nach Erleuchtung sucht. Das bedeutet auch, dass man BuddhistIn nicht wird, weil man an etwas glaubt, sondern weil man etwas tut, durch tägliche Praxis der Meditation. Teil der Gemeinde, des *Sangha*, wird man dadurch, dass man Zuflucht nimmt: Nicht Zuflucht zu vergänglichen Dingen wie Reichtum, Schönheit, Macht, sondern zum unvergänglichen, höchsten Glück der Erleuchtung: **Ich nehme Zuflucht zum Buddha (der vollen Entwicklung des Geistes). Ich nehme Zuflucht zum dharma (seinen**

Judentum

wäscht. Der Mann wird in der Regel beschnitten. Dann aber sind die betreffenden »vollwertige« Juden. Sie erhalten, wie alle Juden, auch einen jüdischen Namen, mit dem sie zum Beispiel zur Toralesung aufgerufen werden. Und symbolisch erhalten sie einen neuen Elternteil. Die Männer heißen nun, sagen wir David, **Sohn des Abrahams**. Und die Frauen werden zu Töchtern der Stammmutter Sara.

Christentum

ligion vertraut gemacht werden. Die Taufe geschieht in der Form, dass der Kopf des Täuflings unter dem Sprechen der trinitarischen Formel (**im Namen des Vaters und des Sohnes und des Heiligen Geistes**) mit Wasser übergossen oder der ganze Körper ins Wasser eingetaucht wird. Das Wasser steht als Symbol der Reinigung für die Erneuerung des Lebens, die Menschen in der Nachfolge Christi zuteil wird.

Islam

Glaubenszeugnis (**Ich bezeuge, dass es keinen Gott gibt außer Gott, und ich bezeuge, dass Muhammad Gottes Gesandter ist**) vor mindestens zwei Zeugen ausgesprochen hat. Die Kriterien dafür, ob jemand aufgrund seiner Handlungen »schwere Sünden« oder Anschauungen (»Götzendienst«, Atheismus, Leugnen der theologischen Grundprinzipien etc.) nicht mehr zur Gemeinschaft zählen kann, sind umstritten.

Hinduismus

Dieser befasst den wahren und spirituelle Kern des Menschen und beschützt ihn vor schlechten Einflüssen. Ein hinduistisches Glaubensbekenntnis als solches gibt es nicht. Anstelle davon rezitieren Hindus häufig heilige Silben *(mantras)* und Anrufungen wie **Om! Verehrung an Shiva!** *(Om Namah Shivaya)*. Jeder hohe Hindu sollte nach seiner Schülereinweihung *(upanayana)* das vedische Gayatri-mantra täglich wiederholen: **Wir meditieren über den Glanz des Urgrunds allen Seins. Möge er unseren Geist erleuchten!**

Buddhismus

Lehren). Ich nehme Zuflucht zum sangha (Gemeinschaft mit den Freunden auf dem Weg). Buddha, Dharma, Sangha werden auch die »drei Juwelen« *(triratna)* genannt. Das (tägliche) Wiederholen dieser Formel ist für BuddhistInnen Bekenntnis und Ausrichtung in der Meditation. Im Diamantweg nimmt man zusätzlich noch zum Lehrer (tibet. *Lama*) Zuflucht: Er vereinigt Segen, Schutz und Mittel zum schnellen Fortschritt auf dem Weg.

Geistlichkeit

Das Judentum kennt keine Hierarchie. Das war in biblischen Zeiten anders. Da existierte ein König, eine Priesterschaft. Doch seit der Zerstörung des Tempels hat sich die pharisäische Volksnähe durchgesetzt. Im Prinzip gibt es auch keine Geistlichen, keine Priester mehr. Die Rabbiner sind Lehrer, Richter. In traditionellen Gemeinde sprechen sie auch nicht den Priestersegen über die Gemeinde, es sei denn, sie gehören dem Stamm der *Cohanim* an. Denn Israel ist in drei Gruppen unterteilt, drei Familiengruppen, den Priestern, *Cohanim*, den *Leviten*, die den Pries-

Die Organisation und Gestaltung des Lebens einer christlichen Glaubensgemeinschaft geschieht je nach Konfession in unterschiedlicher Form. In der römisch-katholischen und in der orthodoxen Kirche ist das geistliche Amt an eine Weihe gebunden, die jedoch ausschließlich Männern vorbehalten ist. Den Priestern übergeordnet sind in der römisch-katholischen Kirche die Bischöfe, deren Amt in apostolischer Sukzession weitergegeben wird. Oberhaupt der Kirche ist der Papst als Nachfolger des Apostels Petrus und als Stellvertreter Jesu Christi auf Erden. Das orthodoxe Christentum kennt keine dem Papst vergleichbare Autorität, obwohl sich die verschie-

Im Islam gibt es keine PriesterInnen. Jede religiöse Aufgabe kann theoretisch von jedem/jeder wahrgenommen werden, der/die die Fähigkeit dazu hat. Für LehrerIn, SeelsorgerIn, RichterIn usw. ist ein Fachstudium die Voraussetzung. *Imam* bedeutet wörtlich »jemand, der vorn steht«, der Leiter eines Gebets, der Leiter einer Gemeinde oder Moschee, oder ein führendes Vorbild an Wissen und Charakter (wie z.B. große Gelehrte, die Imame aus der Familie des Propheten usw.). Frauen stehen in der Regel nicht vor gemischten Gebetsgemeinschaften, leiten

Die Brahmanen bilden seit Urzeiten den Priesterstand, ihre Aufgabe bestand in alter, vedischer Zeit im buchstabengetreuen Vollziehen der komplizierten Opfer und Riten. Als Brahmane wird man geboren, von früher Kindheit an werden die Veden studiert und auswendig gelernt. Einzelne Familien und Sippen hüten dabei Teile der Überlieferung: Brahmanen waren und sind vor allem Ritualspezialisten. Sie versorgen die Opfer in den Tempeln, verfassen aber

Im Buddhismus gibt es keine Priester. Der Buddha stiftete allerdings einen geistlichen Orden. Das Einhalten genauer Regeln und der Verzicht auf weltliche Dinge (Beziehungen, Besitz) gibt Mönchen und Nonnen gute äußere Bedingungen zur Meditation und so letztlich zur Befreiung und Erleuchtung. Im südlichen Buddhismus *(Theravada)* stehen Laien und Nonnen unter den Mönchen. Mönche wirken als geistliche Berater der Laien. Laien versorgen die Klöster und erwerben so Verdienste für eine gute Wiedergeburt, in der sie als Mönch Erleuchtung verwirklichen können. Im nördlichen Buddhismus *(Mahayana)* ist die Stellung der Laien in vielen Schulen gleich: Sie leben in der Welt, stellen sich allen weltlichen Sorgen und gehen Buddhas

Judentum

tern assistierten, und *Israel*, alle anderen. Zum Priestersegen kommen die Nachkommen aus dem Priestergeschlecht nach vorn, die *Cohanim* und segnen wie in biblischen Zeiten, die Gemeinde Israel. In den liberalen und Reformgemeinden geht die Rabbinerausbildung stärker in Richtung Seelsorge. Das Ansehen eines Rabbiner hängt von seinem Wissen ab. Wie er sein Amt ausübt, bestimmt den Grad der Autorität, die ihm zuwächst.

Christentum

denen eigenständigen Kirchen als Einheit verstehen. Als »Ehrenoberhaupt« der orthodoxen Kirche – allerdings ohne Weisungsbefugnis – fungiert der Patriarch von Konstantinopel (heute Istanbul). Auch in der evangelischen Kirche gibt es kein oberstes Hirten- oder Priesteramt. Das Bischofsamt ist in dieser Konfession nicht an eine Sukzession gebunden. In den meisten evangelischen Kirchen besteht im Unterschied zur römisch-katholischen und zur orthodoxen Kirche für Frauen die Möglichkeit, das Amt der Pfarrerin auszuüben.

Islam

jedoch seit jeher die Gebete für Frauen. Im türkischen Sprachgebrauch bezeichnet man religiöse LehrerInnen als *Hodscha*. LehrerInnen an religiösen Hochschulen oder in spirituellen Traditionen (z. B. Sufiorden) bezeichnet man als *Sheikh* bzw. *Sheikha* (weibl.). Im schi'itischen Sprachgebrauch bezeichnet man einen einflussreichen Gelehrten als »Zeichen Gottes« *(Ayatullah)*.

Hinduismus

auch z. B. Horoskope. Gegenüber diesen bürgerlichen Priestern stehen die Asketen, Yogis und Heilige *(Sadhus)*, die durch Übertragung von einem Lehrer oder aus eigener Kraft den Weg zur Befreiung aus dem Kreislauf der Wiedergeburten verwirklichen. Sie wirken als *Gurus* (= spirituelle Lehrer) auch im Westen. Viele tragen den Ehrentitel *Shri* (= Erhabener), z. B. Shri Vivekananda.

Buddhismus

Weg. Viele Schulen haben Übertragungslinien: Ihre Lehren werden nicht nur durch Schriften, sondern von LehrerIn zu SchülerIn in direkter Linie vom Buddha übertragen. So wird die Reinheit der Belehrungen gewahrt. In den ostasiatischen Schulen heißen Übertragungshalter »Patriarchen«. Im Diamantweg sind die anerkannten LehrerInnen *(Lamas und Laminis)* auch LinienhalterInnen. *Tulkus*, d. h. bewusst wiedergeborene hoch entwickelte Wesen *(Bodhisattvas)*, tragen den Titel *Rinpoche;* die Hüter der großen Schulen wie der Karmapa und der Dalai Lama werden mit »Seine Heiligkeit« angesprochen.

Gebet

Das Gebet ist so vielfältig, mal Lobpreis Gottes, mal Bittgebet, mal Dank. Es existieren Gebetszeiten und Gebetsordnungen, die regional durchaus variieren. Im Gebet sucht der Einzelne die Zwiesprache mit seinem Schöpfer. Doch stets bleibt er Teil der Gemeinschaft. Auch als Beter ist er eines der Kinder Israels. In großer Not, etwa wenn ein naher Angehöriger oder Freund schwer krank ist, greifen viele zu den Psalmen. Zu wissen, dass diese Gebete seit über 2.500 Jahren gebetet werden, ist in sich oft schon ein Trost. Gebete und Segenssprüche begleiten viele

Im Gebet geschieht die Anrufung Gottes in Form der Bitte, des Dankes und des Lobes. Das Neue Testament wirft durch die Formulierung **Bittet, so wird euch gegeben** in Matthäus 7.7 die Frage auf, ob ein richtiges Gebet dadurch qualifiziert ist, dass von göttlicher Seite dem Gebetsanliegen entsprochen wird. Der Leistungsgedanke, der durch ein derartiges Gebetsverständnis transportiert würde, entspricht jedoch nicht dem eigentlichen Sinn des Gebetes. Der erlösende Charakter eines Redens mit Gott im Gebet ist darin begründet, dass Menschen sich im Vertrauen Gott zuwenden und dabei ihre Hoffnungen, Ängste und Wünsche frei aussprechen

Das rituelle Gebet (*salah* = Verbindung) besteht aus einer Abfolge von Koranrezitationen, Körpergesten der Hingabe und des Vertrauens sowie Lobpreisungen, Segenswünschen und Fürbitten. Es wird in der Regel fünfmal täglich vollzogen, möglichst in Gemeinschaft und in vollständiger Andacht. Am Anfang jeder Gebetszeit wird zum Gebet gerufen. Das geschieht vom Minarett, dem Turmbau einer Moschee. Versäumte Gebete werden nachgeholt, auf Reisen usw. werden Gebete gekürzt. Das persönliche Gebet (*du'a* = Ruf) ist unabhängig von rituellen

Es gibt unzählige Gebete, aber keine Pflicht zum regelmäßigen Gebet. Hindus bitten ebenso wie Juden, Christen und Muslime natürlich auch um alltägliche Dinge. Versenkung und Schauen des Göttlichen im Gottesbild des Tempels *(darshana)* steht allerdings spirituell höher als Bitten um irdisches Glück. Beten ist auf der höchsten Stufe ein Ausdruck der liebevollen

BuddhistInnen beten nicht. Sie meditieren. Schließlich geht es nicht um die Verehrung eines Gottes, sondern um Erleuchtung. Viele Abschnitte der Meditationen gleichen allerdings Gebeten. Es handelt sich um Wünsche, die man zum besten aller Wesen macht, um Bitten an den geistigen Lehrer. Da der Buddhismus verschiedene geeignete Mittel *(upaya)* verwendet, um Menschen auf dem Weg zur Erleuchtung zu helfen, wird manchmal auch das menschliche Bedürfnis, zu verehren und anzubeten, einbezogen. Zum Beispiel wird im Amida-Buddhismus Japans die

Judentum

durch den Tag. Die Einheit von Beten, Lernen, Arbeiten gilt als Ideal. Die Heiligung des Alltags ist das Ziel. Man spürt, wie sehr die Pharisäer das heutige Judentum geformt haben – diese waren fast alle Handwerker. Auch heute kommen Männer und Frauen, vor oder nach der Arbeit, zum Lernen und Beten in das »Bethaus«, in das Lehrhaus, in das »Haus der Versammlung«, kurz in die *Schul*, wie oft die Synagoge genannt wird.

Christentum

können. Zugleich steht das Gebet als gesprochenes oder gedachtes Wort immer auch in einem Zusammenhang mit dem Tun von Menschen. Dies wird in der Regel des Mönches Benedikt von Nursia deutlich, der die Verbindung von Wort und Tat mit dem Satz **Bete und arbeite** *(ora et labora)* umschrieben hat. Ein Gebet, das für den Glauben und das Leben der ganzen Christenheit unvergleichliche Bedeutung erlangt hat, ist das Vaterunser aus Matthäus 6.9-13.

Islam

Formen. Es wird frei formuliert oder nach überlieferten Vorgaben gesprochen. Die Lobpreisungen *(tasbih)* folgen oft dem rituellen Gebet, vor allem an Festtagen, werden aber auch spontan oder meditativ (mit der Gebetskette) gesprochen. **Und wenn Meine Diener dich nach Mir fragen: Ich bin nahe. Ich höre den Ruf des Rufenden, wenn er mich anruft. So sollen auch sie auf Mich hören und an Mich glauben, so dass sie recht geleitet sind.** (Sura 2:186)

Hinduismus

Hingabe an den Allgott (z.B. Vishnu oder Shiva). In Hinduhaushalten wird traditionell zum Sonnenauf- und -untergang ein Lichtopfer dargebracht, das mit einem bestimmten Gebet *(arti)* verbunden ist: **Heil Dir, König des Universums** *(Jagadisha, Vishnu)* **Du, der in einem einzigen Augenblick die Sorgen und Nöte derer vertreibst, die Dich lieben, sei gegrüßt ...**

Buddhismus

Hilfe des jenseitigen Buddhas Amida *(Amitabha)* angerufen. Im Diamantweg arbeitet man mit Vorstellungen von Erleuchtungsaspekten (Buddhaformen), welche die schlummernden erleuchteten Eigenschaften wachrufen. Das Sagen von heiligen Silben *(Mantras)* verbindet dann die äußere mit der inneren Wahrheit. Die 108-perligen Ketten, mit denen man die Mantras zählt, werden manchmal fälschlich Rosenkranz oder Gebetsschnur genannt: In Wirklichkeit ist solch eine sogenannten *Mala* ein Hilfsmittel zur Meditation.

Meditation

Jedes Gebet ist an sich auch eine Form der Meditation, der Konzentration, des In-sich-Hineinhorchens, des Loslassens. Meditationsriten oder Übungen sind dennoch weitgehend unüblich, obwohl die Gesänge, vor allem deren Intensität und Länge, als auch das Tanzen in

Eine christliche Meditationstradition wurde bereits zur Zeit der Alten Kirche begründet und durch das Mönchtum im Mittelalter fortgeführt. Ein christliches Glaubensleben, in dem meditative Übungen und die Offenheit der Seele für Gott ein wesentliches spirituelles Element darstellen, steht in der Geschichte des Christentums oft in engem Zusammenhang mit einer asketischen Lebensweise. Die Entwicklung und Systematisierung von speziellen geistlichen

Verschiedene Formen der Meditation *(Dhikr* = Erinnerung, Gedenken*)* werden besonders bei den Sufis geübt mit dem Ziel, Achtlosigkeit und Ichbezogenheit abzubauen und sich Gottes Gegenwart und den Urbund jedes Menschen mit Gott bewusst zu machen. Abgesehen von Gebet, Nachdenken, Lesen und Studium des Koran geschieht dieses durch gemeinsame laute Wiederholung von Gebetssätzen eines oder mehrerer Gottesnamen, eines kurzen Korantextes o. ä., eventuell mit Gesang und Tanz (»tanzende Derwische«). Es gibt auch stille Meditation mit

Seit alter Zeit ist *Dhyana*, Meditation oder Versenkung, Teil der mystischen Gotteserfahrung der Inder. Bereits in den Geheimlehren der *Upanishaden* wird darunter die Einsgerichtetheit des Geistes auf einen Gegenstand verstanden, welche im klassischen Yoga zum Stillstand der ständigen Bewusstseinsprozesse führt. Patañjalis klassischer Yoga entwickelte in Anlehnung an den buddhistischen achtgliedrigen Pfad ein achtgliedriges System der Meditation, welches Körperhaltungen und Atemübungen einschließt. Ein anderer Weg der Meditation ist die Ver-

Meditation ist das Zentrum des Buddhismus, Meditation ist der Weg zur Erleuchtung.
Der Buddha unterrichtete verschiedene Formen der Meditation entsprechend der Veranlagung und den Bedürfnissen der Menschen. So finden sich in den verschiedenen Schulen auch unterschiedliche Meditationsweisen. In der Meditation der Achtsamkeit *(vipassana)* wird durch das Beobachten des Entstehens und Vergehens von Gedanken und Gefühlen ein Zur-Ruhe-Kommen des Geistes erreicht. Ganz ähnlich wirkt im japanischen Zen-Buddhismus die Sitzmeditation, das *Zazen*. Starre Denkbilder und Verhaltensmuster werden so erkannt und aufgelöst.

Judentum

chassidischen Gemeinden meditative Formen annehmen. Auch das Lernen, etwa spät abends, wenn die Alltagsgedanken abfallen, wenn man ganz im Text aufgeht, kommt der Wirkung einer Meditation nah, obwohl sie nicht angestrebt wird.

Christentum

Übungen geschah durch den Mönch Ignatius von Loyola im 16. Jahrhundert. Auch heute spielt die Meditation eine wesentliche Rolle in den verschiedenen christlichen Konfessionen. Dabei werden in unterschiedlicher Form zunehmend auch Elemente aus östlichen Religionen in die christlich-meditativen Konzepte integriert.

Islam

ähnlichem Inhalt zur Vertiefung. Ferner gibt es das »Dhikr des Herzens«: Es bezeichnet einen Zustand, in dem nach fortschreitender Verinnerlichung ein ständiges Bewusstsein von Gottes Gegenwart vorhanden ist. **Darum gedenket Meiner, Ich will euer gedenken, und dankt Mir und seid nicht undankbar.** (Sura 2:152) **Sie, die glauben und deren Herzen im Gedenken Gottes Trost finden. Ja, im Gedenken Gottes finden die Herzen Trost.** (Sura 13:28)

Hinduismus

gegenwärtigung der Weltwahrheit im Widerhall der Silbe »Om«. In tantrischen Meditationen wird die »Wunschgottheit«, also die persönliche, vorgestellte Meditationsform, zum Zugangs- und Berührungspunkt mit dem Unendlichen. Heilige Schwingungen *(Mantren)* und symbolische Körper- und Handstellungen *(mudras)* fördern die mystische Einswerdung mit *Brahman*, dem Allgrund.

Buddhismus

Es entsteht Raum für die befreiende Erfahrung der Erleuchtung. In der Meditation auf Buddhaformen wird ein anderer Zugang gewählt. Im Diamantweg werden Vorstellungen als Mittel zur Erfahrung von Erleuchtung verwendet. Ein Buddha versinnbildlicht bestimmte Eigenschaften und Tatbereiche der Erleuchtung, die Verschmelzung mit dieser Buddhaform in der Meditation ruft die eigene Buddhanatur wach: Erleuchtung ist bereits Wirklichkeit, ob wir es wissen oder nicht! Am Ende können auf diese Weise Leerheit und Geist, Raum und Freude untrennbar und unmittelbar erfahren werden.

Ritus

Der Ritus ist wichtig. Er strukturiert und ordnet, was in einer Gemeinschaft wesentlich ist und gemeinschaftlich durchgeführt werden kann. Das Ritual schafft etwas Vertrautes, einen Rahmen, in dem man sich auskennt. Kennzeichnend für das Judentum ist das Zusammenspiel von Gemeinschaft, etwa der *Synagoge* als dem Ort des Gemeinschaftsgebetes, und dem Privaten, der Familie. Im Zentrum des öffentlichen Ritus steht der kollektive Nachvollzug des Bundes, die Lesung aus der *Tora* (= fünf Bücher Mose): An zwei Wochentagen, am Schabbat und den Feiertagen werden Abschnitte der Tora und der Propheten gelesen. Der Ritus schafft aber auch Frei-

Ein konfessionsübergreifend praktiziertes Ritual, das alle christlichen Gläubigen miteinander verbindet, ist der Gottesdienst als Versammlung einer christlichen Gemeinde. Diese Zusammenkunft findet in der Regel an jedem Sonntag zu Beginn einer neuen Woche statt. Zusätzlich werden Gottesdienste jedoch auch zu speziellen Anlässen wie z. B. Taufen, Trauungen oder Beerdigungen gefeiert. Der Ablauf geschieht meist nach einer festgelegten liturgischen Ordnung, die sich jedoch in den unterschiedlichen christlichen Kirchen voneinander unterscheidet.

Der Freitag steht symbolisch für den sechsten Schöpfungstag. Am Tag der Versammlung *(Yawm al-Jumu'ah)* kommen Menschen zusammen, um sich an ihre Erschaffung und ihre Verantwortung vor Gott zu erinnern. Der siebte Schöpfungstag wäre demnach der Tag des Gerichts, den wir erwarten und an dem die von Gott gewollten Werte verwirklicht werden.
Das Freitagsgebet nimmt die Stelle des Mittagsgebets ein. Nach einem ersten Gebetsruf *(adhan)* bleibt Zeit für persönliche Gebete. Während des zweiten Gebetsrufs steigt der Prediger auf die

Hindus versammeln sich in Tempeln zur vergegenwärtigenden Schau der Gottheit *(darshana):* Ein Götterbild wird durch die innere hingebungsvolle Verehrung *(bhakti)* der Gläubigen zum bildlichen Sitz des Höchsten, Göttlichen. Blumen, geklärte Butter (sogenannte *Ghee)* und Weihrauch dienen als Opfergaben. Der Mensch erfährt in frommer Andacht die Gegenwart des Gottes oder der Göttin. In alter Zeit sicherte das tägliche vedische Opfer *(yajña)* den geord-

Allgemeine Zeremonien sind selten im Buddhismus: Meditation und Suche nach Erleuchtung eignen sich nicht besonders gut für große wöchentliche Feiern. Doch vollziehen in den Klöstern des südlichen Buddhismus – z. B. in Thailand und Sri Lanka – die Nonnen und Mönche zu Voll- und Neumond *(uposatha)* einen Reinigungsritus in Form einer öffentlichen Beichtfeier *(pratimoksha):* Alle möglichen Verstöße gegen die Ordensregeln werden bekannt und die Reinheit der Gemeinschaft festgestellt. Die Klöster des nördlichen Buddhismus veranstalten re-

Judentum

räume für regionale Schwerpunkte und verstärkt damit die Wiedererkennung. Beispiel: In der früheren DDR konnten nur wenige die Tora im hebräischen Original ohne Vokale lesen, was viel Übung und Wissen voraussetzt. Sie haben sich beholfen – und aus einer gedruckten Bibel gelesen. So feierten sie Gottesdienst, bewahrten die Tradition, haben die Kontinuität gewahrt. Heute sind sie die Basis für ein neues jüdisches Leben, das derzeit entsteht.

Christentum

Generell hat die Versammlung einer Gemeinde zum Gottesdienst die Funktion, sich gemeinsam durch Psalmen, Gebete, Lieder und die Lesung biblischer Texte den Grund zu vergegenwärtigen, auf dem die christliche Kirche steht. Zum anderen geschieht die Zusammenkunft von Gläubigen jedoch auch immer, um sich des Wirkens Gottes in der Welt zu vergewissern und der eigenen Spiritualität gemeinschaftlich Ausdruck zu verleihen.

Islam

Kanzel. In der zweiteiligen Predigt *(khutbah)* geht es meist um die Auslegung eines Korantextes oder ein ethisches oder spirituelles Thema. Der zweite Teil beinhaltet allgemeine Ermahnungen und Fürbitten. Dann folgt das gemeinsame rituelle Gebet von zwei Gebetseinheiten *(Rakat)*. Anschließend gibt es Koranrezitation, Meditation und Zeit für Studienkreise und gemeinschaftliches Miteinander.

Hinduismus

neten Lauf des Universums – ohne Opfer würde die Sonne nicht mehr aufgehen; das Opferfeuer *(agni)* beförderte die Opfergabe zu den GöttInnen, die sich davon nährten. Diese sehr enge Opferauffassung besteht nur noch teilweise. Blutige Opfer (besonders Ziegen) sind vor allem noch unter den AnhängerInnen des Shiva und der Großen Göttin in ihrem zerstörerischen Aspekt *(Durga, Kali)* verbreitet. Hauptopfertage sind Samstag und Dienstag.

Buddhismus

gelmäßig, teilweise täglich, geleitete Meditationen. Im Tibet werden diese feierlichen Meditationen *(puja)* zu schlichten Melodien gesungen. Traditionell wird in Diamantweg-Klöstern der Morgen mit einer *Tara-Puja* begonnen: Einer gesungenen Meditation auf die Befreierin Tara, dem weiblichen Erleuchtungsaspekt des Mitgefühls. Abends gilt die Meditation auf *Mahakala* (= der Große Schwarze) der beschützenden Seite der Erleuchtung.

Heilige Orte

Die Synagoge ist traditionell der Ort des gemeinsamen Gebetes und der Lesungen aus der *Tora* (= fünf Bücher Mose). An der Ostwand, Richtung Jerusalem, befindet sich die »Heilige Lade« mit den Torarollen. Darüber das »ewige Licht«, davor das Pult zur öffentlichen Lesung aus der Tora. Den Gottesdienst leiten kann jeder gebildete Jude. In größeren Gemeinden ist dies die Aufgabe des Rabbiners. Doch es bedarf nicht solch institutionalisierter Räume. Die Gebetsgemeinschaft kann sich im Freien, privat, in Turnhallen oder Kellerräumen oder im Wohnzimmer versammeln. Eine Gemeinde entsteht, wenn zehn Männer (liberal bis konservativ: zehn Frauen

Der Gottesdienst wird in dem Gebäude gefeiert, das in Anlehnung an den Namen der in ihr zusammenkommenden Gläubigen ebenfalls als Kirche bezeichnet wird. Zentrum der Kirche ist der Altar. Dort feiert die christliche Gemeinde im Gedenken an die Erlösung und Befreiung der Menschen durch Jesus Christus im Rahmen des Gottesdienstes das Abendmahl. In den orthodoxen Kirchen kommt dem Altar zudem die Bedeutung als Thron Christi zu. In der Nähe des

Die Moschee ist »Ort der Niederwerfung im Gebet« *(masjid)* oder Versammlungsort *(jami')* und dient dem gemeinsamen Gebet, Studium – Hochschulen sind oft aus Studienkreisen in der Moschee entstanden – und Gedankenaustausch. Wichtig ist Sauberkeit und die Ausrichtung nach Mekka durch die Gebetsnische *(mihrab)*. Meist gibt es auch eine Kanzel für Predigten. Angegliedert sind oft eine Schule und soziale Einrichtungen für Reisende, Arme und Kranke. Zur Prophetenzeit standen beim rituellen Gebet die Frauen hinter den Männern, und Frauen

Die Hindu-Tempel stellen Abbildungen des Kosmos in sehr ausgefeilter Symbolik dar. Der zentrale Turm *(shikhara)* über dem Götterschrein ist ein Abbild des Weltenberges Meru. In den vielfältigen Reliefs und Wandmalereien wird die gesamte Götterwelt und Mythologie entfaltet. Der Mensch betritt ein Abbild der spirituellen Wirklichkeit. AnhängerInnen des Hochgottes Shiva verehren ihren Gott auch in einer nichtbildlichen Form, in einem *lingam*. Dies ist ein

Da Götter im Buddhismus keine Rolle spielen, muss man sie auch nicht an heiligen Orten wie Tempeln verehren. Manchmal spricht man von buddhistischen Kulträumen der Einfachheit halber als Tempel. Tatsächlich sind Meditationshallen *(tibetisch Gompas)* mit vielen Buddhabildern, Butterlichtern und Weihrauchschwaden äußerlich nur schwer von Göttertempeln zu unterscheiden. Doch handelt es sich hierbei erneut um ein geschicktes Mittel: Das Bedürfnis der Menschen nach Kult und Verehrung wird zur Hinführung zum Wesentlichen – Erleuchtung – verwendet. Heilig – oder besser: kraftvoll, bedeutungsvoll – sind vor allem die Orte,

Judentum

und Männer) zum Gebet zusammenkommen. Es existieren zahllose kleine Gebetsstuben. Was früher in Deutschland viele aus Osteuropa stammende strenggläubige Juden und Jüdinnen praktizierten, denen der »deutsche« Ritus des Gottesdienstes zu anders, zu fremd war, praktizieren heute manche progressive Gruppen, denen die Einheitsgemeinde Räumlichkeiten verweigert. Sie beten dort, wo sie einen Raum finden. Inbrunst und Wirkmächtigkeit des Gebetes, die Überzeugung, dass es vor den Thron des Allmächtigen gelangt, hängt nicht vom Ort ab.

Christentum

Altares (meist auf ihm) befindet sich in der Erinnerung an das Leben, den Tod und die Auferstehung Jesu das Kreuz als zentrales Symbol des christlichen Glaubens. Eine ebenfalls wichtige Funktion haben im Kirchengebäude der Taufstein oder auch das Taufbecken, wo die Täuflinge auf den Namen des dreieinigen Gottes getauft werden.

Islam

lehrten auch öffentlich in der Moschee. Erst später entstand eine größere Geschlechtertrennung, z. T. mit speziellen Frauenräumen. Das Extrem, der Moscheebesuch sei »Männersache«, widerspricht der Mahnung des Propheten: **Verbietet Gottes Dienerinnen nicht die Moscheen!** In Deutschland gibt es viele improvisierte Moscheen aus Wohnungen, Fabrikgebäuden u. ä., da zum Neubau oft weder Mittel noch Genehmigungen zur Verfügung stehen.

Hinduismus

steinerner Phallus (Penis), Zeichen der Schöpfungskraft und Macht. Shivas Kraft *(shakti)* ist die Große Göttin *(Shri Devi)*. Sie wird oft durch einen steinernen Schoß *(yoni* = Vagina*)* dargestellt. Sexuelle Symbole sind in der indischen Mystik häufig. Shiva selbst vereinigt Askese *(tapas)* und Sexualität *(kama)*, so wie er auch die Gegensätzlichkeiten Schöpfung und Vernichtung, Mann und Frau, Geist und Materie in sich vereinigt.

Buddhismus

an denen Erinnerungen an den historischen Buddha Shakyamuni verehrt werden: die Stupas. Stupas glichen ursprünglich Grabhügeln, befassten sie doch zuerst Reliquien. Da Buddhas Lehre nach dessen Eintritt ins endgültige Nirvana die Menschen leitet, wurden später hier auch buddhistische Texte bewahrt. Stupas wurden zu Erleuchtungstürmen, Sinnbildern der von Erleuchtung durchdrungenen Welt. Pilger umschreiten einen Stupa immer mit dem Uhrzeigersinn, so dass die rechte Schulter dem Bau zugewandt ist. Das zeugt von Respekt und Hingabe zu Buddhas Lehre.

Feiertage

Gefeiert und gebetet wird in der Synagoge und zu Hause. Vor allem der *Schabbat*, der wöchentliche Ruhetag, ist ein Familienfest und zudem der wichtigste Feiertag. Mit einer Ausnahme: Noch heiliger ist *Jom Kippur*, der Versöhnungstag, der auf das Neujahrsfest folgt, mit dem der jüdische Kalender im frühen Herbst beginnt. Ihnen voraus geht eine Zeit der Einkehr und der Umkehr zu Gott. Es folgt das Laubhüttenfest, das in Erinnerung an den Auszug aus Ägypten in leicht und schnell gebauten Hütten gefeiert wird. Im Frühling folgt *Pessach*, das

Die jährlich wiederkehrenden drei großen Feste des christlichen Kirchenjahres sind das Weihnachts- bzw. Christ-, das Oster- und das Pfingstfest. In der römisch-katholischen und in der orthodoxen Kirche werden zusätzlich Heiligen- und Lokalfeste begangen. Am Weihnachtsfest gedenkt die Christenheit der Geburt Jesu und des Kommens Gottes in die Welt. Das Osterfest wird gefeiert in Erinnerung an Jesu Tod am Kreuz am Karfreitag auf dem Berg Golgatha und seine Auferstehung von den Toten am dritten Tag nach seiner Kreuzigung. Am Pfingstfest gedenkt die christliche Gemeinde der Ausgießung des Heiligen Geistes über die Gläubigen

Am Freitag findet der wöchentliche Hauptgottesdienst statt. Er entspricht dem sechsten Schöpfungstag, an dem der Mensch geschaffen wurde: An diesem Tag *(Yawm al-Jumu'ah)* versammeln sich die Menschen, um vor ihren Schöpfer zu treten. Eines der beiden Hauptfeste ist das Fest des Fastenbrechens *('Id al-Fitr)* am 1. Shawwal (nach dem Ramadan). Nach einem Frühstück mit Süßigkeiten und einer Spende für die Armen nimmt man am Festgebet teil und verbringt den Tag gesellig. Kinder bekommen Geschenke.

In vielen Tempeln sind Dienstag und Samstag allgemeine Opfertage. Im Laufe des Jahres gibt es unzählige große und kleine Feste *(vrata)*. Man sagt, für jeden Tag gebe es ein Hindufest! Typischerweise werden dabei in Prozessionen Götterbilder *(murti)* durch die Stadt getragen oder auf Wagen durch die Straßen geleitet. Zum Beispiel wird der elefantenköpfige Gott Ganesha, Sohn Shivas, am vierten Tag des Monats *Bhadrapada* (= August – September) im indischen Bundesstaat Maharashtra mit einem riesigen Umzug geehrt *(Ganesha Caturthi)*. Gott

BuddhistInnen haben keinen festen heiligen Wochentag. Sie kommen nicht zu einem wöchentlichen Ritual zusammen. Freilich meditiert die Klostergemeinschaft zu festen Zeiten und betrachtet Buddhas Wort; auch Laiengemeinschaften treffen sich regelmäßig. Der Mondzyklus spielt bei Festen eine große Rolle: Zu Voll- und Neumond werden die Klosterregeln in einer Beichtfeier bestätigt *(pratimoksha)*. Am ersten Frühlingsvollmond wurde der Buddha geboren, erlangte Erleuchtung und ging ins »endgültige Nirvana« ein (= starb). Daran erinnert all-

Judentum

»Fest unserer Freiheit«. Es wird vor allem am heimischen Tisch gefeiert, mit der lesenden Nachvollziehung des Auszugs aus Ägypten und des Bundesschlusses. Siebenmal sieben Tage später wird das »Wochenfest«, das an die »Gabe der Tora« am Sinaï erinnert, das »Fest der geistigen Freiheit«, gefeiert. Hinzu kommen Halbfeiertage und neuere Gedenktage, wie der *Jom HaSchoa*, der Gedenktag an die Opfer des Dritten Reiches. Ein Freudentag in vielen Gemeinden ist auch der Unabhängigkeitstag des Staates Israel.

Christentum

und der Gründung der Kirche, die nach den Erzählungen des Neuen Testaments 50 Tage nach der Auferstehung Jesu von den Toten in Jerusalem geschah. Im Gedenken an die im Leben Jesu geschehene Überwindung des Todes, das in der Feier des Ostersonntag seinen Höhepunkt findet, wurde im Christentum der Sonntag als erster Tag der beginnenden Woche zum heiligen Tag und, in Anlehnung an die Schöpfungsgeschichte, auch zum Ruhetag erklärt.

Islam

Das zweite Hauptfest ist das Opferfest *('Id al-Adha)* am 10. Dhul-Hijjah. An diesem Tag wird in Erinnerung an Abrahams Prüfung nach dem Festgebet ein Schaf geschlachtet und zu je einem Drittel an Arme, Nachbarn und Angehörige verteilt. Der Geburtstag des Propheten am 12. Rabi' al-Awwal wird regional unterschiedlich mit Gedichten und Liedern zu seinem Leben und Wirken begangen. Jahreszeitenfeste (z. B. das Frühlingsfest *Nawruz*) sowie Gedenktage bekannter Gelehrter und Mystiker sind von lokaler Bedeutung.

Hinduismus

Ganesha ist besonders beliebt, da er Schwierigkeiten aller Art aus dem Weg räumt. Ein zehntägiges Erntefest *(Navaratri)*, gilt im September-Oktober den Göttinnen Sarasvati (Kultur), Lakshmi (Wohlstand) und Durga (weibliche Energie und Vernichtung). Am bekanntesten dürfte das indische Lichterfest *Divali* sein (Oktober – November): Über fünf Tage lang wird mit Lichtopfern und ohrenbetäubenden Feuerwerk für eine glückliche Zukunft gebetet.

Buddhismus

jährlich u. a. mit Prozessionen das Vesakh-Fest. Im Zen wird auch der großen Meister dieser Schule, Bodhidharma und Dogen, mit einer Feier gedacht. Im tibetischen Buddhismus ist beinahe jeder Mond-Tag einem Erleuchtungsaspekt geweiht. Als bedeutendstes Fest gilt das tibetische Neujahrsfest *Losar* (= Februar – März); zu dieser Zeit wird auch das dreiwöchige Große Wunschgebet-Fest *(Mönlam)* für die Ankunft des Zukunfts-Buddha Maitreya zelebriert.

Pilgerfahrt

Die biblischen Wallfahrtsfeste sind die alten Erntedankfeste, an denen im Tempel die Erstlinge dargebracht wurden. Doch schon sehr früh wurden diese argrarischen Inhalte durch die Erinnerung an den Auszug aus Ägypten *(Exodus)* überlagert. So feiern wir also beides, als Dank für das, was der Allmächtige aus der Erde hervorsprießen lässt, um uns zu ernähren, und Dank dafür, dass er uns die Freiheit schenkte, seinen Bund schloss, uns seine *Tora* (= Weisung,

Die gemeinschaftliche oder allein durchgeführte Reise zu Heiligen Stätten ist auch im Christentum üblich und hat eine lange Tradition. Beliebtes Ziel einer Pilgerreise ist schon seit den Anfängen des Christentums der Ort Jerusalem. Auch zu den Gräbern der Apostel pilgerten christliche Gläubige schon sehr früh: So haben vor allem die Städte Rom als Ort, an dem die Apostel Petrus und Paulus hingerichtet wurden, oder auch Santiago de Compostella als vermeintliche Grabstätte des Apostels Jakobus eine große Bedeutung als heilige Stätten des Christentums er-

Als ein Pfeiler des Islam ist die Pilgerfahrt nach Mekka *(hajj)* für Männer und Frauen verbindlich. Die dortigen Riten vergegenwärtigen die Geschichte von Abraham, Hagar und Ismail. Zentrum ist die Ka'ba, die als ältestes dem einen Gott geweihtes Gebetshaus gilt. Die Hajj ist ein Neuanfang im Leben. Außerhalb der Pilgerzeit gibt es den Besuch in Mekka *(umrah)*. In Medina, das im Zusammenhang mit der Hajj besucht wird, gibt es keine festen Riten. Man führt möglichst in der Prophetenmoschee 40 Tagesgebete durch, um so die Verbindung zum Prophe-

Pilgerfahrten zu heiligen Stätten werden seit klassischer Zeit von den Brahmanen als besonders heilswirksam angepriesen: Sie reinigen schlechtes Karma und bringen eine bessere Wiedergeburt. Inzwischen leben ganze Industrien vom Wallfahrtstourismus. In der Regel werden mehrere heilige Plätze bei einer Reise besucht. Man opfert in allen Tempeln und zieht weiter. Besonders beliebte Pilgerziele sind die Geburtsorte der Götter bzw. ihrer »Herabkünfte« *(avataras)* wie *Mathura* (Vishnus Herabkunft als Krishna) oder *Ayodhya* (Vishnus Herabkunft als

Traditionell gibt es acht große indische Pilgerorte, die mit dem Leben des historischen Buddha verbunden sind: Buddhas Geburtsort Lumbini (Nepal), die Stätte seiner Jugend und Weltentsagung Kapilavastu, der Ort seiner Erleuchtung (Bodh-Gaya), der Ort seiner ersten Predigt (Sarnath bei Benares), Buddhas bevorzugter Aufenthaltsort während der Regenzeit (Sravasti), wo er ebenso Wunder gewirkt haben soll wie in Sankhisa und Vaishali, und schließlich der Ort seines Eintritts ins Nirvana, sein Sterbelager in Kushinagara. Eine Pilgerfahrt zu diesen kraft-

Judentum

d. h. die fünf Bücher Mose) gab. Von überall her *(Diaspora)* strömten die Menschen zum Tempel nach Jerusalem, um Gott für beides zu preisen. Der Tempel wurde durch die Römer zerstört. Doch der Kult blieb im Gebet bis heute erhalten. Die drei Wallfahrtsfeste sind zudem Eckfeiler der messianischen Hoffnung, dass die Erlösung einst mit der Völkerwallfahrt nach Jerusalem ihren Ausgang nimmt.

Christentum

langt. Neben dem Besuch dieser für das Christentum wichtigen Orte stellt jedoch auch die Reise dorthin an sich schon einen Wert dar. So ist beispielsweise das weit verbreitete Wegenetz für die Pilgerreise nach Santiago de Compostella ein Zeichen dafür, dass Menschen auf der Suche nach einem Ziel dieses auch in dem bewusst beschrittenen Weg dorthin suchen können. Die römisch-katholische Tradition kennt zudem die Tradition einer Wallfahrt zu Kirchen oder Stätten, die Maria, der Mutter Jesu, geweiht sind.

Islam

ten und der Urgemeinde zu verstärken. In Jerusalem betet man in den beiden Moscheen, erinnert sich an die Geschichten der Gesandten Gottes und die Himmelsreise des Propheten Muhammad und betet für sie alle um Segen. Abgesehen von der religiösen Bedeutung ist die Pilgerfahrt ein Anlass zur Begegnung und zum Austausch von Wissen und Erfahrungen. Nichtmuslime haben in der Regel keinen Zugang zu den heiligen Stätten in Mekka und Medina.

Hinduismus

Rama). Auch an heiligen Gewässern entstanden Wallfahrtsorte, z. B. bei Prayag/Allahabad am Zusammenfluss der Yamuna mit der heiligen *Ganga* (= Ganges). Einmal in zwölf Jahren (zuletzt 2001) kommen Millionen Pilger hier zum *Maha Kumbha Mela* zusammen und feiern die Tropfen des Unsterblichkeitsnektars Amrita, welche hier vor Urzeiten auf die Erde fielen.

Buddhismus

vollen Orten gilt als sehr verdienstreich. Die buddhistischen Länder haben daneben ihre eigenen Pilgerorte. So wird z. B. in Sri Lanka auf dem Berg Adam's Peak der Fussabdruck des Buddhas gezeigt – Buddha soll die Insel Lanka (Ceylon) dreimal wundersam besucht haben. Die Eindruck erweckende Svayambunath-Stupa bei Kathmandu ist das bedeutendste Heiligtum Nepals. In Tibet gilt der Jokhang –Tempel in Lhasa als wichtigstes Pilgerziel. Er beherbergt ein wunderkräftiges Buddhabild.

Jahresfeste

Freude und Einkehr, Erinnerung an Vergangenes, Besinnung, Zeiten des Fastens durchwandern das jüdische Jahr. Die Hauptfeiertage sind eingebunden in Zeiten der Einstimmung. Im Herbst steht die Umkehr, das Bekennen der Sünden, die Einladung zum Neubeginn im Zentrum. Im Winter ist es das Lichterfest *Chanukka*, das an den Sieg der Makkabäer über die Griechen und die Wiedereinweihung des Tempels erinnert. Im Frühjahr ist es die Erinnerung an den *Exodus* (= Auszug aus Ägypten). Vor allem aber: Sie prägen das Leben der Familie. Da ist die

Zeiten der Ruhe, Besinnung und Enthaltsamkeit sind vor allem bei der Vorbereitung auf die wichtigsten Feste des Christentums fest in den Ablauf des Kirchenjahres integriert. Besonders wichtig sind in der Erwartung des Weihnachts- bzw. Christfestes und des Osterfestes die Advents- und die Passionszeit. Diese Zeiten wurden traditionellerweise auch als Fastenzeiten begangen, in der sich die Gläubigen durch äußeren Verzicht auf das Fest der Geburt Jesu bzw.

Durch den Mondkalender verschieben sich die Daten gegenüber dem Sonnenjahr um jeweils zehn bis elf Tage nach vorn. Jahresbeginn ist am 1. Muharram – eine Zeit des selbstkritischen Nachdenkens. Die zehn folgenden Tage sind freiwillige Fastentage. Am 10. Muharram, *Ashura*, denkt man an Erfahrungen von Widerstand und Befreiung, u. a. an die Landung der Arche Noah, den Auszug der Kinder Israel aus Ägypten und den Märtyrertod des Prophetenenkels Husayn bei Karbala (bes. Schi'iten). Am 8. Sha'ban, *Laylatul-Mi'raj*, feiert man die Nacht der Himmelsreise des Propheten, in der dieser nach einem Gebet mit früheren Propheten in Jerusa-

Im Jahresablauf des Mondkalenders gibt es zahllose Feste. Neujahr fällt auf den Frühlingsbeginn und ist regional verschieden (im Maharashtra, in den März – April). Davor wird im hinduistischen Karnaval, Holi, das alte Jahr verabschiedet. Dem Neujahr folgen u. a. das Gedenkfest Ramas *(Shri Rama navami)*, das Geburtsfest des vergöttlichten Affengenerals und Helfers

Das Leben der frühen Gemeinde *(sangha)* war bestimmt durch den Wechsel von Trockenzeit und Regenzeit im tropischen Klima Indiens. Nur in den Monaten des Monsums *(varsha* im Juli – September*)* verblieben die Bettelmönche und -nonnen in einem festen Kloster. In der restlichen Zeit wanderten sie umher. Bei der *Pravarana*-Feier, welche die Regenzeit abschloss, wurden u. a. die Nonnenweihen erneuert. Die Voll- und Neumondtage (in manchen Traditionen

Judentum

Mutter, die zur Weihe des Festtags die Kerzen anzündet und segnet, da ist der Vater, der über Wein und Brot die Heiligung des Tages vornimmt, der »Duft der Feiertage«. Das spürt bereits ein Kleinkind, das noch nichts von den Inhalten versteht. Das Gefühl der Gemeinsamkeit, der Ruhe, der Gelassenheit, die z.B. den Freitagabend zu Beginn des *Schabbat* (= wöchentlicher Ruhe- und Festtag) auszeichnet, das prägt jüdische Identität mindestens so stark wie alles spätere Lernen.

Christentum

seinen Tod und das Fest seiner Auferstehung vorbereiten konnten. Die Adventszeit beginnt am 1. Adventssonntag vier Wochen vor Weihnachten und endet am 25. Dezember mit der Feier des Weihnachts- bzw. Christfestes. Die Passionszeit beginnt sieben Wochen vor Ostern am Aschermittwoch und endet am Samstag vor Ostern.

Islam

lem verschiedene Himmelsebenen besuchte. Man verbringt sie im Gebet. Am 13. Sha'ban, *Laylatul-Bara'a*, ist die Nacht der Befreiung von Schuld. Man bittet um Vergebung. Im Monat Ramadan wird tagsüber gefastet. In den letzten zehn Nächten, besonders der Laylatul-Qadr, erinnert man sich an die Offenbarung des Koran. Der nächste Monat Shawwal beginnt mit dem *'Id al-Fitr*, dem Fest des Fastenbrechens. Am 10. Dhul-Hijja, *'Id al-Adha*, feiert man das Opferfest, das an Abrahams Prüfung erinnert. Man lässt ein Schaf schlachten und verteilt das Fleisch.

Hinduismus

Ramas, Hanuman, und schließlich das Geburtsfest Krishna's *(Janamashtami* im August*)*. Beim Lampenfest *Divali* (= Oktober – November) wird geräuschvoll der Sieg der göttlichen Ordnung über das Chaos gefeiert und um Segen für die Zukunft gebetet.

Buddhismus

auch die Viertelmondtage) gelten als besonders wichtig und werden u.a. zu einer Art Beichtfeier *(pratimoksha)* genutzt. Der erste Frühlingsvollmond *(Vesakh)* ist der höchste buddhistische Feiertag: Dies ist der Tag, an dem Buddha Shakyamuni geboren wurde, sein luxuriöses Leben hinter sich ließ, Erleuchtung erlangte und ins Nirvana einging.

Lebensbegleitung

Wenn ein Kind geboren wird, sind seine Hände geschlossen, denn es hält das Leben, die Zukunft, fest. Wenn ein Mensch stirbt, öffnen sich seine Hände, lässt er das Leben zurück. **Mit nichts kommst du auf die Welt**, sagen daher die Weisen, **und mit nichts verlässt du sie** – ein Appell, das Materielle nicht zu hoch zu schätzen. Was wirklich zählt, ist die Familie und das Studium der *Tora* (= Weisung; fünf Bücher Mose). Das erste Fest im Leben eines Menschen ist die Beschneidung der Jungen nach acht Tagen (Zeichen des Bundes), und die Verleihung des

Nach ihrer Geburt werden Kinder auf den Namen des dreieinigen Gottes getauft. Diese Taufe von Neugeborenen geschieht als Zeichen der Gnade Gottes, unter der das neue Leben steht. Kulthandlungen sind im Christentum auch beim Übertritt Jugendlicher in die Erwachsenenwelt üblich. So findet im Alter von ca. 14 Jahren die Konfirmation bzw. Firmung statt. Die Trauung oder Segnung eines Paares kann ebenfalls im Rahmen eines christlichen Gottesdienstes gefeiert werden. In den vergangenen Jahren haben sich zunehmend auch Rituale entwickelt, die beispielsweise bei der Trennung eines Paares praktiziert werden können. Traditionell nennt man christliche Kulthandlungen zur Lebensbegleitung auch Sakramente. Das griechische Wort *Mys-*

Einem Neugeborenen spricht man den Gebetsruf vor. Man feiert Geburt und Namensgebung. Knaben werden beschnitten. Die Einführung in das religiöse Lernen geschieht oft zeitgleich mit der Einschulung. Der »Abschluss des Koran« folgt, wenn der Text einmal durchgearbeitet wurde (oft zeitgleich mit dem religiösen Erwachsenwerden). Die Heirat ist ein Vertrag zwischen den beiden Ehepartnern. Eine Hochzeit beginnt meist mit dem »Henna-Abend«, an dem man der Braut Glück wünscht; die Eheschließung wird dem örtlichen Brauch entsprechend

Jeder Lebensabschnitt beinhaltet seine eigenen religiösen Pflichten. Das Leben der Mitglieder der drei höheren Stände (der »Zweimal-Geborenen«: *Brahmanen*, Adeligen/Krieger und freien Bauern/Händler) wird traditionell von 16 Sakramenten *(samskaras)* begleitet: Die wichtigsten Riten stellen die Geburts- und Namensgebungszeremonien, die »Einweihung« (s. u.), Heirat und Totenritual dar. Für Jungen auf der Schwelle zum Mannesalter gilt die Einweihung *(upanayana)* als eine »zweite Geburt«. Sie erhalten eine dreifache heilige Schnur, die stolz über die linke Schulter und unter den rechten Arm getragen wird. Brahmanen erhalten bei dieser

Es gibt keine allgemeinen Übergangsriten z. B. bei Geburt oder Erwachsenwerden. Der Eintritt in ein Kloster *(pravrajya*, im Süden frühestens mit acht Jahren*)* wird allerdings sehr festlich begangen. In Burma ist ein zeitweiliger Klostereintritt von Jungen zum Zeichen des Erwachsenwerdens zu Beginn der Pubertät gebräuchlich. In verschiedenen Kulturen versorgen buddhistische Mönche und Nonnen gleichwohl auch Rituale bei Geburt, Hochzeit, Krankheit und Beerdigung, um den Bedürfnissen der Menschen zu dienen. Sie lesen dann z. B. Lehrreden des Buddha *(Sutras)* vor oder singen Schutzgesänge, sogenannte *parittas*. Buddhistische Lehre-

Judentum

Namens bei Mädchen wie bei Jungen. Die *bar mizwa* (= Sohn des Gebotes) die religiöse Mündigkeit, die erste öffentliche Lesung aus der Tora, feiern Jungen mit 13 und Mädchen feiern die *bat mizwa* (= Tochter des Gebots) mit zwölf Jahren. Die nächste große Feier ist meist die Eheschließung, die das Zentrum eines menschlichen Lebenszyklus bildet, dann die Geburt der Kinder, der Tod der Eltern. Die Spanne des Lebens: von der Feier des Geburtstags bis zur »Jahrzeit«, dem Todestag der Eltern.

Christentum

terium (= Geheimnis) wird in der lateinischen Übersetzung des Neuen Testaments an einigen Stellen mit dem Wort Sacramentum wiedergegeben. Das Sakrament ist ein Ort, an dem die geheimnisvolle Offenbarung Gottes in den von Jesus eingesetzten Handlungen zeichenhaft geschieht und die Gnade der Erlösung aufleuchtet. Die Anzahl und Bedeutung der Sakramente differiert in den verschiedenen Konfessionen. So sind die beiden Sakramente Taufe und Abendmahl allen Kirchen gemeinsam, die orthodoxe und römisch-katholische Konfession kennen als Sakramente außerdem noch die Firmung, die Ehe, die Priesterweihe, die Buße und die Krankensalbung.

Islam

gefeiert, bevor das Paar in seinen neuen Lebensabschnitt verabschiedet wird. Bei bestandenen Prüfungen, der Genesung von einer Krankheit usw. drückt man Dankbarkeit und Freude bei einem Essen mit Angehörigen und Freunden aus. Ein Verstorbener wird gewaschen, in weiße Tücher gekleidet und nach einem gemeinsamen Gebet begraben. In der Trauerzeit besucht man die Angehörigen, versorgt sie und betet mit ihnen. Man hält jährliche Gedenktage für den Toten.

Hinduismus

Initiation Kenntnis der Veden, der heiligen Schriften; den Beginn macht der an *Savitri* (= Sonne) gerichtete, heilige Gayatri-Vers aus dem Rig-Veda: **Wir meditieren über den Glanz des Urgrunds allen Seins ...** Mit Abschluss der Initiation gilt der Junge als heiratsfähig. Im indischen Hochzeitsritual wird der Mann dann oft als Gott Rama, die Frau dagegen als dessen Geliebte Sita angesprochen: Das liebende Paar Rama und Sita mit ihrer vorbildlichen Pflichterfüllung stellen den spirituellen Kern von Mann und Frau dar, dem sie in ihrer Ehe nachstreben sollen.

Buddhismus

rInnen wirken allgemein als spirituelle LebensbegleiterInnen. Besonders wichtig ist die Begleitung des Sterbeprozesses. Im nördlichen Buddhismus geschieht dies z. B. durch Anrufung des Buddhas des Grenzenlosen Lichtes *(Amitabha)*, der die Verwandlung aller Begierde in unterscheidende Weisheit verkörpert. Im tibetischen Buddhismus lebt die Tradition einer kraftvollen Meditation, um das Bewusstein im Augenblick des Sterbens in das Kraftfeld (Reines Land) dieser Buddhas übertragen zu können *(Phowa)*.

Buße

Alle Überlegungen zur rituellen Reinheit wurzeln in der Frage, wie soll man vor Gott treten? Wie sich ihm im Gebet nähern? Klar ist, dass dies mindestens körperlich sauber zu geschehen hat. Doch bald wurde dieses als eine selbstverständliche Voraussetzung betrachtet. Rein war jetzt im übertragenen Sinne gemeint, wie das rituelle Händewaschen vor dem Essen und den Segenssprüchen. Und von da war es nur logisch, dass die angestrebte Reinheit auf das sittliche

Rituelle Reinigungsvorschriften sind der christlichen Religion nicht bekannt. Die Symbolik des Rein-Gewaschen-Werdens wird jedoch auch von der christlichen Tradition aufgenommen und auf die Reinigung des Menschen von Schuld übertragen. Diese Reinigung geschieht durch die Erlösung und Befreiung von Menschen auf ein neues Leben hin, das mit Jesus seinen Anfang genommen hat, und wird an Menschen zeichenhaft im Rahmen der Taufe durchgeführt. In der Buße, zu der Jesus selbst aufruft (Matthäus 3,2), ereignet sich die Umkehr des Menschen

... und Gott liebt diejenigen, die sich reinigen. (Sura 9:108) Prophet Muhammad sagte: **Reinheit ist der halbe Glaube.** Innere Reinigung bedeutet: Reinigung des Herzens, der Seele, der Absichten durch Umkehr und aufrichtige Bemühung um Gutes. Sie bewirkt geistiges und seelisches Heilwerden. Hygienische Reinigung (Sauberhalten von Körper, Kleidung, Umgebung usw.) fördert die körperliche Gesundheit und ist daher eine gottesdienstliche Handlung. Rituelle Reinigung als Voraussetzung für alle rituellen Handlungen verbindet und vervollständigt innere

Reinheit ist besonders für die Brahmanen, die Angehörigen des höchsten Standes, von entscheidender Bedeutung. Selbst der Anblick eines Kastenlosen kann sie rituell verunreinigen, noch viel mehr die Berührung ihres Gewandes oder direkter Körperkontakt!
Der Priester *(Brahmane)* muss seine täglichen und speziellen Opfer im Zustand der Heiligkeit (= Reinheit) vollziehen; ansonsten verliert das Opfer seine Wirkung, die göttliche Ordnung der Welt wird in Gefahr gebracht. Eine rituelle Reinigung *(shodhana)* gehört zu jeder Opferzeremo-

Das Bekennen von unheilsamem Verhalten gilt als Fortschritt. Durch Reue wird die Wirkung der Taten abgeschwächt, schlechte karmische Samen gehen nicht vollständig auf.
Besonders im südlichen Buddhismus (aber auch vereinzelt in den chinesischen, japanischen und tibetischen Schulen) gibt es eine Art öffentliche Beichtfeier: die *Uposattha-* oder *pratimoksha-*Feier. Bei diesem Reinigungsritual kommt die Gemeinschaft *(sangha)* an den uposattha-Tagen (Voll-, Neu- und Viertelmondtagen) zusammen uns rezitiert die Ordensregeln *(pratimoksha):* 227 für die Mönche im Theravada (in anderen Schulen 250 oder 258), 311 für die Nonnen (in

Judentum

Verhalten, auf unseren Geist, also unsere Gedanken, zielt. Reinen Herzens sollen wir uns Gott zuwenden. Verunreinigung geschieht also nicht durch Schmutz im wörtlichen Sinne, sondern durch schlechtes Tun, durch böse Gedanken. Von ihnen reinige ich mich durch Buße, Buße verstanden als der feste Wille zu bereuen. Und durch Umkehr, durch den Entschluss, es anders, besser zu machen.

Christentum

zu einem Leben mit Gott als Abkehr von einem Leben, das durch Entfremdung und Eigennutz gekennzeichnet ist. Als sichtbare Zeichen der Buße wurden in der Geschichte der Kirche beispielsweise das Beten oder das Fasten angesehen. Auch in Bußfeiern oder durch spezielle Bußtage wird die Erinnerung an die Unzulänglichkeiten des menschlichen Daseins und die Notwendigkeit zur Umkehr und des Vertrauens auf die Gerechtigkeit Gottes wachgehalten.

Islam

und hygienische Reinigung (Unsauberes und ethisch Verwerfliches gilt meist auch als rituell unrein) und trägt zur Bewusstwerdung der Gegenwart Gottes bei. Die Reinigung zum Gottesdienst erfolgt in der Regel durch Wasser (Gebetswaschung, eventuell Bad): Wasser gilt als Quelle des Lebens und Symbol der geistigen Wiedergeburt. Wenn kein Wasser vorhanden ist, nimmt man reinen Staub in Erinnerung an den Ursprung des Menschen aus Erde.

Hinduismus

nie *(puja)*. Wenn Kastenregeln gebrochen wurden, sind besondere und häufig komplizierte Reinigungsrituale nötig, z. B. rituelle Bäder. Schließlich wird das gesamte Kastensystem durch die Vorstellungen von ritueller Reinheit zusammengehalten. Deshalb heiratet man eigentlich nur innerhalb der Grenzen der eigenen Kaste *(Endogamie)*. Bei nicht standesgemäßen Beziehungen *(Exogamie)* gelten Ausnahmevorschriften; oft ist gesellschaftliche Ächtung die Folge, wenn die erschwerenden Auflagen nicht erfüllt werden.

Buddhismus

anderen Schulen 348 oder 366). Mögliche Verstöße gegen die Verhaltensvorschriften werden nun öffentlich bekannt. Die Reinheit der Gemeinde wird danach festgestellt oder durch geeignete Maßnahmen wiederhergestellt. Die Regeln sind nach der Schwere des Vergehens in sieben Kategorien eingeteilt. Die schwersten Vergehen stellen der Bruch der Keuschheit, Diebstahl, Töten und spirituelle Anmaßung dar. Diese werden mit direktem Ausschluss aus der Gemeinde bestraft.

Speisegebote

Du sollst das Zicklein nicht in der Milch seiner Mutter kochen. (5. Mose 14, 21) Das war der Anfang. Daraus leiteten die Rabbiner die Trennung von milchigen und fleischigen Speisen ab. Viele Tiere sind schon in der Bibel verboten, so das Schwein. Grundsätzlich dürfen keine Aasfresser verzehrt werden und nur Wiederkäuer mit gespaltenen Hufen sowie Fische mit Schuppen und Geflügel. Und es wird kontrolliert. Wein beispielsweise darf viele Zusätze, die nach dem deutschen Weingesetz erlaubt sind, nicht enthalten, wenn er einen »Koscherstempel« trägt. Der

Vorschriften bezüglich der Nahrung, die ChristInnen zu sich nehmen dürfen, gibt es im Christentum kaum. An Karfreitag, dem Tag des Todes Jesu, ist es jedoch, wie an Fasttagen insgesamt, üblich, auf das Fleisch der Tiere des Himmels und der Erde zu verzichten. ChristInnen essen darum an Karfreitag meist Fisch, da der Fisch auch eines der ältesten christlichen Symbole ist, mit dem ChristInnen sich einander in Zeiten der Verfolgung zu erkennen gaben. Die Buch-

Und esst von dem, womit Gott euch versorgt hat an Erlaubtem und Gutem und seid achtsam gegenüber Gott, an den ihr glaubt. (Sura 5:88) Es gibt ethische und rituelle Einschränkungen: Nahrungsmittel sollen legitim erworben sein; Pflanzen- und Milchprodukte sind grundsätzlich erlaubt *(halal);* Verboten sind Alkohol und andere Rauschmittel, die den Verstand beeinträchtigen; Fleisch von Pflanzen fressenden Tieren ist erlaubt, wenn sie artgerecht gehalten und nicht gequält werden. Pferde und Kaninchen sind in einigen Schulen verboten. Auch Krabben, Mee-

Das Streben nach Reinheit steht hinter den verwickelten Speisevorschriften, die besonders für Brahmanen gelten. Brahmanen und die Angehörigen der anderen höheren Stände sind grundsätzlich Vegetarier, um dem Gebot des Nicht-Verletzens *(ahimsa)* entsprechen zu können. Dennoch gibt es immer mehr »Zweimal-Geborene« (*Brahmanen* etc.), die Fleisch essen: Schließlich ist die vegetarische Lebensweise nicht aus den heiligen Schriften *(Veden)* herzuleiten. Das

Viele BuddhistInnen sind Vegetarier, da das Verzehren von Fleisch und Fisch zwangsläufig den Tod von anderen fühlenden Wesen (Tieren) mit sich bringt. Der Buddha riet als Pragmatiker seinen ersten SchülerInnen, die als bettelnde Mönche und Nonnen umherzogen, als »passive Vegetarier« zu leben: Fleisch sollten sie nur dann als Gabe ablehnen, wenn es extra für sie zubereitet worden sei. Als sich der Buddhismus über Asien ausbreitete, veränderten seine Werte auch die Essgewohnheiten der Menschen; viele buddhistische Länder sind nun rein vegetarisch. Im nördlichen Buddhismus traf der Buddhismus dagegen auf Kulturen, in denen der

Judentum

tiefere Sinn der *Kaschruth* (= Speisegebote), ihre ethische Botschaft liegt darin, zu einer Lebensführung zu gelangen, wobei man bereit ist, sich zu beschränken, zu begreifen, dass ich nicht alles tun kann, was ich will. Die Speisegebote sind eingebettet in jene Weisungen, welche die Schöpfung bewahren. Das Verbot, die Äcker und Weinberge vollständig abzuernten, das Gebot, dem Land Ruhezeiten zu gönnen, das Verbot, Tiere zu quälen und auch die Notwendigkeit, ihnen Zeiten der Ruhe zu gönnen.

Christentum

staben des griechischen Wortes Fisch symbolisieren die Worte »Jesus Christus, Gottes Sohn, Retter«. Rituell nehmen ChristInnen Speise beim Abendmahl in der Form zu sich, dass Brot und Wein (oder Traubensaft) als Zeichen für den Leib und das Blut Jesu Christi gegessen und getrunken werden.

Islam

resfrüchte usw. sind umstritten. Schweinefleisch und Blut sind ausdrücklich verboten. Raubtiere, Raubvögel und dergleichen sind verboten, dasselbe gilt für Milch oder Eier solcher Tiere. Warmblütige Tiere werden rituell geschlachtet, d. h. mit einem kurzen Gebet durch einen schmerzfreien Schnitt durch Halsschlagader und Luftröhre, woraufhin man das Tier ausbluten lässt.

Hinduismus

Gebot des Nichttötens wurde erst durch den Einfluss des Buddhismus und des Jainismus zum allgemeinindischen Ideal. Es gibt selbst Brahmanen, die Rindfleisch essen, obwohl die Kuh als Symbol der Fruchtbarkeit und als Lebens- und Nahrungsspenderin (Milch etc.) seit Jahrhunderten als heilig gilt. Das Trinken von Alkohol ist verpönt, da Alkohol seit den Upanishaden (ca. 900 v. u. Z.) als unrein gilt.

Buddhismus

Verzehr von Fleisch nur schwer abzustellen war: Tibets karge Landschaft eignet sich nun einmal nicht für Vegetarier und in Japan will man ungern auf Fisch und Meeresfrüchte verzichten. BuddhistInnen in diesen Ländern machen, wenn sie Fleisch essen, in der Regel gute Wünsche für eine gute Wiedergeburt der Tiere. Auch mit dem Trinken von Alkohol sollte man sehr umsichtig umgehen: Bei Betrunkenen ist die Schwelle in der Regel niedriger, Leiden zu verursachen. Im südlichen Buddhismus ist Alkohol darum grundsätzlich verboten.

Kleidung

Am wohl bekanntesten dürfte der Gebetsschal *(Tallit)* sein, mit den *Zizit*, den Quasten an den vier Ecken: .... **sie sollen sich Quasten an ihre Kleiderecken nähen, von Generation zu Generation ... Wenn ihr sie seht, werdet ihr euch an die Gebote erinnern. Ihr werdet sie halten und eurem Herzen und euren Augen nicht nachgeben, wenn sie euch zur Untreue verleiten wollen.** (4. Mose 15, 39f) Häufig sieht man auch die Kopfbedeckung. Deren Formen unterliegen der Tradition und der Mode. Fromme Juden gehen nicht barhäuptig, weil stets mit Kopfbedeckung gebetet werden

Typische Gewänder für christliche Gläubige sind selten, lediglich ChristInnen, die Mitglieder eines Ordens sind, tragen spezielle Mönchs- oder Nonnenkleidung. Die Geistlichen der verschiedenen Konfessionen tragen bei Amtshandlungen unterschiedliche Gewänder. So hat sich in der evangelischen Kirche seit Beginn des 19. Jahrhunderts die Verwendung eines schwarzen

Adamskinder, Wir haben euch Kleidung gegeben, eure Blöße zu bedecken, und als Schmuck, doch das Kleid der Achtsamkeit, das ist das beste ... (Sura 7:26)
Männer und Frauen sollen sich in der Öffentlichkeit und im Gottesdienst würdig kleiden und gegenseitig Respekt und Selbstrespekt zum Ausdruck zu bringen. Zu enge, kurze oder durchsichtige Kleidung wird dieser Anforderung nicht gerecht. Zur vollen Kleidung gehörte ursprünglich eine Kopfbedeckung, die, was Männer betrifft, heute meist nur noch von Respektspersonen

Hindu-Frauen tragen traditionell die Sari, ein auch im Westen stets beliebteres drapiertes Tuch von ca. 1, 2 Meter Höhe und bis zu acht Metern Länge. Das Sari-Ende *(pallu)* ist häufig farbig bordürt. Als Zeichen des dritten (spirituellen) Auges tragen viele Hindus häufig einen Punkt aus Yoghurt, Reis und roter Farbe auf der Stirn *(tika)*. Hindu-Asketen tragen einen

Die buddhistischen Mönchsroben *(tricivara)* sind dreiteilig: Untergewand *(antaravasaka)*, Obergewand *(uttarasanga)* und Mantelrobe *(samghati)*. Mönche des südlichen Buddhismus *(Theravada)* tragen safranfarbene Roben, in Sri Lanka tragen auch die Nonnen gelb-orange, in Thailand dagegen weiße Roben. Theravada-Nonnen in Nepal und Burma tragen orangenes

Judentum

soll. Der Ursprung ist alt und nicht exakt zu bestimmen. Eine Erklärung besagt, dass es in der Antike das Zeichen des Freien war, seinen Kopf zu bedecken. Denn vor Gott sind wir frei. Die meisten Juden tragen ihre *Kippa*, ihre Kopfbedeckung, nur während der Zeit des Betens und des Lernens in der Tora. Die Kopfbedeckung, das Umlegen des Gebetsschals ist wortwörtlich den Männern vorgeschrieben. Doch in liberalen Gemeinden ist es Frauen freigestellt, beides während des Gebetes anzulegen.

Christentum

Talars eingebürgert. Heute tragen evangelische PfarrerInnen zunehmend auch wieder weiße Gewänder, wie dies bereits in den Anfängen der christlichen Kirche üblich war. In der römisch-katholischen Kirche tragen Priester ein weißes Messgewand mit Stola, deren Farbe mit den liturgischen Farben des Kirchenjahres wechselt.

Islam

getragen wird (Turban, Mütze, Keffiya usw.). Frauen, die westliche Kleidung tragen, ergänzen diese oft durch ein Kopftuch. Über enger, kurzer oder sehr farbenprächtiger Kleidung wird ein Überwurf (*Tschador, Aba,* Mantel o. ä.) getragen. Die Verhüllung wird oft als Schutz vor Belästigung empfunden. Der Gesichtsschleier hat rein kulturelle Bedeutung und darf beim Gebet nicht getragen werden. Es gibt eine reiche Vielfalt lokaler Trachten.

Hinduismus

rituellen Lendenschurz *(dhoti)* zum Zeichen ihrer Armut vor Gott Shiva. Sie lassen ihre Haare verfilzen, was eigentlich ein Zeichen der Trauer ist. Shivas Haarfilz *(jata)* wird mit Vayu, dem Gott des Windes, gleichgesetzt.

Buddhismus

Untergewand, rosa Obergewand und braune Stola. Orange ist in Indien die traditionelle Farbe der Bettelmönche. Chinesische Mönche und Nonnen tragen graue Gewänder, nur hohe Lehrer braun. Japanische Ordensleute tragen meistens schwarze Roben. Dunkelrote Roben kennzeichnen tibetische Nonnen und Mönche.

Symbole

Die Symbole Israels stammen aus der biblischen Zeit: Der siebenarmige Leuchter, der einst im Tempel stand, wurde zum Symbol für das Judentum. Er ist heute das Staatswappen Israels. Nicht zu verwechseln mit dem acht- manchmal neunarmigen Leuchter. Er kommt zum Lichterfest, *Chanukka*, zum Einsatz. Jeden Tag wird ein Licht mehr mit einem Diener (daher acht plus eins) entzündet. Das erinnert an das Ölwunder. Bei der Wiedereinweihung des Tempels durch die Makkabäer (siehe Makkabäerbücher) fanden sie Öl nur für einen Tag vor. Doch es

Das zentrale christliche Symbol ist das Kreuz. Es steht für das Leiden und den Tod Jesu und ist im Allgemeinen im Altarraum jeder Kirche zu finden. Eines der ersten Erkennungszeichen des Christentums war zudem der Fisch, dessen griechische Buchstaben als Abkürzungen für ein Bekenntnis zu Jesus als Herr und Retter stehen. Beim Abendmahl symbolisieren Brot und Wein die Gegenwart des Leibes und Blutes Jesu als Stärkung und Erinnerung an die Erlösung

Das früheste Symbol für den Islam war der Schriftzug des Glaubenszeugnisses: **Es gibt keinen Gott außer Gott, und Muhammad ist Sein Gesandter** oder das Wort Gott *(Allah)*. Mit solchen Schriftzügen geht man jedoch sehr respektvoll um, so dass sie für manche Zwecke unpraktisch sind. Ein weniger »empfindliches« Symbol ist die Sichel des zunehmenden Mondes, die gleichzeitig ein Symbol für Auferstehung und Erweckung ist.

Das bekannteste Symbol des Hinduismus ist die stilisierte Silbe OM (als A-U-M erklärt), die in diesem Buch auch verwendet wird. Sie ist Keimsilbe *(bija)* des Kosmos und gleichzeitig wichtigster Teil vieler heiliger Formeln und Anrufungen. Nach den Geheimschriften *(Upanishaden)* umfasst diese Silbe die vier Bewusstseinszustände – Wachen, Traum, Tiefschlaf und höchstes Bewusstsein –, die drei Zeiten (Vergangenheit, Gegenwart, Zukunft), trägt die drei Hochgötter Brahma, Vishnu und Shiva in sich und versinnbildlicht darüber hinaus die Einheit

Das wichtigste buddhistische Symbol ist das achtspeichrige Rad der Lehre *(dharmacakra)*. In der indischen Kultur beanspruchte ein Herrscher ein Stück Land dadurch, dass er rituell mit seinem Streitwagen über das betreffende Gebiet fuhr. Der Buddha drehte dagegen mit seiner ersten Lehrrede in Benares am »Rad der Lehre«: Sein Weg aus Wiedergeburt und Leiden beansprucht somit Geltung. Die acht Speichen verweisen auf den Edlen achtgliedrigen Pfad (rechte

Judentum

brannte acht Tage! Auch der sechsarmige Stern des David, aus dem die Nazis den ausgrenzenden »Judenstern« machten, ist eines der ältesten Symbole, ohne dass man den Ursprung kennt. Vielleicht prangten sie auf den Schilden der Königswache. Die Krone steht für »Krone der *Tora*«. Sie ziert die Torarolle, deren Pergament in Europa auf zwei Standen aufgewickelt ist. Bekannt sind auch die beiden Tafeln. Sie repräsentieren die Gesetzestafeln, die Gott Mose übergab. Auf ihnen stehen die Zehn Gebote. Es sind die »Tafeln des Bundes«.

Christentum

und Befreiung aller Menschen. Der Zuspruch der Gnade Gottes, der in der Taufe erfolgt, wird symbolisiert durch das Wasser als Zeichen des Lebens und der Reinigung. Als Zeichen für den Heiligen Geist, durch dessen Kraft die Kirche gegründet wurde und der für das Wirken Gottes in der Welt steht, steht im Christentum das Symbol der Taube.

Islam

Religiöse Handlungen haben oftmals eine symbolische Bedeutung. Naturerscheinungen, historische Ereignisse sowie Texte heiliger Schriften gelten als »Zeichen Gottes«, die man deuten und auf ihre spirituelle Aussage hin befragen muss.

Hinduismus

von Seele *(atman)* mit dem Absoluten *(brahman)*, dem Göttlichen (so die *Mandukya-Upanishad)*. Daneben sind das dritte (spirituelle) Auge, Shivas Dreizack und Vishnus Muschelhorn beliebte hinduistische Symbole; darüber hinaus werden von den Göttern der elefantenköpfige Heilgott Ganesha und Krishna mit seiner Flöte besonders gern dargestellt.

Buddhismus

Anschauung, Beschluss, Rede, Handeln, Lebenserwerb, Anstrengung, Aufmerksamkeit und rechte Versenkung). Auch der Lotus *(padma, utpali)* wird häufig als buddhistisches Zeichen verwendet: Er steht für den Reichtum und die Reinheit des Geistes. Rad der Lehre und Lotus gehören zu den Acht Tibetischen Glückssymbolen (daneben: Schirm, Goldfisch, Vase, rechtsläufige Schnecke, endloser Knoten und Siegesbanner).

Stichwortregister

(Die Zahlen verweisen jeweils auf eine Doppelseite, z. B.: 8 = Doppelseite 8 und 9)

abhidhamma 12, 68, 76
Abraham, abrahamitisch 8-10, 26, 30, 46, 66, 72, 114, 128, 140-144
Absolutheitsanspruch 44
Abtreibung 94, 120
Achtgliedrige Pfad, der Edle 26, 134
Achtsamkeit 134, 154
Advaita-Vedanta 10, 18, 74
ahimsa 92-94, 150
Alkohol 78, 88, **100**, 150
Amida-Buddhismus 56, 62, 132
Amitabha 62, 132, 146
ananda 28, 32, 50, 54, 66
anatman s. Nicht-Ich
Andersgläubige 16, 102, 116-118
Anhaftung 54
Arabisch 8, 12-14, 24, 50, 62-66, 106
Arhat 18
Armut 26, 60, 64, 80, 84, 88-90, 106, 122, 140, 152
Ashoka 104, 114
Askese 8-10, 16-18, 26-30, 36, 66, 78, **90**, 94-96, 108, 130, 134, 138, 152
atman 46-48, 52, 66, 86, 96, 154
Auferstehung 8-10, 14, 18, 26-28, 34, 42-44, 48-50, **54**, 58, 62, 90, 138-140, 144, 154
avatara s. Hinabkunft

Barmherzigkeit 26-30, 40, 60-62, **84**-86, 122
Befreiung 16, 22, 26-28, 32, 46-48, 52-58, 62, **64**-66, 70, 82, 86, 90, 96, 102-104, 106, 116, 120-122, 130, 134, 138, 144, 148, 154
Begierde 24-26, 32, 36-38, 48, 56-58, 82, 96, 146
Beschneidung 128, 146
Beschützer 38, 92, 136
Bestimmung 28, 40, **46**
Beten 52, 70, 74, 118-122, **132**, 138, 148
Bewusstsein 14, 28, 48-52, 80, 92, 112, 134, 154
Bhagavadgita 10-14, 22, 42, 84, 92-94
bhakti s. Hingabe
Bodh-Gaya 142
Bodhisattva 16-18, 40, 62, 84-88, 94, 126, 130
Böse 18, 26, 38, 46, 54-58, 60, 64, **80**-82, 102, 122
Brahma 30, 36
brahman 34, 48-50, 66, 80, 86, 96, 134, 154
Brahmanen 8, 12, 16, 22, 64, 70, 86, 92-94, 98, 102, 116, 126-130, 142, 146-150
Buße 90, 146-**148**
Buddha 14, 18-22, 30, 34-36, 44, 56, 60-76, 86, 90, 98, 104-106, 110, 116-132, 138-142, 146
Buddhaformen 18, 40, 74, 112, 132-134
Buddhanatur 16, 28, 70, 134
Bund 8-10, 30, 34, 44, 48, 58, 62, 82, 114-116, 126, 134, 142

Chanukka 144, 154
Chassidismus 70, 74
China 8, 12-14, 18, 98, 148

Dakini 40
Dalai Lama 118, 124, 130
David 18, 58, 154
Deutschland (Religionen in ...) 8, **24**, 102, 106-108, 116
dharma 10, 26-28, 34, 44, 64, 78-80, 84, 88, 92, 106, 114-120, 126-128
Dialog der Religionen **118**
Diamantweg 14-16, 20, 24, 28, 40-42, 54, 62-64, 68-70, 74, 84, 88, 110-112, 128-136
Diaspora 14, 142
Dogmen 44, 64
Drogen 78, 88, **100**
Durga 16, 40, 66, 136, 140

Ende der Welt **58**
Engel - Dämonen **38**
Erfahrung, Erfahrungsreligion 12, 40-44, 56, 58, 64, 70-76, 110, 118, 134, 142-144
Erleuchtung 8-10, 16-18, 26-32, 38-44, 50-56, 60-66, 70-78, 84-96, 106-112, 118, 122-144
Erleuchtungsaspekt 18, 52, 132, 136, 140
Erleuchtungswesen s. Bodhisattva
Erlöser 58, 64, 66, 74
Erlösung 8, 14, 26-28, 36, 44, 48, 54-58, 60, **64**-66, 88, 122, 126, 138, 142, 146-148, 154
Ethik 12, 22-24, 68, **78**-82, 88, 108, 118, 122
Existenzreiche, die Sechs 36
Exodus 28-30, 62, 142-144

Fakten **8**, 72
Familie 10, 52, 62, 78, **104**, 122-130, 136, 146
Fasten 26, 88-90, 94, 140, 144, 148
Feiertage 84, **140**, 144
Feste 140, **144**-146
Frauen vgl. Stellung der Frau 16-18, 22, 40, 66, 72, 76, 92, 96, 102-104, 116, 122, 126-132, 138, 142, 152
Freiheit 8, 36, 46, 60, 64, 78, **82**, 116

Stichwortregister

Freitag 136, 140
Frieden 8, 18, 26-28, 32, 56-58, 60, 80, 106, 114-118, **122**-126
Fundamentalismus 116, **120**

Gandhi 22, 102
Gebet 8, 26, 36, 40, 46, 52-54, 60-62, 68, 74-76, 80, 86-90, 100, 110, 112, 122, 126, 130, **132**-152
Gebot 40, 44, 78-80, 84, **88**, 92-96, 106, 116, 126, 146, 150-154
Geduld 58, 74, 78-80, 88-90
Geheimlehren **68**, 100, 134
Geist 10, 18, 28-36, 40-42, 48, **50**-56, 68-74, 78, 82-84, 90, 102-104, 108, 112, 128, 134, 138-140, 148, 154
Geistlichkeit **130**
Gemeinschaft 8-10, 16-24, 30-32, 64, 74, 88-90, 98-100, 104-106, 116-122, **126**-132, 136, 140-142, 148
Gerechtigkeit - Gnade 18, 22, 26-28, 42, 46, 52, 58-**60**, 64, 78-88, 106, 116, 118, 122-128, 146-148, 154
Gericht am Ende der Zeiten (Jüngstes Gericht) 26, **58**
Geschichte **14** u. ö.
Gesetz 12-14, 22, 30-32, 36, 44-46, 52-60, 78-**88**, 92
Gewalt 42, 86, **92**-94, 120
Glaube 8-10, 14, 18-30, 36-46, 54-**62**, 64-68, 76, 88, 94, 106-110, 114-122, 126, 132-134, 138, 148
Glaubensgemeinschaft **126**-130
Glaubensreligion 44
Glückseligkeit vgl. ananda 28, 32, 42, 50, 66, 78, 86
Glut 90
Gott **30** u. ö.
Gottesfreunde 18, 72
Grundlehren **26**
Guru 24, 70, 86, 118, 126
Gut und Böse 52, 62, **80**

Halacha 12
Hare-Krishna 16-18, 24
Hass 36, 42, 46-48, 60, 80-84, 92, 100, 120-122
Hebräisch 12, 18, 30, 34-40, 56, 64, 76, 80, 88, 114
Heilige Frau **40**
Heilige Orte **138**
Heilige Schriften **12**
Heiliger Krieg 116-118
Heilsziel **28**
Hierarchie 24, 130
Hinabkunft (avatara) 30, 42, 62, 114
Hinayana s. Theravada
Hingabe (bhakti) 8, 12-14, 18, 22, 26-28, 42, 56, 64, 74, 80, 84, 106, 120, 132, 136-138
Hoffnung 8, 26-28, 36, 46, 50, 56-58, 64, 70, 74, 80, 86, 90, 112-114, 122, 132, 142
Hölle 32, 36, 56, 82
Homosexualität **98**

Ich 26-28, 32-34, 44-50, 56, 64-66, 74, 82, 88, 128, 132-134
Illusion 26-28, 32-36, 44, 48-50, 56-60, 66, 70, 80, 90, 108, 112
Imam 18, 34, 130
Indien 8-14, 20-24, 30, 36, 40-46, 52-56, 66-68, 70-74, 90, 96-98, 102, 106, 108-120, 126-128, 138-146, 150-154
Indonesien 8
Israel 8-14, 18, 24-30, 34, 42, 46, 52-54, 58, 64, 80, 92, 96-98, 102, 112-118, 122, 130, 140, 144

Jahresfeste **144**
Jaina 16, 92
Japan 8, 12, 52, 56, 98, 104, 132-134, 148-150
Jataka 72, 98
Jenseits 34, 46, **56**
Jerusalem 10, 14, 18, 34, 76, 92, 98, 140-144
Jesus 8-14, 18, 26, 30-36, 44, 50, 54, 60-74, 78-82, 90, 110, 114-118, 126, 138, 146-150, 154
Jihad 116
Jom Kippur 140
Jünger 8-14, 18, 54, 98, 116

Kabbala 74
Kalender 140
Kali 16, 40, 94, 136
Kamasutra 96
Kanon 12-14, 76, 114
Karma 14, 24, 28, 32, 36, 44-56, 58-62, 78-86, 92-94, 106, 114, 118, 142, 148
Kaste, Kastensystem 16, 22, 26, 32, 44, 78, 88, 98-106, 114, 128, 148
Kleidung 52, 122, 146-148, **152**
Kleines Fahrzeug s. Theravada
Konditionalkette 68
Konzile 14-16, 22
Koran **12** u. ö.
Krieg 10, 14, 92-94, 104, 116-118, 122-124

Krishna 10, 30, 42, 66, 142-144, 154
Kultur 8, 14, 20, 38, 44, 96-98, 104-118, 126, 140, 146, 150-154
Kunst 12, 96, **110**

Laien 16, 22, 90, 96-100, 102-104, 124-126, 130, 140
Lama 24, 62, 70, 128-130
Laubhüttenfest 140
Lebensbegleitung **146**
Leere 34, 50, 54, 68, 74, 110
Legenden 38, **70**
Lehrer 10, 16-18, 24-26, 34, 60, 70-76, 84-86, 116-118, 126-132, 152
Lehrreden 12, 20, 84, 146, 154
Leiden 10, 18, 26-38, 44-48, 52-**58**, 66, 72, 76, 80, 86-94, 98-100, 108-110, 114-126, 150, 154
Liebe 12, 20-22, 26, 30-32, 40, 46, 50, 60, 64, 74, 78-80, **84**, 90, 96-98, 106, 110, 116, 118-122, 132, 148
lingam 138
Lotussutra 20, 44

Magie 12, 18, 28, 74, 90
Mahabharata 20, 72
Mahayana 12-16, 106, 112, 126, 130
Mandala 112
Mantra 74, 132
Maria 40, 50, 72, 142
Märtyrer 18, 50, 58, 94, 116, 144
Medina 8-10, 102, 118, 142
Meditation 10-12, 18-20, 24-26, 30, 34, 40, 44, 52, 64-70, 74, 78, 82, 88, 96, 100, 108, 112, 124, 128-**134**, 136, 146
Mekka 8-10, 26, 34, 40, 52, 58, 138, 142
Mensch **32** u.ö.
Menschenwürde 94, 122
Messias, messianisch 16, 58, 62
Mischna 76
Mission 14, 24, **116**
Mitgefühl 12, 16, 40, 50, 54-56, 78-**84**, 90, 94, 98, 108, 112, 136
Mittelweg 90
moksha 26-28, 32, 46-48, 54, 66, 90
Mönch 12, 16, 80, 88-90, 94-100, 104-106, 124-126, 130, 134-136, 144-152
Mord 86-88, 94, 116
Moschee 24, 34, 110, 120, 130-132, 138, 142
Mose 8-12, 18, 26-36, 40-42, 50, 56-58, 70, 80-84, 88-92, 98, 104, 114, 136-138, 142, 146, 150-154
Muhammad 8-12, 16-22, 26-28, 40-42, 50, 70, 106, 128, 142, 148, 154
Mysterium 70, 146
Mystik 12-20, 34-36, 40-44, 66-70, **74**-76, 90, 96-98, 108-110, 134, 138-140
Mythen 20, 36, 72, 78, 114
Mythologie 80, 138

Nächstenliebe 26, **84**, 106
Nagarjuna 20, 50, 68
Natur 32, 36, 42-44, 58, 76, 82, 88, **112**, 154
Nepal 10, 112, 116, 142, 152
Nicht-Ich vgl. anatman 48

Offenbarung 10-12, 18-20, 26, 30, 34-38, **42**, 56, 60-68, 74-78, 88, 108, 112-114, 126, 144-146
Ökumene 118-120
OM 154
Opfer 14, 30, 40, 80, 92, 100, 114, 130, 136, 140, 148
Orden 12-14, 22, 40, 90, 98, 106, 126, 130, 136, 148, 152
Orthodoxie 16, 20-22, 40, 70-74, 120, 130, 138-140, 146

Pali-Kanon 12, 20
Paradies 32, 40, **56**, 104
Pessach 62, 140
Pflanze 36, 78, 84, 114, 150
Pflichten 32, 44, 52, 64, 88-92, 104-108, 116-120, 132, 146
Pharisäer 16, 132
Philosophie 12, 16, 20, 44, 50, **66**, 86, 116
Pilgerfahrt 26, 88, **142**
Politik 14, 46, 64-66, 92, **102**, 120-126
Polytheismus 14
Prajñaparamita 20, 68
Praxis 12, 20, 26, 44, 62, 100, 104, 126-128
Prophet 8-12, 16-20, 26-28, 34, 40-44, 50, 54, 58, 62-64, 76-80, 84-86, 94, 100-102, 106, 110-114, 122-126, 130, 136-144, 148

Rabbiner 26, 40, 58, 70, 98, 108, 126, 130, 138, 150
Rama 10, 30, 38, 104, 122, 142-146
Ramadan 26, 140, 144
Ramayana 20
Rauschmittel 100, 150
Realität 36, 72
Recht 22, 28, 44, 48, 62, 66, 92, 106, 116, 122
Reform **22**-24, 106, 114
Reformjudentum 98
Reinheit 20, 40, 88, 130, 136, 148-150, 154
Religionszugehörigkeit 116, **128**
Reliquien 112, 138
Rigveda 12
Ritual 22, 26, 66-68, 80, 114, 136, 140, 146-148
Ritus 130, **136**-138, 142, 146

Salomo 18
Samsara 14, 26-32, 52-54, 66, 86, 114, 122
Sangha 64, 126-128, 144, 148
Sanskrit 12
Schabbat 28, 70, 78, 84, 88-90, 100, 112, 136, 140, 144
Schalom 8, 28, 122
Scharia 44
Schema 26, 52
Schicksal vgl. Volksstimmung 46, 82, 122-126

Schöpfung 8, 26-44, 48-50, 56, 62, 66, 70, 78, 84, 88, 104, 108, 112, 138-140, 150
Schriftdeutung 72, **76**
Schuld 22, 62, 86, 144, 148
Schulen **16** u. ö.
Seele 14-16, 26-28, 32-34, 40, 46, **48**-58, 64-66, 74, 80-86, 104, 134, 148, 154
Seher 10, 18, 42, 76
Sekten 8-10, 16, 76, 118
Selbst vgl. atman 26, 46-50, 74, 98, 102, 148
Selbstmord 94, 116
Selbstverständnis **114**
Sexualität 90, **96**-98, 138
shakti 14, 26, 40, 138
shila 78
Shiva 14-18, 24-26, 30, 34-36, 40, 66, 80, 84-86, 90, 96, 104-106, 120, 126-128, 132, 136-140, 152-154
Shri Devi 14, 40, 138
shunyata s. Leere
Siddhartha 8-10
siddhi 90
Sklaverei 28, 80, 106
Soziales Engagement **106**
Speisegebote **150**
Sri Lanka 12-14, 24, 104-106, 136, 142, 152
Staat 8, 22, 102-106, 126, 140
Stand 88, 98-102, 116-118, 128, 146-150
Stellung der Frau 22, **104**
Sterbehilfe 94
Stifter **10**, 18
Störgefühle 92
Stupa 104, 112, 138, 142
Sünde 18, 28, 38, 52, 62, 66, 78, 86, 92-98, 128, 144
Sunna 10, 20, 26, 88
Sunniten 16
Sutra 12, 20, 68, 146
svadharma 78, 88, 92, 106, 114
Symbol 40, 112, 128, 134-138, 148-150, **154**
Synagoge 20, 52, 74-76, 126, 132, 136-140

Talmud 32, 76, 122
Tantra 40, 70, 104
Tara 40, 136
Tempel 16-18, 24, 68, 74-76, 92, 112, 130-132, 136-144, 154
Teufel 38, 80
Thailand 8, 12, 24, 52, 104-108, 112, 136, 152
Thangka 112
Theologie 16, 20-26, 40, 46, 50, 64-68, 76, 82, 86, 128
Theravada 12-16, 24, 76, 78, 88, 102, 130, 148, 152
Thich Nhat Hanh 108, 124
Tibet 12-16, 20, 24, 40-42, 50-52, 62, 68-70, 76, 98, 104, 112, 136-142, 148-152
Tiere 32, 36, 50-52, 58, 70, 78, 84, 88, 92-94, 110-112, 150
Tod **52** u. ö.
Toleranz 84, 98, 118, 120-122
Tora 10-12, 16-18, 26, 34, 44, 62, 76-84, 88-92, 114, 122, 136-142, 146, 152-154
Töten 86, **94**, 112-116, 148-150
Tradition **20** u. ö.
Tulku 130

Umkehr 26, 46, 54-56, 74, 86, 140, 144, 148
Umwelt 92, 110-**112**
Unberührbare 22, 102
Upanishaden 12-14, 22, 70, 100, 134, 150, 154
Ursache und Wirkung vgl. karma 14-16, 28-32, 36, 46-48, 52-62, 68, 78-86, 92, 118

Vajrayana s. Diamantweg
Vedanta 16, 50, 68, 76
Veden 8-20, 42, 48, 64, 70, 76, 84, 108, 116, 126-130, 146, 150
Vegetarier 88, 92, 150
Verantwortung 12, 22, 36, 46-50, 56-58, 78, 82, 90, 96-98, 102-104, 108, 112, 124-126, 136
Vernunft 26, 48, 60, 66, 70, 76
Vertrauen 44, 48, 62-66, 72-76, 132, 148
Verwirrtheit vgl. moha 56, 60, 66, 70, 92
Vier Edlen Wahrheiten, die 26
Vinaya 12
Vishnu 10-16, 26, 30, 34-38, 42, 56, 62-66, 80, 84-86, 96, 106, 114, 120, 126, 132, 142, 154
Vorbestimmung **46**, 82
Vorgeburtslegenden vgl. Jataka 98

Wahrheit 8-10, 16, 30, **44**, 62, 70-76, 88, 108, 114, 116-118, 132
Weisheit 10-12, 16-20, 36-40, 46, 66, 78, 84, 88-90, 94, 106-112, 116, 146
Welt **36** u. ö.
Wiedergeburt 14, 26, 30-32, 46-**54**, 70-72, 78, 94-96, 114, 124, 130, 142, 148-150, 154
Wissen 12, 16, 30, 42, 52, 64, 76, 90, 104, 108, 116, 130, 136, 142
Wissenschaft 14, 24, 66, **108**, 118

Yoga 10, 16-18, 24, 68, 134
Yogi 40

Zakat (Spende) 26, 80, 88, 106
Zen 24, 44, 118, 134, 140
Ziel s. Heilsziel
Zion, Zionismus 14, 54, 102, 126
Zuflucht 64, 126-128

Bibliografische Informationen Der Deutschen Bibliothek

Die Deutsche Bibliothek verzeichnet diese Publikation in der Deutschen Nationalbibliografie; detaillierte bibliografische Daten sind im Internet über http://dnb.ddb.de abrufbar.

ISBN 3-579-05452-X

Umschlag: Init GmbH, Bielefeld
Satz: SatzWeise, Föhren
Druck und Bindung: Těšínská Tiskárna AG, Český Těšín

Printed in Czech Republik

www.gtvh.de